Die Umsetzung der EG-Datenschutzrichtlinie
im nicht-öffentlichen Bereich

T0326638

SCHRIFTEN
zum internationalen und zum öffentlichen
RECHT
Herausgegeben von Gilbert Gornig

Band 51

PETER LANG
Frankfurt am Main · Berlin · Bern · Bruxelles · New York · Oxford · Wien

Christoph von Burgsdorff

Die Umsetzung der EG-Datenschutzrichtlinie im nicht-öffentlichen Bereich

Möglichkeit einer zukunftsorientierten Konzeption
des Datenschutzes in der Privatwirtschaft
unter besonderer Berücksichtigung des BDSG

PETER LANG
Europäischer Verlag der Wissenschaften

Bibliografische Information Der Deutschen Bibliothek
Die Deutsche Bibliothek verzeichnet diese Publikation in der
Deutschen Nationalbibliografie; detaillierte bibliografische
Daten sind im Internet über <http://dnb.ddb.de> abrufbar.

Zugl.: Kiel, Univ., Diss., 2003

Gedruckt mit Unterstützung der
Dr.-Carl-Böse-Stiftung, Lübeck.

Gedruckt auf alterungsbeständigem,
säurefreiem Papier.

D 8
ISSN 0943-173X
ISBN 3-631-50710-0
© Peter Lang GmbH
Europäischer Verlag der Wissenschaften
Frankfurt am Main 2003
Alle Rechte vorbehalten.

Meinen Großeltern

Vorwort

Die vorliegende Arbeit wurde im Wintersemester 2002/2003 von der Rechts-wissenschaftlichen Fakultät der Christian-Albrechts-Universität zu Kiel als Dissertation angenommen.

Sie entstand im Anschluß an einen Auslandsaufenthalt zum Erwerb eines Master of Laws in European Community Law (LL.M.) an der University of Essex in Colchester (England). Das LL.M.-Programm mit seiner Schwerpunktsetzung im Europäischen Gemeinschaftsrecht hat seinen Teil dazu beigetragen, die europa-rechtlichen Grundlagen in die Untersuchung der EG-Datenschutzrichtlinie einarbeiten zu können. Da es mir seitens der University of Essex ermöglicht worden ist, die Abschlußarbeit für den LL.M. ebenfalls zu Fragen des Europäischen Datenschutzrechts zu schreiben, war dies eine sehr gute Gelegenheit, die Arbeit für den Master of Laws und die deutsche Promotion thematisch zu verbinden.

Danken möchte ich zunächst besonders herzlich meinem Doktorvater, Herrn Professor Dr. Albert von Mutius, der die Anregung zu diesem Thema gegeben hat und bei der Entstehung der Arbeit stets für Fragen und Diskussionen zur Verfügung stand. Auch habe ich ihm für die Erstellung des Erstgutachtens zu danken. Herrn Professor Dr. Dr. Rainer Hofmann gilt mein Dank für die zügige Erstellung des Zweitgutachtens.

Mein Dank gilt auch der Dr.-Carl-Böse-Stiftung und der ESC Esche Schümann Commichau Stiftung, die durch ihre Unterstützung die Entstehung und Veröffentlichung dieser Dissertation erst ermöglichten.

Besonders danken möchte ich ebenfalls meinen Eltern, die sowohl bei Korrekturarbeiten als auch durch ihre sonstige ständige Unterstützung eine große Hilfe waren und mir in jeder Phase der Entstehung meiner Arbeit mit gesundem Menschenverstand, kritischen Gedanken und konstruktiven Anregungen zur Seite standen.

Kiel, im Februar 2003

Christoph Alexander von Burgsdorff

Inhaltsverzeichnis

Abkürzungsverzeichnis

a. A..	anderer Ansicht
a. E.	am Ende
Art.	Artikel
Amtsbl. EG	Amtsblatt der Europäischen Gemeinschaften
Abs.	Absatz
AG	Aktiengesellschaft
AGBG	Gesetz zur Regelung der Allgemeinen Geschäftsbedingungen
AöR	Archiv für öffentliches Recht
ArbGG	Arbeitsgerichtsgesetz
B90-E	Entwurf eines Bundesdatenschutzgesetzes der Bundestagsfraktion Bündnis 90/Die Grünen vom 14.11.1997
BAG	Bundesarbeitsgericht
BetrVG	Betriebsverfassungsgesetz
BBG	Bundesbeamtengesetz
BDSG	Bundesdatenschutzgesetz
BDSG 77	Bundesdatenschutzgesetz in der Fassung vom 27.01.1977
BDSG 90	Bundesdatenschutzgesetz in der Fassung vom 20.12.1990
BDSG 2001	Bundesdatenschutzgesetz in der Fassung vom 23.05.2001
BGB	Bürgerliches Gesetzbuch
BGBl.	Bundesgesetzblatt
BGH	Bundesgerichtshof
BGHZ	Entscheidungen des Bundesgerichtshofs in Zivilsachen
BMI	Bundesministerium des Innern
BR	Bundesrat
BT	Bundestag
BVerfG	Bundesverfassungsgericht
BVerfGE	Entscheidungen des Bundesverfassungsgerichts
bzw.	beziehungsweise
CD	Compact Disk
CD-ROM	Compact Disk – Read Only Memory
CDU	Christlich-Demokratische Union
CSU	Christlich-Soziale Union
CR	Computer und Recht

ders.	derselbe
dies.	dieselbe
Diss.	Dissertation
DJT	Deutscher Juristentag
Dok.	Dokument
DPA	Data Protection Act
DSRL	EG-Datenschutzrichtlinie
DuD	Datenschutz und Datensicherheit
DVD	Deutsche Vereinigung für Datenschutz e. V.
E-BDSG	Entwurf für ein neues Bundesdatenschutzgesetz, Fassung vom 25. Mai 2000
EDV	Elektronische Datenverarbeitung
EG	Europäische Gemeinschaften
EGV	Vertrag zur Gründung der Europäischen Gemeinschaft, konsolidierte Fassung mit den Änderungen durch den Vertrag von Amsterdam, 2.10.1997
EU	Europäische Union
EuGH	Gerichtshof der Europäischen Gemeinschaften
EuZW	Europäische Zeitschrift für Wirtschaftsrecht
e. V.	eingetragener Verein
FAQ	Frequently Asked Questions
FDP	Freie Demokratische Partei
GDD	Gesellschaft für Datenschutz und Datensicherung
GewO	Gewerbeordnung
GG	Grundgesetz der Bundesrepublik Deutschland
GmbH	Gesellschaft mit beschränkter Haftung
GVG	Gerichtsverfassungsgesetz
HdbStR	Handbuch des Staatsrechts
Hrsg.	Herausgeber
i. d. F.	in der Fassung
IGB	Informationsgesetzbuch
IP	Internet Protocol
ISDN	Integrated Services Digital Network
IT	Informationstechnologie
IuK	Informations- und Kommunikationstechnologien
IuKDG	Informations- und Kommunikationsdienstegesetz
i. V. m.	in Verbindung mit

KJ	Kritische Justiz
KOM	Bericht der EG-Kommission
LDSG	Landesdatenschutzgesetz
LfD	Landesbeauftragter für den Datenschutz
lit.	littera, Buchstabe
MD-StV	Mediendienste-Staatsvertrag
n. F.	neue Fassung
NJW	Neue Juristische Wochenschrift
NJW CoR	Computerreport – Beilage zur Neuen Juristischen Wochenschrift
OECD	Organisation for Economic Co-operation and Development
PET	Privacy Enhancing Technologies
PC	Personal Computer
PGP	Pretty Good Privacy
PIN	Persönliche Identifikationsnummer
P3P	Platform for Privacy Preferences
RDV	Recht der Datenverarbeitung
Rs.	Rechtssache
S-H	Schleswig-Holstein
SIM	Subscriber Identity Module
Slg.	Sammlung
SPD	Sozialdemokratische Partei Deutschlands
TDDSG	Teledienstedatenschutzgesetz
TDG	Teledienstegesetz
TDSV	Telekommunikations-Datenschutzverordnung
TKG	Gesetz für Telekommunikation des Bundes
TRIPS	Agreement On Trade Related Aspects Of Intellectual Property Rights
u. a.	und andere
USA	Vereinigte Staaten von Amerika
US-FTC	Federal Trade Commission der USA
u. U.	unter Umständen
VerwArch	Verwaltungsarchiv
vgl.	vergleiche
VVDStRL	Veröffentlichungen der Vereinigung der Deutschen Staatsrechtslehrer
VwGO	Verwaltungsgerichtsordnung

WIPO	World Intellectual Property Organisation
WTO	World Trade Organisation
WWW	World Wide Web
W3C	World Wide Web Consortium
z. B.	zum Beispiel
ZRP	Zeitschrift für Rechtspolitik

Einleitung

Das Datenschutzrecht steht vor großen Herausforderungen, nicht nur in der Bundesrepublik Deutschland. Zum einen ist die Umsetzung der Datenschutzrichtlinie der Europäischen Gemeinschaft zu bewältigen und die dort enthaltenen Regelungen sind mit den bestehenden nationalen Vorschriften in Einklang zu bringen[1]; zum anderen ist die rasante und zukunftsweisende Entwicklung der globalen Informationsgesellschaft in diesen Prozeß der Gesetzgebung mit einzubeziehen. So hat sich denn auch der 62. Deutsche Juristentag 1998 in Bremen mit der Frage auseinandergesetzt, ob moderne Technologien und die fortschreitende europäische Integration als Anlaß dafür zu sehen sind, die Notwendigkeit und die Grenzen des Schutzes personenbezogener Daten neu zu definieren[2].

Besonderes Augenmerk ist bei der Überarbeitung des Datenschutzes auf den nicht-öffentlichen Bereich zu legen, da sich auch die EG-Richtlinie von Anfang an an diesem Bereich orientiert hat und aus Kompetenzgründen auch orientieren mußte[3]. Die Zeit der Entstehung des Datenschutzes als Rechtsgebiet in Deutschland war geprägt von der Vorstellung, daß die Gefahr eines Zugriffs auf personenbezogene Daten in erster Linie vom Staat ausgeht, wobei der Begriff „Überwachungsstaat" zwar inadäquat ist, aber die Tendenz in den 70er Jahren widerspiegelt. Heute hingegen wird die Privatsphäre des Bürgers zunehmend durch die Verarbeitung personenbezogener Da-

---

[1] Dieser Vorgang wurde auch keineswegs durch die Verabschiedung des neuen BDSG 2001 abgeschlossen, zumal jede bereichsspezifische Norm des Datenschutzrechts auf ihre Vereinbarkeit mit der EG-Datenschutzrichtlinie hin zu überprüfen ist.

[2] *Kloepfer*, Gutachten D für den 62. Deutschen Juristentag 1998.

[3] Siehe *Simitis*, DuD 1995, 648 (651); *ders.*, NJW 1997, 281 (287). Zu den Fragen der Kompetenz der EG zum Erlaß datenschutzrechtlicher Richtlinienvorschriften siehe *Dressel*, S. 219 ff.; *Simitis*, in: Dammann/ Simitis, EG-Datenschutzrichtlinie, Einleitung, Rn. 4 ff.; *Ellger*, Datenschutz im grenzüberschreitenden Datenverkehr, S. 532 ff.; zur Rechtsgrundlage der Richtlinie siehe auch das Schaubild von *Kilian*, Introduction into the EC Data Protection Directive, in: Kilian (Hrsg.), EC Data Protection Directive, S. 5.

ten im nicht-öffentlichen Bereich beeinträchtigt[4]. Der Spruch des „Big brother is watching you" ist einem „Many big brothers are watching you" gewichen[5]. Obwohl sich also die Spannungsfelder dieses Rechtsgebietes tatsächlich verändert haben, hat der Gesetzgeber diese Entwicklung bislang ignoriert[6].

Ziel dieser Arbeit soll es daher sein, die Umsetzung der Datenschutzrichtlinie gerade im Hinblick auf den privaten Bereich zu analysieren und der Frage nachzugehen, ob die „Errungenschaften" der Informationsgesellschaft durch datenschutzrechtliche Vorschriften so gestaltet wurden, daß ein größtmöglicher Schutz der Bürger im Hinblick auf personenbezogene Daten gewährleistet werden kann.

Im folgenden soll am Maßstab der technischen Veränderungen, der europarechtlichen Vorgaben und der alten Rechtslage nach dem BDSG 90 gezeigt werden, welche Gesetzesänderungen erforderlich waren und ob die bisher bestehenden gesetzgeberischen Defizite ausgeglichen werden konnten.

Aus Platzgründen soll jedoch kein Wert auf Vollständigkeit gelegt, sondern bewußt versucht werden, die für das deutsche Datenschutzrecht im privaten Bereich dringendsten Probleme einer Lösung zuzuführen. Berücksichtigt werden konnten noch der BDSG-Entwurf, der als Kabinettsbeschluß am 14. Juni 2000 angenommen wurde[7], um

---

4   So auch *Christians* im Statusbericht zur Novellierung des Bundesdatenschutzgesetzes vom Bundesministerium für Inneres (BMI) vom 14. Juni 2000, S. 7; ebenso *Brühann*, DuD 1996, 66 (68). *Hassemer*, DuD 1995, 448, weist auf das insbesondere im privaten Sektor bestehende Datenschutzdefizit hin: *„Die Gesetze blicken streng auf die öffentliche Hand, den Privaten schauen sie eher von ferne in die Karten."* Ebenso *Hoeren / Lütkemeier*, in: Sokol, Neue Instrumente im Datenschutz, S. 107.

5   Auch die Formulierung von *Bäumler*, man habe es nun mit „Many little sisters" im Privatbereich zu tun, geht in die gleiche Richtung, siehe *Bäumler*, Datenschutz in der Informationsgesellschaft von morgen, Vortrag vom 24.11.1997.

6   *Nitsch*, ZRP 1995, 361 (365), nennt in seinem Beitrag zum Datenschutz in der Informationsgesellschaft den privatwirtschaftlichen Bereich als den Schwerpunkt zukünftiger datenschützerischer Tätigkeit. Die in diesem Bereich „derzeit nur wenig über Null liegende Kontrolldichte" sei nicht hinnehmbar.

7   Abgedruckt in RDV 8/2000.

3

in das Gesetzgebungsverfahren zu gehen, die Stellungnahme des Bundesrats zu diesem Gesetzentwurf vom 29.09.2000[8] und das daraufhin von Bundestag und Bundesrat verabschiedete und am 23. Mai 2001 in Kraft getretene neue „BDSG 2001".

Die Entwicklung des Datenschutzrechts im privaten Bereich in Deutschland bleibt bereits seit Jahren hinter den Erwartungen von Datenschützern, Verbänden und der Rechtslehre zurück[9]. Schon bei der Novellierung des BDSG im Jahr 1990 wurde das vorhandene Datenschutzdefizit nicht beseitigt[10]. Das BDSG ist seit seiner Entstehung im Jahr 1977 immer vorwiegend daran orientiert gewesen, den Datenschutz gegenüber staatlichen Einrichtungen durchzusetzen[11]. Zwar gab es von Anfang an auch Regelungen für den sogenannten „nicht-öffentlichen Bereich", jedoch deutet bereits diese Wortwahl darauf hin, daß dies nicht der entscheidende Regelungsbereich des Gesetzes sein sollte: Der Datenschutz im Privatsektor scheint semantisch aus dem öffentlichen Bereich abgeleitet worden zu sein.

Der Umstand, daß der Privatbereich derart vernachlässigt wurde, ist schlicht und einfach damit zu erklären, daß zum damaligen Zeitpunkt keine große Notwendigkeit für den Schutz personenbezogener Daten im privaten Bereich bestand[12]. Der Staat dagegen – dies war eine Kehrseite der Entstehung einer Leistungsverwaltung – verwahrte vielfältige Angaben über seine Bürger, und dies vordringlich, um deren Ansprüchen auf staatliche Leistungen gerecht zu werden. Im privaten Bereich diente die Speicherung von Daten zwar ebenfalls nur der Kundenverwaltung, so daß der Arzt seine Patientendaten speicherte und die Bank ihre Kundendaten. Der Unterschied bestand aber darin, daß der Staat dem Bürger nicht gleichgeordnet gegenüberstand, sondern beide sich in einem Über- und Unterordnungs-

---

8   BR-Drucks. 461/00.
9   Umfassend zu der problematischen Situation, in der sich die Datenschutzgesetzgebung befindet, *Lutterbeck*, DuD 1998, 129 (130 ff.).
10   *Simitis*, in: S/D/G/M/W, BDSG, § 1 Rn. 52 ff., 177 ff.; *Simitis*, NJW 1997, 281 (287).
11   *Hoffmann-Riem*, AöR, Band 123 (1998), 513 (524).
12   In diesem Sinne auch Hoffmann-Riem, AöR, Band 123 (1998), 513 (524).

verhältnis befanden. Um diese Unterlegenheit des Bürgers zu be-
seitigen und um seine Grundrechte zu wahren, sollte das BDSG den
staatlichen Umgang mit personenbezogenen Daten beschränken.

Heute dagegen ist die Situation eine völlig andere und insofern sind
auch alle Beteiligten einer Meinung[13]. Die Industriegesellschaft, in
der die Macht eines Unternehmens vornehmlich darin besteht,
Produktionsmittel und Kapital zu besitzen, ist dabei, sich zu einer
Informationsgesellschaft zu entwickeln[14]. Dies bedeutet, daß die Entstehung wirtschaftlich bedeutender Unternehmen in der Branche
Informationstechnologie auf dem Handel mit Informationen und der
möglichst schnellen Verbreitung von Informationen jeglicher Art
beruht. Der Besitz von Informationen stellt eine Machtposition
innerhalb der Gesellschaft dar[15]. Die Rationalisierung des Umgangs
mit Informationen[16], also ihre effektivere, schnellere, genauere und
umfassendere Nutzung kann zu einer Bedrohung des Individuums
werden, wenn es diesen sich gerade erst entwickelnden Kräften wehr-
und schutzlos gegenübersteht.

Die Datensammlungen großer Wirtschaftsunternehmen unterscheiden sich aufgrund der unaufhörlich steigenden Rechnerkapazitäten
und der hohen Investitionsraten in diesem Bereich kaum noch von
denen öffentlicher Stellen. Der Hauptgrund für einen strengeren
Datenschutz bei Stellen der öffentlichen Verwaltung ist also nicht
mehr existent.

---

[13] Immer noch anderer Ansicht ist *Laicher*, DuD 1996, 409 (410), der weiterhin
      im Staat-Bürger-Verhältnis einen stärkeren Schutz fordert als zwischen zwei
      Privatrechtssubjekten.
[14] Siehe dazu *Kloepfer*, Gutachten D, S. 10; *Pitschas*, Bedeutungswandel des
      Datenschutzes im Übergang von der Industrie- zur Informationsgesellschaft,
      in: Sokol, 20 Jahre Datenschutz: Individualismus oder Gemeinschaftssinn?,
      S. 35; *Trute*, JZ 1998, 822 ff; *Schoch*, VVDStRL 57 (1998), 158 (160).
[15] *Büllesbach*, NJW 1991, 2593 (2594), sieht Information als vierte Produktiv-
      kraft neben Arbeit, Kapital und Rohstoff.
[16] *Pitschas*, in: Sokol, 20 Jahre Datenschutz, S. 35, spricht von einem „gesamt-
      gesellschaftlichen und gesamtstaatlichen Rationalisierungsprozeß weltweiter
      Natur im Umgang mit Informationen".

Das Grundrecht auf informationelle Selbstbestimmung ist in Deutschland aus der Rechtsprechung des BVerfG gewachsen und hatte im Bereich der Datenschutzgesetzgebung vornehmlich die Aufgabe eines Abwehrrechts gegenüber staatlichen Eingriffen in die Privatsphäre[17]. Die klassische Grundrechtsfunktion (Abwehrrecht) kann aber in einem Rechtsverhältnis zwischen Privatpersonen nicht greifen[18]. Daher ist es erforderlich, die Grundrechte als objektive Wertordnung zu verstehen, die in allen Bereichen des Rechts ihre Wirkung zeigen müssen[19]. Als verfassungsrechtliche Grundentscheidung[20] haben die Wertmaßstäbe der Grundrechte auch dann zu gelten, wenn personenbezogene Daten durch natürliche Personen oder juristische Personen des Privatrechts verarbeitet werden, also durch Wirtschaftsunternehmen, Versicherungen, Banken, Rechtsanwälte, Ärzte, Verbände und Vereine. In den Rechtsverhältnissen des Privatrechts gelten die Grundrechte allerdings nicht unmittelbar, sondern sie kommen, wie das BVerfG es ausgedrückt hat, im Wege einer mittelbaren Drittwirkung zur Anwendung[21]. Sie wirken mittelbar über gesetzliche Tatbestandsmerkmale, vor allem über unbestimmte Rechtsbegriffe und Generalklauseln[22]. Auch im BDSG 90 sind solche „Einfallstore für Grundrechte" enthalten, wie zum Beispiel die Datenerhebung nach „Treu und Glauben" in § 28 Abs. 1 S. 2 BDSG 90 und die „schutzwürdigen Interessen" des Betroffenen in § 29 Abs. 1 Nr. 2 BDSG 90. Ein Aspekt, der ausschließlich im privaten Bereich des Datenschutzrechts erheblich ist, ist die Tatsache, daß sich verschiedene Grundrechtspositionen hier konkurrierend gegenüberstehen können, was im öffentlichen Bereich nicht der Fall ist: Juristische Personen des öffentlichen Rechts können sich

---

[17] *BVerfGE* 65, 1 (43); *Tinnefeld/Ehmann*, S. 44. Zum Grundrechtsschutz durch die Rechtsprechung des EuGH siehe *Grabitz/Hilf*, A 30 (Richtlinie 95/46/EG), Vorbemerkung Rn. 18, 22 f.

[18] *Jarass/Pieroth*, Vorbemerkung vor Art. 1, Rn. 6; *BVerfGE* 7, 198 (204); 50, 290 (336 f.); 68, 193 (205).

[19] *BVerfGE* 84, 192 (195).

[20] *BVerfGE* 7, 198 (205).

[21] *BVerfGE* 7, 198 ff.; 84, 192 (195); siehe zum Ganzen auch *Tinnefeld/Ehmann*, S. 91.

[22] *Tinnefeld/Ehmann*, S. 91; *Jarass/Pieroth*, Vorbemerkung vor Art. 1 Rn. 11; *BVerfGE* 73, 261 (269).

grundsätzlich[23] nicht auf Grundrechte stützen[24]. Im privaten Bereich können sich im Konfliktfall verschiedene Grundfreiheiten gegenüberstehen, also die Berufsfreiheit des Unternehmers, der Daten erhebt, sammelt und nutzt, einerseits, und das Recht auf informationelle Selbstbestimmung als Teil des allgemeinen Persönlichkeitsrechts aus Art. 2 Abs. 1 i.V.m. Art. 1 Abs. 1 GG auf der Seite der Person, deren Daten verarbeitet werden, andererseits[25].

Die Unterlegenheit des einzelnen Bürgers gegenüber Wirtschaftsunternehmen muß ausgeglichen werden, dies ist die Aufgabe des Gesetzgebers[26].

Der Handlungsbedarf ist also immens. Fraglich und umstritten ist in diesem Zusammenhang aber, auf welche Art und Weise die Entwicklung dieser Informationsgesellschaft geregelt und beschränkt werden muß. Es ist die Aufgabe des Gesetzgebers, das vom BVerfG anerkannte Grundrecht auf informationelle Selbstbestimmung[27] zu schützen. Der 62. Deutsche Juristentag hat vorgeschlagen, ein umfassendes deutsches Informationsgesetzbuch (IGB) zusammenzustellen, in dem alle Rechte und Pflichten im Umgang mit Informationen enthalten sind[28]. Auf diesen Vorschlag, die gesetzgeberischen Konsequenzen und die Vorteile eines solchen IGB wird im folgenden einzugehen sein.

---

[23] Zumindest dies ist weitgehend unbestritten. Zur Grundrechtsfähigkeit von juristischen Personen umfassend *von Mutius*, Jura 1983, 30 ff.

[24] Siehe *Jarass/Pieroth*, Art. 19 Rn. 34; offengelassen in *BVerfGE* 61, 82 (109).

[25] Diese sich gegenüberstehenden Grundrechtspositionen sind ursächlich für das Problem, daß eine Durchsetzung von Schutzmechanismen im privaten Raum schwieriger ist als gegenüber dem Staat, siehe *Hoffmann-Riem*, AöR, Band 123 (1998), 512 (525): Der Grundrechtsposition des Betroffenen steht eine im Grundsatz gleichwertige Grundrechtsposition der datenverarbeitenden privaten Stelle gegenüber.

[26] *Tinnefeld/Ehmann*, S. 92; *Hoffmann-Riem*, AöR, Band 123, (1998), 513 (524).

[27] *BVerfGE* 65, 1.

[28] *Kloepfer*, Gutachten D, S. 90. In die gleiche Richtung weist ein Vorschlag von *Bizer*, DuD 2000, 2, der ein einheitliches Regelwerk zumindest für die verschiedenen Datenschutzgesetze empfiehlt. Er nennt auch den Begriff „Informationsflußrecht", was letztlich einem Informationsgesetzbuch sehr nahe kommt.

Weitere Aspekte in der Diskussion um die Datenschutzgesetzgebung sind der Stil und die Gesetzgebungstechnik, in der Datenschutz rechtlich formuliert werden soll[29]. Ein Vergleich mit anderen Staaten zeigt, daß dort nicht der Versuch unternommen wurde, ein einheitliches Datenschutzgesetz und damit einheitliche Anforderungen an den Umgang mit personenbezogenen Daten für alle Rechtsbereiche zu schaffen[30]. Vielmehr wurde dort nach und nach (z. B. für das öffentliche Gesundheitswesen und Kreditauskunfteien[31]) in einzelnen Rechtsgebieten der Schutz von Daten festgeschrieben[32]. Dem gegenüber steht eine Gesetzgebung wie die deutsche, die den Versuch unternommen hat, durch eine möglichst abstrakte Formulierung der Normen den Anwendungsbereich so weit wie möglich zu fassen, aber daneben (als Folge aus dem Volkszählungsurteil des BVerfG) auch bereichsspezifische Regelungen einzuführen.

Diese Gesetzgebungsmethode ist in der Vergangenheit vielfach und heftig kritisiert worden[33]. Die Diskussion ist durch die längst überfällig gewordene Umsetzung der EG-Datenschutzrichtlinie wieder neu entfacht worden. Es wurde gefordert, die Anpassung des BDSG an die Richtlinie dafür zu nutzen, das BDSG komplett neu zu fassen und die Gesetzgebungstechnik dabei weitgehend zu verändern[34]. Unmittelbar nach Veröffentlichung der EG-Datenschutzrichtlinie war es noch eine häufig zu lesende Meinung, daß die Umsetzung der Richtlinie keine großen Veränderungen des Datenschutzrechts in der

[29] Siehe z. B. *Bull*, RDV 1999, 148.
[30] *Bull*, RDV 1999, 148.
[31] *Simitis*, in: S/D/G/M/W, BDSG, § 1 Rn. 112.
[32] *Bull*, RDV 1999, 148, mit einigen Beispielen.
[33] *Bull*, RDV 1999, 148 ff.; *Simitis*, Auf dem Weg zu einem neuen Datenschutzkonzept: Die Zweite Novellierungsstufe des BDSG, online verfügbar unter <http://www.modernes-datenrecht.de>.
[34] *Hoffmann-Riem*, AöR, Band 123 (1998), 513 (526); *Bull*, RDV 1999, 148 f. *Schild*, EuZW 1996, 549 (555), weist richtigerweise darauf hin, daß im privaten Bereich die meisten Gesetzesänderungen aufgrund der EG-Datenschutzrichtlinie zu erwarten sind. Gerade deshalb ist eine speziell auf diesen Bereich abstellende Analyse des BDSG 90 sinnvoll.

Bundesrepublik Deutschland verursachen wird[35]. Ziel dieser Untersuchung soll es deshalb sein, das Ausmaß der Umsetzungsverpflichtung zu überprüfen und zu analysieren, ob das BDSG 2001 den
Richtlinieninhalten gerecht geworden ist.

Bei Datenschutzbeauftragten und in der Literatur wird häufiger die
Forderung nach einem „neuen Datenschutz" laut[36]. Dieser Begriff,
der sich bereits zu einem *Terminus technicus* zu entwickeln scheint,
steht für einen Datenschutz durch Technik oder einen Datenschutz
durch Datenvermeidung[37]. Diese Frage ist natürlich eng verbunden
mit der Diskussion um die Gesetzgebungstechnik, denn mehr tech-
nisches Recht kann auch eine intensivere Gesetzgebung bedeuten:
Die jeweilige Technik muß definiert werden, legale und illegale Nut-
zungen von technischen Einrichtungen müssen umschrieben und
voneinander abgegrenzt werden. Diese Verfeinerung des Rechts aber
wird häufig als überflüssig und nicht hilfreich empfunden und deshalb abgelehnt[38]. Auch auf diese Diskussion wird einzugehen sein.

---

[35] Siehe zum Beispiel die Eingangsbemerkung der Redaktion zu *Martina Weber*, CR 1995, 297. Die sogenannte „kleine Lösung" zur BDSG-Novelle wurde
von vielen Interessengruppen begrüßt, so z. B. vom BDI, siehe dazu *Jaspers*,
RDV 1996, 18 f. Im übrigen sind bislang immerhin die Gesetzgeber in fünf
Bundesländern aktiv geworden und haben mitunter weitreichende Veränderungen an ihren Landesdatenschutzgesetzen vorgenommen: Brandenburg:
Gesetz zum Schutz personenbezogener Daten im Land Brandenburg (Bran-
denburgisches Datenschutzgesetz) in der Fassung vom 9. März 1999; Gesetz
zum Schutz personenbezogener Daten (Landesdatenschutzgesetz) vom 27.
Mai 1991, zuletzt geändert durch Artikel 1 des Gesetzes zur Änderung des
Landesdatenschutzgesetzes und anderer Gesetze vom 23. Mai 2000; Nordrhein-Westfalen: Gesetz zum Schutz personenbezogener Daten (Datenschutzgesetz Nordrhein-Westfalen) in der Fassung der Bekanntmachung
vom 9. Juni 2000; Hessen: Hessisches Datenschutzgesetz in der Fassung vom
7. Januar 1999; Schleswig-Holstein: Schleswig-Holsteinisches Gesetz zum
Schutz personenbezogener Informationen vom 9. Februar 2000.
[36] *Bäumler*, RDV 1999, 5.
[37] *Bull*, RDV 1999, 148.
[38] *Bull*, ZRP 1998, 310 (312): Es sei der absolut verkehrte Ansatz, jede neue
Technologie durch eine gesonderte datenschutzrechtliche Norm zu reglementieren. Damit müßte das Recht zwangsläufig hinter der technologischen
Entwicklung hinter her hinken.

Eine weitere Perfektionierung des Datenschutzrechts ist nicht erforderlich, sondern eine Gesetzgebung, die die bestehenden Schutzlücken schließt. Daneben muß versucht werden, die vorhandene Gesetzesmaterie zu entzerren und zu entwirren, um ihr dadurch eine bessere Wirkungskraft zu verleihen[39]. Problematisch ist insofern die Einarbeitung der Datenschutzrichtlinie in das BDSG, weil auch dort der Ansatz verfolgt wird, alle denkbaren Formen des Umgangs mit personenbezogenen Daten durchzunormieren, siehe zum Beispiel die Art. 2 lit. b i. V. m. Art. 3 und 7 der Richtlinie[40]. Deshalb wird zu prüfen sein, in welchem Umfang die europarechtlichen Vorgaben bindend sind. Dies muß vor allem unter Berücksichtigung von Art. 249 Abs. 3 EGV geschehen, der festlegt, daß Richtlinien für einen Mitgliedsstaat nur hinsichtlich des zu erreichenden Ziels verbindlich sind, den innerstaatlichen Stellen dabei aber die Wahl der Form und der Mittel überlassen bleibt.

Um den Umsetzungsbedarf im privaten Bereich in Deutschland zu verdeutlichen, soll nach einer Darstellung der technologischen Entwicklungen und deren Einfluß auf das zukünftige Datenschutzrecht eine umfassende, aber auf die hier relevanten Punkte beschränkte Bestandsaufnahme der Vorgaben der europäischen EG-Datenschutzrichtlinie erfolgen. Bei den Anforderungen an ein verändertes BDSG soll zunächst herausgearbeitet werden, welches die Anforderungen sind, die die EG-Datenschutzrichtlinie aufstellt, und ob die zusätzlichen Forderungen, die von Datenschutzbeauftragten und der Lehre gestellt werden, berechtigt sind.

Anschließend ist der Inhalt der Richtlinie mit dem existierenden BDSG 90 zu vergleichen und darzustellen, welche Defizite tatsächlich bestehen. Dabei sind neben dem BDSG auch vereinzelte, spezialgesetzliche Regelungen zu berücksichtigen. Diese Notwendigkeit ergibt sich aus der modernen Entwicklung der Verknüpfung mehrerer Übertragungswege für dieselben Daten: Problematisch ist in der Praxis die klare Abgrenzung der Anwendungsbereiche der verschiedenen

---

[39] *Bull*, ZRP 1998, 310 (313).
[40] *Bull*, RDV 1999, 148 (149).

Datenschutzvorschriften. Es wird deshalb auf das Telekommunikationsgesetz und das Informations- und Kommunikationsdienstegesetz einzugehen sein, wobei sich die Untersuchung aber auf die Überarbeitung des BDSG konzentrieren soll.

Im Anschluß daran soll der im Mai 2001 in Kraft getretene, neue Gesetzestext des BDSG 2001 dargestellt und seine positiven und negativen Aspekte diskutiert werden.

Das Bundesministerium des Innern (BMI) hat im Juli 1999 eine Begründung zum damaligen Gesetzentwurf für ein neues BDSG veröffentlicht[41]. Die Ausführungen des Ministeriums sind zunächst ernüchternd, zumal darin bestätigt wird, was viele Praktiker bereits befürchtet haben: Das BDSG 2001 dient fast ausschließlich der Umsetzung der EG-Datenschutzrichtlinie. Gleichzeitig wird aber in Aussicht gestellt, daß es noch in dieser Legislaturperiode zu einer umfassenden Neukonzeption des BDSG kommen soll. Das Gesetz soll modernisiert, vereinfacht und seine Lesbarkeit erhöht werden[42]. Ziel der dann durch den Gesetzgeber zu verabschiedenden Neufassung sei die Verbesserung und Vereinheitlichung des Schutzes der Betroffenen im öffentlichen und im privaten Bereich[43]. Gerade aufgrund der Tatsache, daß diese Vereinheitlichung noch nicht mit dem BDSG 2001 erreicht zu werden scheint, ist es notwendig, die Schutzlücken und die strukturellen Defizite der Gesamtregelung zum privaten Bereich zu analysieren.

---

[41] Begründung des Bundesministeriums des Innern zur Änderung des BDSG vom 06.07.1999.
[42] Begründung, Anm. 2.4.
[43] Begründung, Anm. 2.4.

Teil 1:

Tatsächliche Vorgaben für ein neues Datenschutzrecht im privaten Bereich

Im folgenden sollen die Erwartungen, die an ein neu konzipiertes BDSG gestellt werden, im Wege einer Gesamtanalyse zusammengetragen werden. Dazu gehören nicht nur die Umsetzung der EG-Datenschutzrichtlinie, sondern auch die seit Jahrzehnten unberücksichtigt gebliebenen Entwicklungen im technologischen Bereich. Selbstverständlich ist dabei nur auf solche Themen und Datenverarbeitungstechniken einzugehen, die auch unmittelbar den Anwendungsbereich des BDSG betreffen. Dies zwingt auch zu der Auseinandersetzung mit der Frage, inwiefern das BDSG als allgemeines Datenschutzgesetz überhaupt auf spezielle Techniken und Technikbereiche zugeschnitten sein muß, wenn etliche fachspezifische Normen diese Aufgabe vielleicht schon erfüllen.

A. Technologische Entwicklungen als Maßstab für eine Neuorientierung des Datenschutzrechts

I. Überblick

Die Umsetzung der Europäischen Datenschutzrichtlinie in Bund und Ländern ist noch in vollem Gange, da ist es bereits an der Zeit, sich darüber Gedanken zu machen, ob die Mittel des Datenschutzes, die in der Richtlinie enthalten sind, überhaupt noch zeitgemäß und damit effektiv sind[44]. Die Ausarbeitung der rechtlichen Grundlagen der Datenschutzrichtlinie durch die Vertreter der Mitgliedsstaaten und die Europäische Kommission startete zu Beginn der 90er Jahre, also in einer Zeit, in der umfangreiche Umwälzungen im Multimedia-Bereich und anderen Gebieten der Informations- und Kommunikationstechnologien erst noch bevorstanden. Schlagwörter wie „Selbstdatenschutz" oder „Datenschutz durch Technik" und die gesamte

---

[44] Ähnlich auch *Gola*, NJW 1998, 3750 (3757) und *Bizer*, DuD 1998, 349.

Entwicklung des weltumspannenden Internet waren noch weitgehend unbekannt[45]. Die Besonderheiten des Anfang 2000 vom schleswig-holsteinischen Landtag verabschiedeten und am 1. Juli 2000 in Kraft getretenen Landesdatenschutzgesetzes[46] sind nicht etwa nur die Änderungen aufgrund der Umsetzung der Europäischen Richtlinie, sondern vor allem auch die Einfügung weitergehender Bestimmungen[47], die eine neue Ära in der deutschen Datenschutzgesetzgebung einläuten sollen[48].

Außerdem ist die Umsetzung der Richtlinie und die damit eröffnete europaweite Debatte über dieses Rechtsgebiet geeignet, schon Erreichtes wieder in Frage zu stellen und möglicherweise zu revidieren[49]. Ganz abgesehen von dem Novellierungsbedarf des BDSG 90 aufgrund seiner äußerst komplizierten Normenstruktur und der Umsetzung der Richtlinie ist auch die technologische Entwicklung der letzten zehn Jahre zu berücksichtigen. Dabei tauchen sowohl in der Fachliteratur als auch in den Medien drei Schwerpunkte immer wieder auf: die Videoüberwachung, die Sicherheit von Chipkarten, der elektronische Geschäftsverkehr als professionelle und kommerzielle Nutzung des Internet[50] und der damit verbundene elektronische Zahlungsverkehr.

---

[45] Heute allerdings werden diese Konzepte vielfach als richtungsweisend und fortschrittlich gelobt, siehe z. B. *Schoch*, VVDStRL 57 (1998), 158 (208) und *Trute*, VVDStRL 57 (1998), 216 (263 ff.).

[46] Schleswig-Holsteinisches Gesetz zum Schutz personenbezogener Informationen (Landesdatenschutzgesetz – LDSG -), vom 9. Februar 2000, GS Schl.-H. II Gl. Nr. 204-4; im folgenden als LDSG S-H 2000 bezeichnet.

[47] So *Bäumler*, DuD 2000, 257 (258).

[48] *Bäumler*, NJW 2000, 1982 (1984); *ders.*, DuD 2000, 257 (258); *ders.*, DuD 2000, 20 ff.

[49] *Brühann*, DuD 1996, 66 (68).

[50] Zur globalen Infrastruktur des Internets und der sich daraus ergebenden Gefahren und Regulierungsnotwendigkeiten Trute, VVDStRL 57 (1998), 216 (244 ff.). Die von ihm erwähnte „Internet Law Task Force" ist für den Datenschutzbereich bereits Realität: Die EU-Kommission hat auf europäischer Ebene eine Internet Task Force eingerichtet, die bereits Stellungnahmen zum Verhältnis von Electronic Commerce und Datenschutz abgegeben hat: Stellungnahme 1/2000 zu bestimmten Datenschutzaspekten des elektronischen Geschäftsverkehrs, vorgelegt von der Internet Task Force, Brüssel, 03.02.2000, online verfügbar unter <http://www.europa.eu.int/comm/ internal_market/de/media/dataprot/index.htm>.

II. Datenschutz in der Informations- und Kommunikationsgesellschaft – die tatsächlichen Notwendigkeiten, die zu einer Reform insbesondere des BDSG zwingen

1. Darstellung einiger technischer Entwicklungen

a) Videoüberwachung

Für den Bereich der Videoüberwachung ist zunächst zu prüfen, ob Video-Filmdaten in den Anwendungsbereich des BDSG 90 fallen und (wenn ja) ob die Erhebung und Auswertung solchen Materials materiell rechtmäßig ist. Eine Videoüberwachung mittels digitaler Aufnahmetechnik fällt dann in den Anwendungsbereich des BDSG 90, wenn die Erhebung, Verarbeitung oder Nutzung personenbezogener Daten per Videoüberwachung in einer Datei im Sinne des BDSG 90 durchgeführt wird[51]. Materiell ist für die Rechtmäßigkeit der Videoüberwachung § 4 Abs. 1 BDSG 90 maßgeblich: Eine Überwachungsmaßnahme durch Videokameras ist somit zulässig, wenn eine Einwilligung vorliegt, eine spezialgesetzliche Vorschrift oder das BDSG selbst dies gestattet. Eine Einwilligung aller Personen, die sich im überwachten Bereich aufhalten (z. B. nur kurz in einem Kaufhaus durchs Bild laufen), ist praktisch unmöglich und eine Spezialvorschrift existiert (bislang) nicht[52]. Damit gilt für den „typischen" Fall der Videoüberwachung der eigenen Verkaufsräume oder einer Einkaufspassage § 28 Abs. 1 Nr. 2 BDSG 90[53]. Danach ist die Speicherung und Nutzung (Aufnahme und Auswertung durch Videokamera) personenbezogener Daten (Videomaterial) als Mittel zur Erfüllung eigener Geschäftszwecke (Aufdeckung von Straftaten, vor allem Diebstahl) zulässig, soweit dies zur Wahrung berechtigter Interessen der speichernden Stelle erforderlich ist und kein Grund zu der Annahme besteht, daß das schutzwürdige Interesse des Betroffenen an dem Ausschluß der Verarbeitung oder Nutzung überwiegt. Bei einem Großteil der gefilmten Personen handelt es sich um

---

51 *Scholand*, DuD 2000, 202; zu Videoaufnahmen im Anwendungsbereich des BDSG auch *Tinnefeld/Ehmann*, S. 19 und 191 f.
52 So auch *Scholand*, CR 2000, 202 (203).
53 *Scholand*, CR 2000, 202 (203).

„normale" Kunden, bei denen kein Anlaß besteht, ihr Verhalten zu überwachen, zu filmen und auf einer Videokassette zu speichern. Nur in den Fällen krimineller Aktivitäten ist die Überwachung datenschutzrechtlich gerechtfertigt. Die Interessenabwägung führt in allen anderen Fällen zu dem Ergebnis, daß das Filmen unbeteiligter Dritter in unzulässiger Weise in deren allgemeines Persönlichkeitsrecht eingreift. Eine strenge Zweckbindung, die es den Ladeninhabern verbieten würde, das Videomaterial auch für andere Zwecke als Kriminalprävention zu benutzen, existiert bislang nicht. Der Schutz des Persönlichkeitsrechts würde auch verbessert werden, wenn die Videodaten umgehend (z. B. am nächsten Tag) wieder zu löschen wären.

Als Alternative, die unter Datenschutzgesichtspunkten bürgerfreundlich ist, kommt die altbekannte Einschaltung von Kaufhausdetektiven in Betracht. Der Hauptunterschied liegt darin, daß bei einer Überprüfung der Räumlichkeiten eines Geschäfts durch einen Detektiv oder eine Überwachungsfirma keine digitale Auswertung der Erkenntnisse möglich ist, damit also eine Erstellung von klaren Benutzerprofilen[54] nicht möglich ist. Neben dem Kostenfaktor[55] ist jedoch die Unvollkommenheit und Lückenhaftigkeit der Überwachung durch Personal der Grund dafür, daß immer häufiger auch kleine Geschäfte auf die Möglichkeit der Videoüberwachung setzen.

Die realen Mittel der Videoüberwachung sehen folgendermaßen aus: Eine elektronische Zusammenschaltung verschiedener Kameras ist denkbar; intelligente, mitdenkende Technik führt zu der Möglichkeit, das Kameras automatisch auf ein Gesicht reagieren, und speziell dieses suchen und es dann beobachten und verfolgen können[56].

---

54 Für einen Ladeninhaber kann es von großem Interesse sein, welche seiner Kunden sich für welche Art von Produkten interessiert (z. B. einen bestimmten Kleidungshersteller). Denn mit diesen Informationen kann der Geschäftsinhaber zielgerichtet für einzelne Produkte werben.

55 Eine einmalige Investition in die Kameratechnik ist ökonomischer als die ständige Beschäftigung mehrerer Kaufhausdetektive bzw. der Einsatz von Mitarbeitern eines externen Sicherheitsunternehmens.

56 Ausführlich zu dieser Thematik mehrere Beiträge im SPIEGEL, Heft 27/1999.

Die aufgezeigten Gefahren und die derzeitige Rechtslage, die zwar eine präventive Überwachung zur Wahrnehmung des Hausrechts bei der Bekämpfung von Ladendiebstahl zuläßt, andererseits aber unbescholtene Bürger weniger schützt, müssen zu einem Tätigwerden des Gesetzgebers führen[57].

b)   Sicherheit und Mißbrauch von Chipkarten

Die Miniaturisierung von Speichermedien, also die weite Verbreitung von Disketten, CD-ROMS und Chipkarten, stellt eine weitere Gefahr für das allgemeine Persönlichkeitsrecht dar. Nicht der Umstand, daß Daten überhaupt gespeichert werden, ist dabei bedrohlich; dies wäre nicht neu. Es ist vielmehr die fehlende Transparenz der Speicherung und Verarbeitung für den betroffenen Nutzer[58]: Jedes Mobiltelefon enthält SIM-Karten[59], also Miniaturspeicher, die eine Vielzahl von Informationen speichern. Doch welcher Nutzer weiß, welche dieser Informationen von welcher Stelle wie gelesen werden können? Ähnliche Bedrohungen entstehen bei der Nutzung von Kundenkarten mit Magnetstreifen oder einem Chipeinsatz, durch deren Verbreitung Kaufhäuser, Versandhäuser und Tankstellen das Kundenverhalten so exakt wie möglich analysieren möchten. Bei jeder Benutzung können Datum, Ort des Vertragsabschlusses, Betrag, Artikelart usw. kontrolliert werden. Solche Datenspuren hinterläßt man heute vielfach, ohne sich dessen überhaupt bewußt zu sein. Eine Hauptforderung unter datenschutzrechtlichen Aspekten sollte deshalb eine gesetzlich vorgeschriebene Informationspflicht gegenüber dem Nutzer sein. Die Stelle, die ein solches Speichermedium ausgibt, um von Zeit zu Zeit Daten davon abzurufen oder neu zu speichern, sollte verpflichtet sein, bei jeder Transaktion die genutzten Daten oder Datenkategorien zu nennen. Andernfalls wird der Bürger zu einem

---

[57]   Siehe hierzu die Ausführungen/Erläuterungen zu § 6 b E-BDSG vom 25.05.2000 (Synopse).

[58]   Zur Problematik fehlender Transparenz der Verarbeitungsvorgänge *Trute*, JZ 1998, 822 (827).

[59]   „SIM" steht für Subscriber Identity Module. Diese Karten haben einen unveränderbaren Datenspeicher; siehe dazu *Ermer*, CR 2000, 126 (128).

Objekt, weil er nicht mehr selbst erkennen kann, welche persönlichen Informationen er an Dritte weitergibt[60].

Eine theoretisch mögliche, aber praktisch bislang nicht realisierte Lösung ist die Verwendung einer Chipkartentechnologie, die mit anonymisierten oder zumindest pseudonymisierten Daten arbeitet[61]. Dies bedeutet, daß ein Kundenprofil erstellt wird, aber ohne die Identität der zugehörigen Person. Die Identifizierung der Person nach einem Kauf (die erforderlich ist, um den getätigten Einkauf z. B. auf einem Rabattkonto gut zu schreiben) kann dann mittels des verwendeten Pseudonyms erfolgen. Wie diese Technologie intern organisiert wird, ist eine Frage der Datenverarbeitungssysteme und damit von Technikern und Informatikern. Der Gesetzgeber kann aber solche Entwicklungen steuern, indem er die Verwendung der nach dem aktuellen Stand der Technik realisierbaren Schutzsysteme verbindlich vorschreibt. Ähnliche Normen mit vergleichbarer Kopplung rechtlicher Vorgaben an vorhandene Technologien sind aus dem Gentechnikrecht und dem Atomanlagenrecht bekannt[62].

---

[60] Gerade die unbemerkte Verarbeitung personenbezogener Daten im Bereich der Netzkommunikation ist eine Gefahr für die Nutzer, siehe *Trute*, JZ 1998, 822 (827): In diesem Bereich müsse der Schutz über das hinausgehen, was BDSG und die Datenschutzrichtlinie vorsehen.

[61] Zu den Vorteilen eines sogenannten „Identity Protectors", also einer Schutzvorrichtung zur Wahrung der Identität, siehe *Ermer*, CR 2000, 126 (127): Wenn ein Datenverarbeitungssystem mittels eines Speichermediums (z.B. einer Chipkarte) Identitätsdaten des Nutzers erhält, so sorgt dieses System dafür, daß auch nur die Daten weitergegeben werden, die für den konkreten Vorgang notwendig sind. Alle anderen Daten werden nicht dem Nutzer zugeordnet, sondern mit einem Pseudonym versehen.

[62] Siehe zum Beispiel § 7 Abs. 1 Gentechnik-Gesetz mit der Verknüpfung der Sicherheitsstufen mit den Gefährdungen, die trotz *Beachtung des Standes der Wissenschaft* entstehen können. Weiterhin ist § 7 Abs. 2 Nr. 3 Atomanlagen-Gesetz zu beachten: Eine Atomanlagengenehmigung darf nur erteilt werden, wenn die nach dem *Stand von Wissenschaft und Technik* erforderliche Vorsorge gegen Schäden durch die Errichtung und den Betrieb der Anlage getroffen ist. Der BMI-Entwurf für ein neues BDSG vom 06.07.1999 hatte in § 6 c E-BDSG noch eine Vorschrift zu mobilen personenbezogenen Speicher- und Verarbeitungsmedien vorgesehen, die ein hohes Maß an Transparenz der Verarbeitungsverfahren für den Nutzer vorsah. Diese Vorschrift wurde zunächst in dem Entwurf vom 25. Mai 2000 kommentarlos gestrichen, jedoch im BDSG 2001 wieder eingefügt.

c)   Elektronischer Geschäfts- und Zahlungsverkehr im Internet

Der Erfolg und die Verbreitungsgeschwindigkeit des Electronic Commerce hängt zu einem wesentlichen Bestandteil von der Bereitstellung sicherer Internet-Zahlungssysteme ab[63]. Die bisher verwendete Verknüpfung von neuer Bestellmöglichkeit (online ein Produkt auswählen) und hergebrachter Zahlungsweise (durch anschließende Überweisung per Vordruck nach Erhalt einer Rechnung) soll revolutioniert werden, indem der Kunde den gesamten Vorgang im Internet möglichst so abwickeln kann, wie er es in einem realen Kaufhaus tun würde[64]. Dies setzt aber voraus, daß jeder noch so kleine Anbieter von Waren im Internet die Technologie bereit hält, um die Sicherheit der Bestellung *und* der Bezahlung zu gewährleisten. Die vom Nutzer eingegebenen Daten werden beim Transport innerhalb des Internet außerdem vielfach protokolliert. Die dadurch entstehende Datenspur kann ebenfalls zur Gefahr werden, wenn Dritte versuchen, diese Informationen für ihre Zwecke zu nutzen[65]. Das technische Potential zur Herausfilterung brauchbarer Informationen aus solchen Protokolldaten ist immens[66].

Umfragen zu der Vertrauenswürdigkeit bargeldloser Zahlungssysteme im Internet haben gezeigt, daß das Bewußtsein der Verbraucher für Gefahren, die sich aus unkontrollierter Datenweitergabe ergeben können, schon recht groß ist[67]. Die digitale Verschlüsselung[68] von Informationen wie PIN-Nummer oder Kreditkartennummer wird be-

---

[63]   Ein aktuelles Beispiel ist die Verwendung des sogenannten „E-Cash", also einer nur im Internet verwendbaren Währung, die durch Banken oder einzelne Produktanbieter ausgegeben wird. Mehr dazu bei *Hobert*, S. 200 f.

[64]   Siehe dazu *Schyguda*, in: Sokol, Neue Instrumente im Datenschutz, S. 82. *Hobert*, S. 200, ist der Ansicht, die Attraktivität des Electronic Commerce ließe sich vor allem dadurch steigern, daß die Verrechnung bzw. Bezahlung der Ware automatisch und in die Bestellung integriert vorgenommen wird.

[65]   *Köhntopp / Köhntopp*, CR 2000, 248 (257).

[66]   Aufgrund dieser Fakten besteht im Internet im Gegensatz zu traditionellen Übertragungswegen ein datenschutzrechtliches Defizit, denn die neuen technologischen Entwicklungen sind mit den hergebrachten Instrumentarien nicht mehr adäquat zu lösen, siehe *Hobert*, S. 205.

[67]   *Schyguda*, in: Sokol, Neue Instrumente im Datenschutz, S. 83 ff.

[68]   Die Verschlüsselung von Informationen wird auch häufig als „Kryptographie" bezeichnet.

reits vielfach praktiziert, um den Kunden und Nutzern zumindest ein subjektives Gefühl von Sicherheit zu geben[69]. Ob solche Verschlüsselungsverfahren letztlich effektiv schützen, sei dahingestellt. Jedenfalls ist ihre Verwendung ein vernünftiger und sinnvoller Ansatz; wie sicher solche Verfahren sind, kann durch technische, nicht durch rechtliche Untersuchungen ermittelt werden. Der Gesetzgeber ist jedoch insofern dringend zum Handeln verpflichtet, als daß (wie bereits im Zusammenhang mit den Chipkarten festgestellt) technisch realisierbare Verschlüsselungsverfahren für Zahlungssysteme und andere Übermittlungen persönlicher Daten gefördert und rechtsverbindlich vorgeschrieben werden. Die Artikel 29-Datenschutzgruppe hält dementsprechend eine gemeinsame Politik für die Bereiche Cyber-Marketing, elektronischen Zahlungsverkehr und die Entwicklung technischer Mittel zum Schutz der Privatsphäre für erforderlich[70]. Sie stellt unter anderem die Ausarbeitung von Empfehlungen für technische Maßnahmen gegen das Spamming[71] und die Validierung von Web-Sites nach einer gemeinsamen europäischen Checkliste in Aussicht[72]. Der letzte Aspekt erinnert schon sehr stark an das bislang nur im deutschen Rechtssystem verwendete Datenschutz-Audit: Die unabhängige Überprüfung der Sicherheit von Internetangeboten als Teil einer europäischen Initiative ist bereits die erste Stufe zur Etablierung eines Datenschutz-Audits auf Ebene der Europäischen Union.

d)   *Telefonie im Internet („Voice over IP")*

Eine weitere technologische Entwicklung, die datenschutzrechtlich einige Schwierigkeiten bereiten wird, ist die Telefonie über das Internet, im Fachjargon „Voice over IP" genannt[73]. Diese neue Ver-

---

[69] Eine 128-bit-Verschlüsselung gilt inzwischen technologisch als Standard.

[70] *Artikel 29-Datenschutzgruppe*, Stellungnahme 1/2000 zu bestimmten Datenschutzaspekten des elektronischen Geschäftsverkehrs, Brüssel, 03.02.2000, S. 5.

[71] Als „Spamming" bezeichnet man das Zusenden von nicht erwünschten E-Mails.

[72] *Artikel 29-Datenschutzgruppe*, Stellungnahme 1/2000, S. 6.

[73] Siehe *Königshofen*, DuD 2000, 357. „IP" bedeutet „Internet Protocol", gemeint ist also die Weitergabe von Tondaten über das Internet im Dialog.

bindung aus Telekommunikationsdienstleistung und Teledienst wirft die Frage auf, welche Datenkategorien (z. B. Bestandsdaten) nach welchem Gesetz zu beurteilen sind. Macht es einen Unterschied, ob man direkt das Telefon benutzt oder im Internet eine Homepage anklickt, über die man mittels Kopfhörer und Mikrofon[74] ein Telefongespräch führen kann? Ebenso kann man den Vergleich anstellen, ob das Verschicken einer E-Mail anderen Regeln unterliegen soll als das Tätigen eines Anrufs über das Internet, wobei die übermittelten Inhalte gleich sein mögen. Welche tatsächlichen Gefahren hier entstehen und ob auch das BDSG darauf reagieren muß, kann erst die Zukunft zeigen.

2. Anpassung des Rechts an Multimedia und Internet

a) *Die Abgrenzung der Anwendungsbereiche von TDDSG und BDSG für den Bereich Internet*

(1) *Ist das BDSG für den elektronischen Geschäftsverkehr überhaupt relevant?*

Viele datenschutzrechtliche Fragen zu wichtigen Bereichen der Informationstechnologien wurden bereits durch das IuKDG erfaßt. Man könnte deshalb der Ansicht sein, daß dadurch die fehlende Umsetzung der EG-Datenschutzrichtlinie gar nicht so dramatisch ist. Warum sollte man sich den Kopf zerbrechen über die Richtlinienumsetzung im BDSG, wenn schon eine gesetzliche Regelung existiert, die Datenschutz auf hohem Niveau garantiert?[75]

Zunächst muß man sagen, daß es nicht die Intention des Gesetzgebers war, durch die Verabschiedung des IuKDG im Jahr 1997 die EG-Datenschutzrichtlinie in das deutsche Recht zu implementieren[76]. Das IuKDG enthält außerdem nur einige spezielle Vorschriften, die

---

[74] Neudeutsch als „Head-Set" bezeichnet.

[75] *Hobert, S. 206,* ist der Ansicht, Deutschland habe mit der Schaffung des IuKDG eine Vorreiterrolle im internationalen Vergleich eingenommen.

[76] Zwar enthält das TDDSG bereits einige Vorschriften, die der Richtlinienvorgabe entsprechen, siehe *Bäumler,* DuD 1999, 258 (259). Die Grundbegriffe wie „Diensteanbieter" und „Nutzer" zeigen jedoch, daß es sich um eine speziellere Materie handelt.

typische Probleme einiger IuK-Dienste regeln. Es enthält kein umfassendes, in sich abgeschlossenes Datenschutzsystem, mit Regeln zur Datenübermittlung und mit Definitionen der beteiligten Personen, im Gegensatz zum BDSG. Vor allem die Artikel 1 und 2 IuKDG sollen in diesem Zusammenhang nun beleuchtet werden, also das TDG und das TDDSG.

(2)   Das Verhältnis von TDDSG und BDSG

Das TDDSG ist sehr eng mit dem BDSG verknüpft, denn seine Regelungen bauen sozusagen auf dem System des BDSG auf[77]. Nur sofern das TDDSG keine spezielle Regelung enthält, ist auf das allgemeine BDSG zurückzugreifen. Dies ergibt sich schon aus § 4 Abs. 1 BDSG 90[78]. Das spezielle Gesetz ergänzt das BDSG durch bereichsspezifische Vorschriften. Der Gesetzgeber hat aufgrund der Besonderheiten der Datenverarbeitung im Internet neue Begriffe eingeführt und einige neue Grundsätze aufgenommen. Dazu gehören der Grundsatz der Datenvermeidung und des Selbstdatenschutzes. Der Begriff „Nutzer" im Gegensatz zum „Betroffenen" im BDSG 90 verdeutlicht, daß der Einzelne aktiv am Rechts- und Datenverkehr teilnimmt und nicht nur passiv die Nutzung seiner personenbezogenen Daten hinnimmt.

(3)   Der Teledienst als Abgrenzungskriterium

Anknüpfungspunkt für die Anwendbarkeit des TDDSG ist die Verarbeitung und Nutzung personenbezogener Daten durch einen sogenannten Teledienst. Teledienste sind in § 2 Abs. 1 TDG definiert als

> *„alle elektronischen Informations- und Kommunikationsdienste, die für eine individuelle Nutzung von kombinierbaren Daten wie Zeichen, Bilder oder Töne bestimmt sind und denen eine Übermittlung mittels Telekommunikation zugrunde liegt."*

---

[77] *Engel-Flechsig*, in: Roßnagel, TDDSG, Einleitung, Rn. 59.
[78] *Bäumler*, DuD 1999, 258 (259).

In § 2 Abs. 2 TDG sind beispielhaft einige Angebote aufgelistet, bei denen es sich ausdrücklich um Teledienste handelt. Dazu gehören unter anderem das Telebanking, Datendienste zur Bereitstellung von aktuellen Verkehrs-, Wetter-, Umwelt- und Börsendaten und ähnliche Dienstleistungen. Des weiteren sind auch Angebote von Waren und Dienstleistungen in elektronisch abrufbaren Datenbanken mit interaktivem Zugriff und unmittelbarer Bestellmöglichkeit erfaßt. Hierzu gehört der große Bereich des elektronischen Geschäftsverkehrs (E-Commerce).

Bei der Nutzung von Telediensten im Sinne von § 2 Abs. 1 TDG ist nicht das gesamte Nutzungsverhältnis und sind nicht alle Nutzungsmöglichkeiten von den datenschutzrechtlichen Vorschriften des TDDSG erfaßt[79]. Tritt ein solcher Fall ein, so findet nicht das TDDSG, sondern das BDSG auf diese Nutzungsmodalität des Internet Anwendung. Die Benutzung des Internet, das sich zum bedeutendsten Informations- und Kommunikationsmedium entwickelt, fällt daher nur unter bestimmten Voraussetzungen unter den Regelungsbereich des TDDSG[80]. Sofern aber diese Voraussetzungen nicht vorliegen, ist das BDSG als allgemeines Gesetz anwendbar.

Fraglich ist daher, welche Bereiche der Internetnutzung nach dem BDSG zu beurteilen sind und welche unter das TDDSG fallen[81]. Diese Frage ist von erheblicher Bedeutung für das folgende Problem: Auf welche elektronischen Mittel und Systeme muß das BDSG eigentlich reagieren? Welche rechtlichen Antworten muß das BDSG auf die Entwicklung der IuK-Gesellschaft geben?

Zunächst hängt die Antwort auf diese Frage davon ab, wie weit der Anwendungsbereich des TDDSG definiert wird. Es kommt darauf an, was bei der Nutzung des Internet als Inanspruchnahme eines Teledienstes bezeichnet werden muß, und wann der Betreiber einer

---

[79] *Engel-Flechsig*, in: Roßnagel, TDDSG, Einleitung, Rn. 60.
[80] *Dix*, in: Roßnagel, TDDSG, § 5 Rn. 33; *Dümmler*, DuD 1999, 258 (259).
[81] Daß man auf einige Schwierigkeiten bei der Lösung dieser Frage stößt, haben *Tinnefeld/Ehmann*, S. 148 f., überzeugend dargelegt. Sie sehen die Vorschriften des TDDSG insgesamt eher kritisch, vor allem aufgrund der außerhalb Deutschlands schwer verständlichen Regelung, die detaillierte Kenntnisse der Besonderheiten der deutschen Rechtsordnung verlange.

Internetseite nicht als Anbieter eines Teledienstes anzusehen ist. Dies ist eine Frage der Auslegung von § 2 TDG.

(4) Art und Zweck der verarbeiteten Daten als Unterscheidungskriterium

Daneben wird die Anwendbarkeit des TDDSG aber auch durch den „Numerus clausus" der Daten beschränkt, die durch das TDDSG erfaßt werden. Dazu gehören die Bestands-, Nutzungs- und Abrechnungsdaten. Bezieht sich eine Datenverarbeitung, die im Zusammenhang mit dem elektronischen Geschäftsverkehr steht, nicht auf eine dieser Kategorien, so wird man den Grundsatz aus § 4 Abs. 1 BDSG 90 heranziehen müssen[82]: Dieser besagt, daß die Verarbeitung rechtswidrig ist, es sei denn, es liegt eine entsprechende Einwilligung des Nutzers vor oder die Verarbeitung ist materiell-rechtlich nach dem BDSG zulässig. Fehlt es also an einer Einwilligung des Nutzers, ist das BDSG im Zusammenhang mit einer Internetnutzung anzuwenden. Wo nun im Bereich des E-Commerce exakt die Grenze zwischen TDDSG und BDSG verläuft, hängt von der Art der Daten und ihrem jeweiligen Verarbeitungszweck ab.

Zum Teil wird in der Literatur aber auch argumentiert, daß eine Unterscheidung zwischen Inhaltsdaten und übrigen Datenkategorien nicht im Gesetz angelegt ist, vom Gesetzgeber vielmehr mit dem TDDSG eine alle Daten umfassende Rechtsgrundlage geschaffen werden sollte, die jeden Aspekt eines Teledienstes erfaßt[83]. Damit wäre der Anwendungsbereich des BDSG im Bereich Internet noch stärker eingeschränkt. Dies ist zwar vom Ergebnis her wünschenswert, findet aber keinen Halt im Gesetzeswortlaut, der abschließend die erfaßten Datenkategorien auflistet.

---

[82] *Engel-Flechsig*, in: Roßnagel, TDDSG, Einleitung, Rn. 60.
[83] *Imhof*, CR 2000, 110 (113 f).

(5)   Abgrenzung nach der Art der zu erbringenden Leistung

Das Dienstverhältnis zwischen Telediensteanbieter und -nutzer und die Anwendung der spezialgesetzlichen Datenschutzvorschriften beschränkt sich auf die *Vermittlung* einer bestimmten Leistung[84] durch den Informations- oder Kommunikationsdienst. Die eigentliche Erbringung der Leistung, also das Tätigwerden des Leistungserbringers in der „realen Welt", ist durch das TDDSG nicht erfaßt. Aus dieser Feststellung ließe sich dann auch ableiten, daß die gesamte Leistung dann den Regeln des TDDSG unterliegt, wenn sie *ausschließlich* mittels eines Teledienstes möglich ist. Dazu gehört die Lektüre einer Online-Zeitschrift oder das Online-Spiel im Internet[85], aber auch Dienstleistungen wie die Beschaffung des günstigsten Kaufpreises für ein bestimmtes Produkt und die individuelle Information mit Börsenkursen per E-Mail. Das allgemeine Datenschutzrecht findet in all diesen Fällen keine Anwendung[86].

Deshalb gilt: Kann die Leistung, die über das Internet abgerufen oder bestellt wurde, nicht auf demselben Wege geleistet werden, so gilt das BDSG, dann allerdings auch nur für die Daten, die zusätzlich für die Leistung erforderlich sind, oder die Daten, die selbst eine Leistung darstellen[87]. Letzteres ist der Fall, wenn beim Homebanking eine Überweisung elektronisch aufgegeben wurde, diese aber das elektronische Verarbeitungssystem spätestens dann verläßt, wenn sie auf dem Kontoauszug des Empfängers erscheint.

(6)   Grenze zwischen Diensteebene und Anwendungsebene

Eine Differenzierung könnte angelehnt werden an ein Modell verschiedener Kommunikationsschichten, wie es aus dem Bereich der Informatik bekannt ist: Die Kommunikation in Computernetzen geschieht auf verschiedenen Ebenen, in denen elektronische Informationen zu unterschiedlichen Zwecken übermittelt werden[88]. Überträgt

---

[84] So *Engel-Flechsig*, in: Roßnagel, TDDSG, Einleitung, Rn. 60.
[85] *Engel-Flechsig*, in: Roßnagel, TDDSG, Einleitung, Rn. 60.
[86] *Simitis*, in: S/D/G/M/W, BDSG, § 28 Rn. 5 f; *Engel-Flechsig*, RDV 1997, 59 ff.
[87] *Bizer*, in: Roßnagel, TDDSG, § 3 Rn. 49.
[88] *Gundermann*, in: Bäumler, E-Privacy, S. 64.

man dieses Modell auf datenschutzrechtliche Ebenen, so unterscheidet man drei Schichten: Die Telekommunikationsebene zum Verbindungsaufbau zwischen Nutzer und Access Provider[89], die Diensteebene zur Erbringung von Diensten auf Webservern im Internet[90] und die Anwendungsebene, also die eigentliche Nutzung von Homepages, zum Beispiel eines Online-Auktionshauses oder einer Online-Bank. Nur auf der Anwendungsebene gilt das allgemeine Datenschutzrecht, also insbesondere der Dritte Abschnitt des BDSG. Vergleicht man jedoch diese Differenzierung mit der vorherigen, so ergeben sich Widersprüche: In dem einen Fall ist der Kauf eines PKW über eine Internetseite nach dem BDSG und dem TDDSG zu behandeln, im anderen Fall ist ausschließlich das BDSG für den eigentlichen Kauf relevant. Diese Feststellung relativiert sich allerdings wieder dadurch, daß sowohl rechtlich als auch technisch die Abgrenzung zwischen Dienste- und Anwendungsebene schwierig ist[91].

(7) Bislang keine zufriedenstellende Lösung

Diese Fälle, in denen personenbezogene Daten sowohl als Nutzungsdaten (erforderlich für die Einrichtung eines elektronischen Bankkontos) als auch als Inhaltsdaten[92] verarbeitet werden, bereiten erhebliche Schwierigkeiten. Diese Zweiteilung macht es sowohl für den Nutzer als auch den Diensteanbieter äußerst kompliziert, die jeweils geltenden Datenschutzregelungen zu kennen und zu befolgen[93]. Die Abgrenzung leuchtet zwar ein, erscheint aber dennoch wenig prak-

---

[89] Hier gelten der 11. Teil des TKG und die TDSV.

[90] Hier gilt das TDDSG.

[91] *Gundermann*, in: Bäumler, E-Privacy, S. 64; *Bizer*, in: Roßnagel, TDDSG, § 3 Rn. 49; *Dix*, in: Roßnagel, TDDSG, § 5 Rn. 22. Dies liegt meist schon darin begründet, daß es im Internet vielerlei Überschneidungen zwischen diesen Ebenen gibt. Eine formale Trennung ist somit unter Datenschutzgesichtspunkten nicht sachgerecht.

[92] So muß bei einem elektronischen Überweisungsformular der Name und die Bankverbindung des Überweisenden enthalten sein, weil diese Informationen für den Empfänger wichtig sind.

[93] Siehe dazu die Darstellung der Probleme in der Anwendungspraxis bei *Gundermann*, in: Bäumler, E-Privacy, S. 58, 60.

tikabel[94]. Bestehende Unklarheiten, wie bei der Bestimmung des Geltungsbereichs, gehen zu Lasten des Nutzers und damit des Datenschutzes[95]. *Büllesbach*[96] hat am Beispiel des Tele- bzw. Onlinebanking gezeigt, daß das Nebeneinander von TDDSG und BDSG keine zufriedenstellende Lösung ist. Wenn ein Bankkunde ein Geschäft (z. B. eine Überweisung) sowohl online als auch persönlich am Schalter erledigen kann, müßte die Bank intern verschiedene Regeln befolgen, wenn sie die Datenverarbeitung der Kundendaten vollzieht[97]. Diese Verkomplizierung der Datenverarbeitung ist weder für die Bank noch für den Kunden verständlich, geschweige denn praktikabel. Obwohl es sich um ein einziges Vertragsverhältnis zwischen der Bank und ihrem Kunden handelt, werden verschiedene Maßstäbe angelegt. *Imhof*[98] nennt das Beispiel einer Buchbestellung über das Internet: Es bleibe völlig offen, welches denn die sogenannten Inhaltsdaten sein sollen und welche die davon zu differenzierenden Bestandsdaten. Es sei neben dem Kaufvertrag über das Buch kein zweites Vertragsverhältnis ersichtlich, das den Teledienst zur „Ermöglichung der Bestellung eines Buches" beinhaltet[99]. Auch wenn man den Nutzernamen, die Adresse und Telefonnummer als Bestandsdaten qualifizieren würde, müßten diese Daten gleichzeitig auch Inhaltsdaten sein: Inhaltsdaten sind solche, die zur Abwicklung des Kaufes erforderlich sind, also wiederum Name und Adresse. Vor allem diese „Doppelfunktion der Daten" läßt eine unterschiedliche Behandlung nicht sachgerecht erscheinen. Weder den Nutzern noch den Anbietern ist damit gedient.

Die sich täglich weiter entwickelnden Geschäftsideen im Zusammenhang mit der Nutzung des Internet und insbesondere des Electronic Commerce werden zeigen, daß eine klare Zuordnung einer Datenverarbeitung unter das Regime des BDSG oder das TDDSG nach jetzigem Stand nicht möglich ist. Eine klare Regelung aller

---

[94] In diesem Sinne auch *Imhof*, CR 2000, 110 (113 f.).
[95] *Schulz*, in: Roßnagel, TDDSG, § 1 Rn. 48; siehe auch *Büllesbach*, DuD 1999, 265.
[96] *Büllesbach*, DuD 1999, 263 (265).
[97] *Büllesbach*, DuD 1999, 263 (265).
[98] *Imhof*, CR 2000, 110 (113).
[99] *Imhof*, CR 2000, 110 (113).

datenschutzrechtlichen Aspekte des Electronic Commerce ist deshalb noch in weiter Ferne. Engel-Flechsig[100] relativiert diese Feststellung:

> *„Allerdings könnte die zukünftige technische Entwicklung diese Trennung zwischen Teledienst und Inhalt mehr und mehr verschwimmen lassen, so daß das gesamte Leistungsverhältnis nach den Regeln des TDDSG abzuwickeln wäre."*

Auch wenn diese interessante Vorstellung irgendwann einmal Wirklichkeit werden sollte[101], so darf dies nicht davon ablenken, daß das TDDSG ein Gesetz ist, das auf dem Inhalt des BDSG aufbaut und somit eng mit dessen Systematik und Grundsätzen verknüpft bleiben wird. Jedenfalls bleibt festzustellen, daß das BDSG im Bereich des Internet und insbesondere des elektronischen Geschäftsverkehrs neben dem TDDSG eine erhebliche Bedeutung hat.

b)   *Annäherung des Schutzstandards des BDSG an das TDDSG – Einheitlichkeit und Widerspruchsfreiheit der Rechtsordnung als Ziel*

Die Artikel 29-Datenschutzgruppe hat im Februar 2000 ein Papier[102] vorgelegt, in dem es zum Verhältnis von Datenschutz und elektronischem Geschäftsverkehr Stellung nimmt. Darin wird auf die neue EG-Richtlinie zu bestimmten rechtlichen Aspekten des elektronischen Geschäftsverkehrs im Binnenmarkt hingewiesen, in der ausdrücklich die Anwendbarkeit der bestehenden europäischen Datenschutzvorschriften auf Internet-Dienste festgestellt wird[103]. Damit

---

[100] *Engel-Flechsig*, in: Roßnagel, TDDSG, Einleitung Rn. 61, dort Fußnote 1.

[101] Allein dies wirft schon Zweifel und Fragen auf: Wer im Internet auf einer kommerziellen Website einen Gebrauchtwagen erwirbt, wird wohl auch noch im Jahr 2010 darauf angewiesen sein, dieses Fahrzeug in der realen Welt in Empfang zu nehmen.

[102] Stellungnahme 1/2000 zu bestimmten Datenschutzaspekten des elektronischen Geschäftsverkehrs, vorgelegt von der Internet-Task Force, Brüssel, 03.02.2000, online verfügbar unter <http://www.europa.eu.int/comm/ internal_market/de/media/dataprot/index.htm>.

[103] Stellungnahme 1/2000, S. 2. Siehe dazu die Richtlinie 2000/31/EG des Europäischen Parlaments und des Rates vom 8. Juni 2000 über bestimmte rechtliche Aspekte der Dienste der Informationsgesellschaft, insbesondere des elektronischen Geschäftsverkehrs im Binnenmarkt („Richtlinie über den elektronischen Geschäftsverkehr"), Amtsbl. EG Nr. L 178/1 vom 17.07.2000.

wird deutlich, daß nach europäischem Recht ein unterschiedliches Datenschutzniveau bei der Internet-Nutzung vermieden werden soll. Diese Stellungnahme sollte der bundesdeutsche Gesetzgeber zum Anlaß nehmen, die selbst für Experten schwierige Einordnung einer Datenverarbeitung im Internet in den Anwendungsbereich des BDSG oder des TDDSG aufzulösen. Die Einheitlichkeit und Widerspruchsfreiheit der Rechtsordnung sind Notwendigkeiten, die sich aus dem verfassungsrechtlichen Prinzip der Rechtsstaatlichkeit (Art. 20 Abs. 3 GG) ergeben[104]. Rechtsklarheit und Bestimmtheitsgrundsatz sind Ausprägungen des Rechtsstaatsprinzips[105]. Die Rechtsordnung insgesamt und nicht nur die einzelne Rechtsnorm muß für den Bürger klar bestimmt und widerspruchsfrei sein[106]. Das rechtsstaatliche Gebot der Widerspruchsfreiheit der Rechtsordnung wurde vom BVerfG 1998 für den Fall einer kommunalen Verpackungssteuer herangezogen[107]. Das Gericht stellte darin die Verfassungswidrigkeit einer bestimmten Norm (kommunale Satzung) aufgrund ihrer Unklarheit und der dadurch entstehenden Unübersichtlichkeit und Widersprüchlichkeit der Gesamtmaterie „Steuerrecht" fest[108].

Überträgt man diesen Gedanken auf den vorliegenden Sachverhalt, so läßt sich feststellen, daß es den Nutzern des Internet ermöglicht werden soll, eindeutig die rechtlichen Voraussetzungen zu kennen, unter denen ihre persönlichen Informationen erhoben, verarbeitet und genutzt werden können.

Die Vereinheitlichung des Datenschutzstandards für jegliche Nutzung des Internet auf dem Niveau des TDDSG ist erstrebenswert. Das TDDSG kann als Vorbild bei der Novellierung des BDSG dienen[109]. Dies würde, so *Gundermann*[110], die Akzeptanz und das Ver-

---

[104] Urteil vom 07.05.1998, *BVerfGE* 98, 106 ff.

[105] *Degenhart*, Rn. 307a.

[106] *Degenhart*, Rn. 307a.

[107] Urteil vom 07.05.1998, *BVerfGE* 98, 106 ff.

[108] *BVerfGE* 98, 106 (125).

[109] *Bäumler*, DuD 1999, 258 (259); ebenso *Bizer*, Ziele und Elemente der Datenschutzmodernisierung, vom 16. Juni 2000, online verfügbar unter <http:// www.modernes-datenrecht.de>.

[110] *Gundermann*, in: Bäumler, E-Privacy, S. 68.

trauen der Nutzer in die enormen Möglichkeiten und Chancen des Electronic Commerce erheblich steigern[111].

3. „Die Bedrohung mit ihren eigenen Waffen schlagen":
Datenschutz durch Technik (Systemdatenschutz[112])

Wie bereits bei der Darstellung der Gefahren von Chipkarten-benutzung und elektronischem Geschäfts- und Zahlungsverkehr angesprochen, existieren zahlreiche technische Möglichkeiten, die einen Mißbrauch personenbezogener Daten verhindern können[113]. Die Chancen, die solche Technologien bieten, kann der Gesetzgeber dadurch nutzen, indem er hergebrachte Steuerungsinstrumente des Datenschutzrechts ergänzt oder ersetzt[114]: Bislang beschränkt sich das Instrumentarium des BDSG auf „reaktive Wirkungen"[115] gegenüber technologischen Entwicklungen. Dies muß dahingehend geändert werden, daß die Technik selbst ein Teil dessen wird, was Datenschutz ausmacht, nämlich im Dienste der Grundrechte des Bürgers zu stehen[116]. Es würde zu weit führen, nun alle technischen Möglichkeiten, die zum Schutz von Daten existieren, darzustellen.

---

111 Ähnlich auch *Brönneke / Bobrowski*, in: Bäumler, E-Privacy, S. 141 ff.

112 Diese Begriffe werden in der Fachliteratur synonym verwendet, siehe *Pfitzmann*, in: Bäumler/von Mutius (Hrsg.), Datenschutzgesetze der dritten Generation, S. 18.

113 In diesem Sinne auch *Kloepfer*, Gutachten D, S. 99. Zum Verhältnis von technischen Möglichkeiten und rechtlichen Lösungsansätzen ausführlich *Hobert*, S. 202 ff. Zu den einzelnen Aspekten der technologischen Entwicklung umfassend *Schoch*, VVDStRL 57 (1998), 158 (169 ff.).

114 Zu diesem Bereich siehe *Bizer*, in: Sokol, 20 Jahre Datenschutz – Individualismus oder Gemeinschaftssinn?, S. 116, 119 und *Pfitzmann*, in: Bäumler/von Mutius, Datenschutzgesetze der dritten Generation, S. 18 ff.; für eine stärkere Gewichtung einer datenschutzfreundlichen Systemgestaltung auch *Bull*, CR 1997, 711.

115 *Bizer*, in: Sokol, 20 Jahre Datenschutz – Individualismus oder Gemeinschaftssinn?, S. 119.

116 So auch der Schwerpunkt der SOMMERAKADEMIE DATENSCHUTZ 1996 vom 26.08.1996, veranstaltet vom Landesbeauftragten für Datenschutz Schleswig-Holstein: „Datenschutz durch Technik – Technik im Dienste der Grundrechte".

Digitale Verschlüsselung[117], Anonymisierung und Pseudonymisierung, Verwendung eines Identity Protectors, Datenvermeidung und die Ausarbeitung der P3P (der Platform for Privacy Preferences[118]) sind nur die wichtigsten.

Fraglich ist allerdings, wie der Gesetzgeber diese Technologien als Regelungsinstrument nutzen sollte. Die in das LDSG S-H 2000 aufgenommenen Grundsätze der Datenvermeidung und Datensparsamkeit, die durch die verarbeitende Stelle „zu beachten" sind (§ 4 Abs. 1), lassen bei dieser Formulierung leider nur erahnen, welche Intention ihnen zugrunde liegt. Erst in den Erläuterungen[119] zu § 4 Abs. 1 LDSG S-H 2000 wird deutlich, daß diese Regelungen vor allem als Gestaltungsanforderungen für IT-Systeme zu verstehen sind.

Im Grundsatz kann der Gesetzgeber zwei Wege beschreiten: Entweder die Verwendung technischer Hilfsmittel zwingend vorschreiben, was letztlich die Hersteller von Hard- und Software unter Druck setzt, entsprechende Produkte auf den Markt zu bringen; oder aber der Gesetzgeber fördert durch eine rechtliche Absicherung bestimmter Techniken deren gesellschaftliche Akzeptanz mit der Folge, daß die Verbraucher häufiger diese Techniken einsetzen oder Produkte bevorzugen, die solche Techniken beinhalten[120]. Die Förderung

---

[117] Sehr verbreitet ist in diesem Bereich inzwischen Pretty Good Privacy (PGP), ein Programm zur Verschlüsselung von Informationen in Computernetzwerken. Näheres dazu auf der Homepage des Unabhängigen Landeszentrums für Datenschutz Schleswig-Holstein unter: <http://www.datenschutzzentrum. de>.

[118] Engl.: Plattform für Datenschutz-Gewohnheiten bzw. –vorlieben. Das World Wide Web Consortium (W3C) hat diese Anwendung (es handelt sich hierbei um eine Software) entwickelt, um bei Anbietern im Internet abfragen zu können, welche Maßnahmen zum Schutz von personenbezogenen Daten vom Anbieter konkret ergriffen werden. Der Vorteil für den „User" ist der, daß er nicht mehr zeitraubend auf jeder neuen Seite, die er anwählt, die Nutzungsbedingungen und die „Privacy Policy" (Englisch: Datenschutzvorkehrungen) des jeweiligen Anbieters studieren muß, bevor er seine Daten preisgibt. Eine Beschreibung der genauen Wirkungsweise von P3P findet sich in der DuD, Heft 8/2000, online verfügbar unter <http://www.datenschutz-und-datensicherheit/jhrg24/p3p.htm>.

[119] *Unabhängiges Landeszentrum für Datenschutz S-H*, Tipps und Hinweise zur Anwendung des neuen LDSG, S. 19 f.

[120] Siehe dazu *Weichert*, DuD 1997, 716 (718).

von Selbstdatenschutz, also die Schaffung gesetzlicher Rahmenbedingungen für die selbständige Verwendung sogenannter „Privacy
Enhancing Technologies"[121] durch den Verbraucher, ist zu einer
neuen Säule moderner Datenschutzkonzepte geworden.

Für das BDSG gilt folgendes: Als erster Schritt sind § 9 BDSG 90 und
die Anlage zu § 9 so umzugestalten, daß konkreter auf die neuen
Datenschutztechnologien Bezug genommen wird. Die bisherige
Regelungsstruktur ist hier zu unbestimmt, um direkt konkrete
Technologien vorzuschreiben. Es wird auch vertreten, die Anlage zu
§ 9 BDSG 90 in ihrer derzeitigen Form gänzlich zu streichen, weil die
dort genannten Grundsätze für eine moderne Datenverarbeitung in
offenen Netzen unbrauchbar sind[122].

Eine weitere Möglichkeit ist ein Auditierungsverfahren, bei dem
durch unabhängige Stellen die Verwendung datenschutzfreundlicher
Technologien durch ein Zertifikat nachgewiesen wird, das dem
Verbraucher als Orientierungshilfe dienen kann.

**4. *Offenheit des Gesetzes gegenüber neuen technischen
Rahmenbedingungen***

Eine Forderung, die von *Weichert*[123] im Zusammenhang mit dem
BDSG-Novellierungsentwurf der Bundestagsfraktion Bündnis 90/Die
Grünen[124] formuliert wurde, scheint nach Ansicht des BMI nicht
realisierbar: Die Formulierung einer Norm, die den rapiden Veränderungen der IuK-Technik flexibel gegenübersteht und deshalb bei
ihrer Verabschiedung nicht schon wieder wirkungslos ist. Wenn ein
Datenschutzgesetz bei jeder technologischen Neuerung geändert werden müßte, hat im Grunde genommen der Datenschutz in der Infor-

---

121 Kurz „PET" genannt, und bedeutet „datenschutzfreundliche Techniken". Dazu gehören die elektronische Verschlüsselung und anonymisierte Zugriffsver-
fahren; siehe dazu *Walz*, DuD 1998, 150 (154).
122 *Pfitzmann*, in: Bäumler/von Mutius, Datenschutzgesetze der dritten Generation, S. 26.
123 *Weichert*, RDV 1999, 65 (68).
124 BT-Drucksache 13/9082.

mationsgesellschaft keine Chance mehr[125]. Denn genau diese Flexibilität ist erforderlich, um dauerhaft ein effektives Datenschutzsystem zu erreichen[126]. Der Entwurf von Bündnis 90/Die Grünen beinhaltet zwar Regeln zur Zulässigkeit von Datennetzen[127] und Netzsicherheit[128], zur Videoüberwachung und zu Chipkarten[129]. Er ist aber trotzdem nur eine Reaktion auf vorhandene Technologien, deren Veränderung, Verknüpfung und Fortentwicklung innerhalb kürzester Zeit (also weniger Jahre) zur Entstehung breiter Schutzlücken führen können[130]. Damit erfüllt nach meiner Ansicht der Gesetzentwurf von Bündnis 90/Die Grünen nicht dieses hochgesteckte Ziel eines Regelungsansatzes, der aufgrund seiner Flexibilität auch zukünftige, veränderte technische Rahmenbedingungen erfaßt.

Als Beispiel sei hier das Bürgerliche Gesetzbuch genannt: Das BGB ist 100 Jahre alt, jedoch entspricht es in weiten Teilen noch immer den Wertvorstellungen der Gesellschaft[131]. Obwohl sich die Gesellschaft enorm verändert hat, ist das BGB durch seinen hohen Abstraktionsgrad ein Musterbeispiel dafür, wie ein Gesetz konstruiert sein muß: Es muß möglichst allgemein gefaßt sein, um neue Gefahren, die sich im Wirtschaftsleben zum Beispiel für den Verbraucher entwickeln, zu erfassen und zu bekämpfen. Auf der anderen Seite bergen solch allgemeine Formeln die Gefahr von Rechtsunsicherheit: Das Rechtsstaatsprinzip gemäß Art. 20 Abs. 3 GG verlangt, daß der Einzelne in der Lage ist, aufgrund des Gesetzestextes

---

[125] Auch Hobert, S. 215, spricht diese Problematik an: *„Jeder rechtliche Lösungsansatz ist folglich eng mit den schwer vorhersehbaren technologischen Fortschritt verknüpft."* Weichert, RDV 1999, 65 (68), ist der Ansicht, das Recht müsse stets für technische Entwicklungsmöglichkeiten offen bleiben.

[126] In diesem Sinne auch *Brühann*, DuD 1996, 66 (70), der bei jeder neuen technologischen Innovationswelle die Gefahr sieht, daß Grundrechte und Grundfreiheiten nicht rechtzeitig und konsequent genug berücksichtigt werden.

[127] Sogenanntes Verbundverfahren, § 30 Abs. 1 des Entwurfs.

[128] § 14 Nr. 5 und § 15 Abs. 2 des Entwurfs.

[129] §§ 32 und 33 des Entwurfs.

[130] Gegen eine Konstruktion von Datenschutzvorschriften, die jeweils nach der verwendeten Technik unterscheiden, ist auch *Bull*, ZRP 1998, 310 (312).

[131] Die zahlreichen Änderungen des BGB haben zwar vereinzelt sich ändernde gesellschaftliche Verhältnisse berücksichtigt; die Grundstruktur des Gesetzes und viele Wertungen sind jedoch unverändert.

zu erkennen, welches Verhalten erlaubt ist und welches verboten (Aspekt der Rechtssicherheit)[132]. Aber die Praxis hat gezeigt, daß auch sehr offene Tatbestandsmerkmale (wie zum Beispiel die §§ 138, 157 BGB) durch Rechtsprechung und Lehre derart angewendet werden können, so daß die Rechtsklarheit gewahrt ist[133].

Die immer stärkere Ausdifferenzierung des deutschen Rechts birgt die Gefahr in sich, bei Veränderung der Rahmenbedingungen nicht mehr effektiv zu sein[134]. Als Steuerungsmittel kann ein Gesetz nur dann wirken, wenn es in einem sich rasend schnell verändernden und weiterentwickelnden Lebensbereich so formuliert ist, daß zukünftige Veränderungen der Lebenswirklichkeit erfaßt werden. Ein typisches Problem des Datenschutzrechts ist der Umstand, daß eine richterliche Rechtsfortbildung anhand von Normen des BDSG nur selten vorkommt[135]. Ganz im Gegensatz dazu steht das BGB, das täglich Gegenstand gerichtlicher Entscheidungen ist. Eine Konkretisierung der Normen ist daher nicht in der Rechtsanwendung zu erreichen und muß deshalb wohl doch durch den Gesetzgeber selbst vorgenommen werden.

B. Verbesserter Grundrechtsschutz

Da seit dem Volkszählungsurteil[136] des Bundesverfassungsgerichts, das inzwischen bereits siebzehn Jahre zurückliegt, in technologischer Hinsicht eine Menge geschehen ist, muß man die Frage stellen, ob auch aus verfassungs- und grundrechtlicher Perspektive eine Anpas-

---

[132] *Degenhart*, Rn. 349 unter Hinweis auf *BVerfGE* 21, 79 und 52, 1 (41).

[133] *BVerfGE* 21, 73 (79). Auch *Bull*, ZRP 1998, 310 (314), bezeichnet das Mißtrauen gegenüber der Verwendung von Generalklauseln als unbegründet, zumal in der Praxis durch die Rechtsanwendung eine sinngemäße Verwendung dieser Normen gelingt, nicht zuletzt durch eine gerichtliche Kontrolle.

[134] Zum Stichwort „Verrechtlichungsfalle" ausführlich *Hoffmann-Riem*, AöR Band 123 (1998), 513 (514 f.); *Weichert*, RDV 1999, 65 (68).

[135] Vergleicht man einen Kommentar zum BDSG mit einer Kommentierung zum BGB, so fällt auf, daß die BDSG-Kommentierung äußerst selten auf Gerichtsurteile Bezug nimmt.

[136] *BVerfGE* 65, 1 ff.

sung oder Neukonzeption datenschutzrechtlicher Normen geboten ist[137]. Liest man unter diesem Gesichtspunkt noch einmal das Urteil des Bundesverfassungsgerichts, so hat sich an der grundgesetzlichen Rechtfertigung für den Schutz der Persönlichkeit und privater Informationen nichts geändert. Ziel einer BDSG-Novellierung ist meines Erachtens daher kein *verbesserter* Grundrechtsschutz, sondern eine Fortsetzung des bisherigen Grundrechtsschutzes auf gleichem Niveau. Faktisch bedeutet dies allerdings aufgrund der Notwendigkeit einer Anpassung an technologische Entwicklungen eine grundrechtliche Verpflichtung des Gesetzgebers, die normative Regelung anhand der Vorgaben des Volkszählungsurteils neu zu analysieren und umzugestalten. Denn eine Beibehaltung des hohen Schutzniveaus ist nur realistisch, wenn man den oben genannten Gefahren entschlossen entgegentritt.

---

[137] Zur grundrechtsdogmatischen Einordnung der Probleme der Informationsgesellschaft umfassend *Hoffmann-Riem*, AöR Band 123 (1998), 513 ff.; *Trute*, JZ 1998, 822 (824 f.).

Teil 2:

Europarechtliche Vorgaben als Maßstab für das neue BDSG 2001

A. Zusammenfassung der Entstehungsgeschichte der Richtlinie

Aufgrund der Tatsache, daß bereits zahlreiche und umfassende Darstellungen zur historischen Entwicklung datenschutzrechtlichen Denkens und datenschutzrechtlicher Normen auf europäischer Ebene existieren[138], sollen an dieser Stelle lediglich einige Aspekte genannt werden, die notwendig sind, um den Kontext zu begreifen, in dem die Richtlinie entstanden ist. Ohne diese Informationen wäre die Arbeit mit der Richtlinie kaum möglich, da die verschiedenen Standpunkte des Europäischen Rates, der EU-Kommission, des Europäischen Parlaments und der Regierungen der Mitgliedsstaaten ihren Anteil an dem Gesamtbild des Regelungswerkes haben. Die Richtlinie kann als ein „Patchwork" oder als Collage[139] bezeichnet werden, die in mühsamen jahrelangen Verhandlungen aus bereits existierenden nationalen Datenschutznormen zusammengesetzt wurde, um allen Beteiligten gerecht zu werden.

Als der erste Vorschlag zu einer Harmonisierung des Datenschutzes in der Europäischen Gemeinschaft vorgelegt wurde, gingen die Meinungen der Mitgliedsstaaten dazu weit auseinander[140]: Einige wollten eine stärkere Harmonisierung, andere bevorzugten einen minimalistischen Ansatz, wie er in der Konvention Nr. 108 des Europa-

---

138 In diesem Zusammenhang sei hingewiesen auf *Simitis*, in: Dammann/Simitis, EG-Datenschutzrichtlinie, Einleitung, S. 61 ff und *Platten*, in: Bainbridge, EC Data Protection Directive, S. 13 ff; *Kopp*, RDV 1993, 1 ff.; *Simitis*, in: Tinnefeld/Phillips/Heil, S. 51 ff.; siehe auch den Anhang 3 in *Ehmann/Helfrich*, EG-Datenschutzrichtlinie, zum Entstehungsweg der Richtlinie 95/46/EG, S. 449.

139 *Simitis*, in: Dammann/Simitis, EG-Datenschutzrichtlinie, Einleitung Rn. 13; *Brühann*, DuD 1996, 66 (68), verweist auf den Umstand, das auch das BDSG noch vor einigen Jahren als Flickenteppich bezeichnet wurde.

140 *Pearce/Platten*, S. 533.

rates enthalten ist, der für mehr Autonomie der Mitgliedsstaaten steht. Dieser erste Vorschlag basierte vornehmlich auf Konzepten des deutschen Datenschutzrechts, ausgehend von einer rechtspositivistischen Tradition, zudem mit einer Aufteilung in einen öffentlichen und einen privaten Sektor[141]. Der Auslöser für diesen ersten Richtlinienvorschlag war eine gemeinsame Erklärung der Datenschutzbeauftragten der EG, veröffentlicht nach ihrem gemeinsamen Treffen in Berlin 1989[142]. Im September 1989 beschloß die Europäische Kommission ein Maßnahmenpaket, zu dem unter anderen auch die Datenschutzrichtlinie gehörte.

Es ist nicht sonderlich überraschend, daß jeder Mitgliedsstaat seine eigenen Rechtstraditionen in der Richtlinie verwirklicht und reflektiert sehen wollte[143]. Und obwohl viele einzelne Regelungen und Strukturen dem deutschen Datenschutzrecht entstammen, ist die Notwendigkeit einer Anpassung offensichtlich. Dies liegt nicht zuletzt an den rechtlichen Defiziten im nicht-öffentlichen Bereich[144].

Im Oktober 1992 wurde ein geänderter Richtlinienvorschlag veröffentlicht[145], in dem der gesamte Richtlinientext neu strukturiert worden war und die Unterscheidung zwischen privatem und öffentlichem Bereich aufgehoben wurde. Weiterhin wurde die veraltete Bezeichnung „Datei" als zentraler Begriff ersetzt durch die Bezeichnung „Datenverarbeitung"[146]. In den folgenden zwei Jahren war der Entwurf scharfer Kritik aus mehreren Bereichen der Industrie aus-

---

[141] *Pearce/Platten*, S. 533.
[142] *Platten*, in: Bainbridge, S. 23.
[143] Zumal die Richtlinie 95/46/EC die erste überhaupt war, in der sich die EU mit Grundrechtsfragen auseinandersetzt, siehe *Brühann*, DuD 1996, 66.
[144] *Simitis*, in: Dammann/Simitis, EG-Datenschutzrichtlinie, Einleitung, Rn. 43.
[145] *Geänderter Vorschlag der Kommission der Europäischen Gemeinschaften vom 15.10.1992 für eine Richtlinie des Rates zum Schutz natürlicher Personen bei der Verarbeitung personenbezogener Daten und zum freien Datenverkehr*; der Text ist abgedruckt in DuD 1992, 648 – 655. Zu den Vorentwürfen und deren Inhalt siehe *Wind/Siegert*, RDV 1992, 118 ff. Zu diesem geänderten Vorschlag der EU-Kommission haben die obersten Aufsichtsbehörden der deutschen Länder eine gemeinsame Stellungnahme abgegeben, die viele Kritikpunkte enthält, abgedruckt in DuD 1993, 227 ff.
[146] *Platten*, in: Bainbridge, S. 24; siehe dazu KOM (90) 314, Amtsbl. EG Nr. C 277/3 vom 5.11.1990; BR-Drs. 690/90 vom 4.10.1990.

gesetzt, die sowohl bei den Mitgliedsstaaten als auch bei der Europäischen Kommission „lobbying" betrieben. Vor allem die Direktmarketing-Industrie brachte Bedenken vor, zumal der Handel mit personenbezogenen Daten die Grundlage ihrer Existenz bildet. Aber auch der Bankensektor wehrte sich gegen das gemeinschaftsrechtliche Regelungswerk, weil er befürchtete, durch die Richtlinie zu stark benachteiligt zu werden. Hinzu kam die Furcht vor hohen Kosten, die die Anpassung der unternehmensinternen Datenverarbeitungsprozesse an die Richtlinienvorgaben mit sich bringen würde[147].

Ein interessanter politischer Faktor, der die europäische Harmonisierung von Datenschutzstandards vorangetrieben haben mag, war die Kampagne von Bill Clinton und Al Gore für den US-Präsidentschaftswahlkampf 1992: Clinton und Gore machten die Zukunftschancen eines „information superhighway" zu einem der Hauptthemen ihres (im Ergebnis erfolgreichen) Wahlkampfes[148]. Jacques Delors, der damalige Europäische Kommissionspräsident, griff diesen Gedanken auf und warb für die Weiterentwicklung der Informationstechnologie. Das Aufgreifen dieses Themas durch Jacques Delors kam im richtigen Zeitpunkt, es paßte auch in die gesamte politische Entwicklung in Europa: Der europäische Integrationsprozeß war ins Stocken geraten, Dänemark hatte sich gerade in einem Referendum gegen den Vertrag von Maastricht ausgesprochen. Man war auf der Suche nach Themen, die zukunftsweisend waren und ein gemeinsames, konzertiertes Handeln der Mitgliedsstaaten erforderlich machten[149].

Unter dem Vorsitz von Martin Bangemann, damals Mitglied der Europäischen Kommission, wurde eine Arbeitsgruppe ins Leben gerufen, die 1994 auf einem Treffen des Europäischen Rates auf Korfu einen Report mit dem Namen „Europa und die globale Informa-

---

[147] Dieser Faktor wurde auch von der EU-Kommission erkannt. Sie erstellte deshalb ein Gutachten zur kostengünstigen Umstrukturierung firmeninterner Verarbeitungsprozesse, die aufgrund der EG-Datenschutzrichtlinie erforderlich geworden sind: *Handbook on Cost Effective Compliance with Directive 95/46/EC* (Masons Study).
[148] *Platten*, in: Bainbridge, S. 29.
[149] *Platten*, in: Bainbridge, S. 30.

tionsgesellschaft" vorstellte[150]. Das Thema Datenschutz war nach Meinung der Arbeitsgruppe eng mit der Entwicklung der Informationsgesellschaft und ihrem Erfolg verknüpft. Der Report nimmt dazu wie folgt Stellung:

> *„Die Gruppe ist der Ansicht, daß ohne die rechtliche Sicherheit eines Handelns auf der Ebene der Europäischen Union das fehlende Vertrauen des Verbrauchers in die Informationstechnologien die rapide Entwicklung der Informationsgesellschaft gefährden könnte. Im Hinblick auf die Wesentlichkeit und Empfindlichkeit der Frage nach dem Schutz personenbezogener Daten, ist eine schnelle Entscheidung der Mitgliedsstaaten über den von der Kommission vorgelegten Richtlinienvorschlag, der allgemeine Prinzipien des Datenschutzes vorsieht, unbedingt erforderlich."*

Dieser Report war ein „push" und brachte neuen Schwung in die schwierigen Verhandlungen[151]. Im Februar 1995 wurde unter der Französischen Ratspräsidentschaft eine Gemeinsame Position beschlossen[152]. Nach zwei Jahren Verhandlung im Rat verlief die zweite Lesung vor dem Europäischen Parlament ohne weitere Probleme. Nur einige wenige Veränderungen wurden am Richtlinientext vorgenommen. Die Ergänzungen und Änderungen waren sowohl für die Kommission als auch für den Rat akzeptabel. Am 24. Oktober 1995 unterzeichneten der Parlamentspräsident und der Ratspräsident die Richtlinie und nahmen damit dieses Regelungswerk an, fünf Jahre nach der ersten Initiative. Damit ist eine internationale (im Sinne von europäischer) Harmonisierung des Datenschutzrechts auf bislang nicht erreichtem, hohem Niveau entstanden[153].

---

[150] *Platten*, in: Bainbridge, S. 30.
[151] So auch *Brühann*, DuD 1996, 66 (68).
[152] *Gemeinsamer Standpunkt des Rates vom 20.02.1995*, abgedruckt in RDV 1995, 83 ff. Siehe dazu *Kopp*, DuD 1995, 204 (204 f.).
[153] So *Draf*, S. 38.

B. Intensität der Bindungswirkung der Richtlinienvorgaben nach Europarecht (Artikel 249 Abs. 3 EGV n. F.)

Gemäß Art. 249 Abs. 3 EGV sind Richtlinien für jeden Mitgliedsstaat, an den sie gerichtet sind, nur hinsichtlich des zu erreichenden Zieles verbindlich. Den innerstaatlichen Stellen ist die Wahl der Form und der Mittel überlassen. Die zweite Stufe im Rechtssetzungsverfahren einer Richtlinie vollzieht sich also auf der nationalen Ebene[154]. Dabei ist den Mitgliedsstaaten ein Gestaltungsspielraum überlassen, der es ihnen ermöglichen soll, das Regelungswerk möglichst sinnvoll in das jeweilige nationale Rechtssystem zu transponieren[155]. Problematisch wird dieses Verfahren in der Praxis dann, wenn die Richtlinienvorgaben so detailgenau formuliert sind (zum Beispiel Definitionen), daß die nationalen Rechtssetzungsorgane nur noch einen auf „Null" reduzierten Gestaltungsspielraum besitzen[156]. Bei der vorliegenden Datenschutzrichtlinie handelt es sich um eine Rahmenrichtlinie, die recht vage Regeln für den Datenverkehr aufstellt[157]. Spätere bereichsspezifische Datenschutzregelungen auf europäischer Ebene sollen auf dieses Regelungswerk aufbauen können[158]. Dadurch wird den Mitgliedsstaaten ein großer Freiraum bei der Umsetzung eingeräumt. Dies sollte jedoch nicht dazu verleiten, die Vorgaben der Richtlinie nicht so genau zu nehmen[159]. Es ist bereits von *Simitis* darauf

---

[154] *Oppermann*, § 6, Rn. 547.

[155] *Oppermann*, § 6, Rn. 548, spricht von „Angleichungen". Eine „Vereinheitlichung" sei nur durch das Mittel der Verordnung möglich.

[156] *Herdegen*, Rn. 177, 178; dazu auch *Ehmann/Helfrich*, EG-Datenschutzrichtlinie, Einleitung, Rn. 12.

[157] *Kopp*, DuD 1995, 204 (206); dennoch deuten *Brühann/Zerdick*, CR 1996, 429 (430) an, daß eine wortgetreue Übernahme der Richtlinienbestimmungen zwingend erforderlich sein könnte, unter Hinweis auf *EuGH*, Rs. 252/85 (Kommission/Frankreich), Slg. 1988, 2243 (2264 f.). *Oppermann*, § 6 Rn. 552, verweist auf das Gebot vollständiger Umsetzung einer Richtlinie, vgl. *EuGH* Rs. C-360/87, ständige Rechtsprechung).

[158] *Kopp*, DuD 1995, 204 (206).

[159] *Brühann/Zerdick*, CR 1996, 429 (430), weisen auf die Gewährleistung von Rechtssicherheit und Rechtsklarheit hin, siehe *EuGH* Rs. C-59/89 (Blei), Slg.-1991, I-2607 (2633 f.).

hingewiesen worden, daß der Charakter der Richtlinie, aus vielen verschiedenen Bausteinen verschiedener nationaler europäischer Rechtsordnungen zusammengesetzt zu sein, die Mitgliedsländer nicht dazu verleiten darf, die neuen Vorschriften im Lichte vorhandener nationaler Gesetze zu interpretieren und auszulegen[160]. Die Folge davon wäre eine unterschiedliche Interpretation der Richtlinie in den einzelnen Mitgliedsstaaten, was diametral zu dem eigentlichen Ziel wäre, nämlich eine Harmonisierung der europäischen Datenschutzstandards.

C. Regelungszweck der Richtlinie (Erwägungsgründe und Artikel 1[161])

Wenn man sich die amtliche Überschrift[162] der Richtlinie ansieht, ist die Bezeichnung „EG-Datenschutzrichtlinie" in gewisser Hinsicht mißverständlich und unvollständig, wenn nicht sogar falsch: Dort ist als Regelungszweck zum einen der Schutz natürlicher Personen bei der Verarbeitung personenbezogener Daten genannt, zum anderen aber auch der freie Datenverkehr[163]. Stärker kann die Gegensätzlichkeit der Anliegen, denen diese Richtlinie gerecht werden will, eigentlich nicht sein. Der freie Datenverkehr und dessen Tragweite und Bedeutung - neben dem Anliegen des Datenschutzes - leuchtet einem aber eigentlich sofort ein, wenn man zwei Punkte berücksichtigt: Gemäß Art. 2 EGV ist es die primäre Aufgabe der EG, einen Gemeinsamen Markt innerhalb der Mitgliedsstaaten zu schaffen. Dieses Ziel kann vornehmlich dadurch verwirklicht werden, daß Beschränkungen des Waren- und Dienstleistungsverkehrs so weit

---

160 *Simitis*, in: Dammann/Simitis, EG-Datenschutzrichtlinie, Einleitung Rn. 13.
161 Alle Artikel ohne Gesetzesangabe sind als solche der EG-Datenschutzrichtlinie anzusehen.
162 Richtlinie zum Schutz natürlicher Personen bei der Verarbeitung personenbezogener Daten und zum freien Datenverkehr.
163 Zur Bezeichnung der Richtlinie ausführlich *Draf*, § 6. Zum Zielkonflikt zwischen Binnenmarkt und Datenschutz siehe *Grabitz/Hilf*, A 30 (Richtlinie 95/46/EG), Vorbemerkung Rn. 37 ff.

wie nur irgend möglich vermieden werden. Meines Erachtens kommt der Gedanke, daß der freie Datenverkehr eines der beiden Hauptanliegen der Richtlinie ist, in der gesamten Diskussion in der Literatur viel zu kurz. *Dippoldsmann*[164] erkennt meines Erachtens zu Recht, daß es das alleinige Ziel des Richtliniengebers war, einen freien Fluß von Daten innerhalb des Binnenmarktes zu ermöglichen. Der Persönlichkeitsschutz sei hierbei nur Mittel zum Zweck[165].

Der zweite Aspekt betrifft die bereits oben angesprochene Entwicklung der Informationsgesellschaft. Wenn es in den frühen Jahren der EG noch in erster Linie um den Warenverkehr von Gütern, Produkten und Industrieerzeugnissen ging, ist heute die Beseitigung von Handelshemmnissen im Dienstleistungssektor die vordringliche Aufgabe der Gemeinschaft. Die Kommerzialisierung von Informationen, also ihre Vermarktung und ihr Marktwert selbst, tragen dazu bei, daß insbesondere die Wirtschaft daran interessiert ist, mit Daten und Informationen möglichst unbeschränkt umgehen zu können[166]. Daher ist der freie Datenverkehr für eine moderne Dienstleistungsgesellschaft eine der Grundvoraussetzungen. Wenn sich nun die Mitgliedsstaaten zu einer gemeinsamen Regelung des Datenschutzes durchgerungen haben, um innerhalb der EU ein Gefälle bezüglich der Intensität des Datenschutzes zu verhindern, dann stellt die Gemeinschaft damit selbst Beschränkungen dessen auf, was sie eigentlich fördern soll, nämlich einen gemeinsamen Markt mit freiem Waren- und Dienstleistungsverkehr. Dieser Zwiespalt kehrt auch in

---

164 *Dippoldsmann*, KJ 1994, 369 (370).
165 *Dippoldsmann*, KJ 1994, 369 (370). Anders dagegen *Simitis*, in: Tinnefeld/ Phillips/Heil, S. 51 ff.: Schon in der Überschrift seines Beitrags („Vom Markt zur Polis") kommt zum Ausdruck, daß er den Beschluß einer EG-Datenschutzrichtlinie nicht als Bestandteil des Europäischen Binnenmarktes und dessen Liberalisierung versteht, sondern vielmehr als einen Schritt der EU zu einer politischen Einheit, siehe *Simitis*, in: Tinnefeld/Phillips/Heil, S. 70. *Leutheusser-Schnarrenberger*, in: Tinnefeld/Phillips/Heil, S. 12, wiederum nennt sowohl die Übermittlung personenbezogener Daten zwischen den Staaten der EU als wesentliches Element zum Funktionieren des Binnenmarktes, als auch den rechtspolitischen Erfolg durch die Einführung eines einheitlichen Schutzniveaus zugunsten des einzelnen EU-Bürgers.
166 *Hoffmann-Riem*, AöR Band 123 (1998), 513 (525).

Art. 1 wieder, wo beide Regelungsziele beschrieben sind[167]. Beide
Elemente sind auch in der Konvention 108 des Europarates enthal-
ten, siehe dort Art. 1 und Art. 12 Abs. 2. Entgegen der dortigen
Formulierung kommt aber in der Richtlinie die Verknüpfung beider
Elemente und ihre gegenseitige Bedingtheit stärker zum Ausdruck[168].
Beide grundsätzlich verschiedenen Interessenpositionen sollen in der
Richtlinie zu einem Ausgleich gebracht werden. Um beide zu berück-
sichtigen, muß das Ziel die Optimierung zwischen Datenschutz und
Datenverkehr sein. Heftig umstritten ist in diesem Zusammenhang,
welche Aussage bezüglich eines Rangverhältnisses beider Elemente
in Art. 1 enthalten ist[169].

In der bisherigen Diskussion über die Umsetzung der Datenschutzrichtlinie in Deutschland ist bislang nur sehr selten überlegt worden,
den Aspekt des freien Datenverkehrs in Europa als Grundgedanken
mit in den Gesetzestext aufzunehmen. Liest man vorurteilsfrei Art. 1
Abs. 2 der Richtlinie, so muß man eigentlich feststellen, daß der freie
Datenverkehr innerhalb der Gemeinschaft nicht aus Gründen des
Schutzes personenbezogener Daten beschränkt werden darf. Dies
kann bedeuten, daß der freie Datenfluß in Europa immer möglich ist,
egal ob dies gegen Datenschutzbestimmungen verstößt oder nicht.
Aus verständlichen Gründen formulieren Datenschützer diese Aussage recht selten[170]. Dies ist jedoch eine sich aus dem Wortlaut der
Richtlinie erschließende Aussage. Erwägungsgrund 9 nimmt ebenfalls zu diesem Punkt Stellung:

[167] *Ehmann/Helfrich*, EG-Datenschutzrichtlinie, Einleitung, Rn. 4 verweisen
auch auf Erwägungsgrund Nr. 3.
[168] *Dammann*, in: Dammann/Simitis, EG-Datenschutzrichtlinie, Art. 1 Rn. 1;
Dressel, S. 232, bezeichnet es als einen kaum zu bewältigenden Drahtseilakt,
die ambivalente Regelungsintention (freier Datenverkehr und effektiver Datenschutz) zu einem Ausgleich zu bringen.
[169] *Dammann*, in: Dammann/Simitis, EG-Datenschutzrichtlinie Art. 1 Rn. 1;
Kilian, Europäisches Wirtschaftsrecht, Rn. 763 f, 773.
[170] Lediglich *Dippoldsmann*, KJ 1994, 369 (370) scheint deutlich auszusprechen,
was eigentlich offensichtlich ist: Persönlichkeitsschutz und *freier* Datenverkehr sind im Grunde unvereinbar und auch nicht durch Interessenabwägung
in Einklang zu bringen.

„Die Mitgliedsstaaten dürfen aufgrund des gleichwertigen Schutzes, der sich aus der Angleichung der einzelstaatlichen Rechtsvorschriften ergibt, den freien Verkehr personenbezogener Daten zwischen ihnen nicht mehr aus Gründen behindern, die den Schutz der Rechte und Freiheiten natürlicher Personen und insbesondere das Recht auf die Privatsphäre betreffen."

Ehmann und *Helfrich*[171] nehmen zu diesem Gedanken ebenfalls nur sehr kurz Stellung. Es sei der Wille des Richtliniengebers, daß die Harmonisierung des Datenschutzes in der Gemeinschaft nicht dazu führen dürfe, daß die Mitgliedsstaaten unter Berufung auf datenschutzrechtliche Aspekte den Datenfluß in der Gemeinschaft behindern[172]. Auf eine Stellungnahme zu dieser Aussage wird leider verzichtet.

Kilian[173], der sich ausgiebig mit dem Verhältnis von Datenschutz und freiem Datenverkehr im Binnenmarkt auseinandersetzt, weist zu Recht darauf hin, daß die Europäische Gemeinschaft aus Kompetenzgründen den Aspekt des Binnenmarktes und des freien Waren- und Dienstleistungsverkehrs mit in die Richtlinie aufnehmen mußte, um überhaupt eine solche Regelung beschließen zu dürfen. Die weitgehend strittige Frage, auf welche Kompetenzvorschrift im Endeffekt die Richtlinie zu gründen war, soll hier nicht beantwortet werden. Jedoch ist unstreitig, daß die Europäische Gemeinschaft für den Bereich Datenschutz und Persönlichkeitsrecht keine gesonderte, ausdrückliche Kompetenz hat.

Die Erwägungsgründe der Richtlinie müssen, sofern dies notwendig ist, als Interpretationshilfe oder Erläuterung herangezogen werden[174]. Es besteht keine Pflicht zu ihrer direkten Umsetzung, obwohl dort viele klare Stellungnahmen enthalten sind zu den Wertvorstellungen und dem Anliegen der Richtlinie[175]. Bezüglich der Frage nach

---

[171] *Ehmann / Helfrich*, EG-Datenschutzrichtlinie, Art. 1 Rn. 4.

[172] *Ehmann / Helfrich*, EG-Datenschutzrichtlinie, Art. 1 Rn. 4.

[173] *Kilian*, Europäisches Datenschutzrecht – Persönlichkeitsrecht und Binnenmarkt, in: Tinnefeld/Phillips/Heil, S. 98 ff.

[174] *Kopp*, DuD 1995, 204 (207).

[175] So auch *Heil*, CR 1999, 796.

der Priorität von Datenverkehr oder Datenschutz fällt auf, daß nur in wenigen Erwägungsgründen das wirtschaftliche Interesse der EU an einem freien Datenverkehr als entscheidender Faktor genannt ist[176].

D. Allgemeine Bestimmungen

I. Begriffsbestimmungen (Artikel 2)

Artikel 2 enthält zahlreiche Legaldefinitionen. Fraglich ist, ob solche „terminologischen Fixierungen"[177] den Umsetzungsspielraum der Mitgliedsstaaten auf Null reduzieren. Denn ein Regelungswerk, das auf bestimmten Begriffen aufbaut, kann leicht ins Wanken geraten, wenn bereits Grundsätzliches in den nationalen Gesetzen unterschiedlich behandelt wird. Der Grundsatz des „effet utile"[178] wird, auch im Hinblick auf die Rechtsprechung des EuGH, dafür sprechen, den Wortlaut der Richtlinie jedenfalls dort direkt zu übernehmen, wo der Richtlinientext so klar und bestimmt ist, daß den Mitgliedsstaaten kein Umsetzungsspielraum mehr verbleibt[179].

Dieser Praxis ist zumindest dann zuzustimmen, wenn dies die Ausnahme bleibt und nicht zur Regel bei der Umsetzung europäischer Richtlinien wird. Sonst würde dies zu einer Aushöhlung des Art. 249 Abs. 3 EGV und einer nicht zu rechtfertigenden Benachteiligung der Mitgliedsstaaten führen. Die Grenze zwischen Richtlinie und Verordnung (bei der von vornherein den Mitgliedsstaaten kein Spielraum bleibt)[180] wäre verwischt.

---

[176] *Kilian*, in: Tinnefeld/Phillips/Heil, S. 103.

[177] *Ehmann / Helfrich*, EG-Datenschutzrichtlinie, Art. 2 Rn. 8.

[178] Der Grundsatz des *effet utile* steht für das Anliegen des EuGH, den Normen des Gemeinschaftsrechts optimale Wirkungskraft zu verleihen, siehe dazu *EuGH*, Rs. 9/70, Slg. 1970, 825 Rn. 5 („Leberpfennig").

[179] Siehe dazu *Ehmann / Helfrich*, EG-Datenschutzrichtlinie, Art. 2 Rn. 8, 9 und *Brühann / Zerdick*, CR 1996, 429 (430).

[180] Siehe Art. 249 Abs. 2 EGV n. F.; dazu *Herdegen*, Rn. 176; *Oppermann*, § 6 Rn. 540.

Die Rechtsform des nationalen Gesetzes ist nur insofern vorgegeben, als daß der Inhalt der Regelung verbindliche Geltung beanspruchen kann. Deshalb muß es sich um Außenrechtssätze handeln; es ist aber letztlich gleich, ob es ein Gesetz oder eine Rechtsverordnung ist[181]. Der EuGH hat im übrigen unmißverständlich klar gestellt, daß trotz der freien Wahl der Form und Mittel stets solche anzuwenden sind, die am besten für die Effektivität der Richtlinie in der Praxis geeignet sind, indem sie klar und bestimmt die rechtlichen Inhalte der gemeinschaftsrechtlichen Normen wiedergeben[182]. Damit geht der EuGH im Grunde über den Wortlaut des Art. 249 Abs. 3 EGV hinaus; das Gebot einer effektiven Umsetzung von Richtlinien rechtfertigt allerdings diesen Ansatz.

Im einzelnen sind in Art. 2 folgende Begriffe definiert:

- personenbezogene Daten
- die Verarbeitung personenbezogener Daten (Verarbeitung)
- Datei mit personenbezogenen Daten (Datei)
- für die Verarbeitung Verantwortlicher
- Auftragsverarbeiter
- Dritter
- Empfänger und
- die Einwilligung des Betroffenen.

1. Personenbezogene Daten

Als personenbezogene Daten werden alle Informationen über eine bestimmte oder bestimmbare Person bezeichnet (Art. 2 lit. a). Damit entfernt sich die Richtlinie kaum von der bisherigen Definition in § 3 Abs. 1 BDSG 90[183]. Jegliche Information, die mit einer Person in Verbindung gebracht werden kann, fällt unter diesen Datenbegriff. Die Erwägungsgründe 14 bis 17 geben zusätzlich Auskunft zur

---

[181] *Herdegen*, Rn. 180.
[182] *EuGH* Rs. 102/79 (Kommission/Belgien), Slg. 1980, 1473; Rs. 48/75 (Royer), Slg. 1976, 497 (516).
[183] *Dammann*, in: Dammann/Simitis, EG-Datenschutzrichtlinie, Art. 2 Rn. 1.

Behandlung von Ton- und Bilddaten: Die Richtlinie bezieht bewußt –
unter Berücksichtigung „der Bedeutung der gegenwärtigen Entwicklung im Zusammenhang mit der Informationsgesellschaft" – auch
Techniken in den Anwendungsbereich ein, die dazu dienen, personenbezogene Bild- und Tondaten zu erheben, verarbeiten und zu nutzen.
Die Richtlinie ist also bewußt offen formuliert, um auf technologische
Entwicklungen in diesem Bereich reagieren zu können.

Allerdings ist die Verarbeitung solcher Daten von der Richtlinie nur
erfaßt, sofern sie automatisiert erfolgt oder wenn die Daten in Dateien enthalten oder für solche bestimmt sind, die nach bestimmten
personenbezogenen Kriterien strukturiert sind, um einen leichten
Zugriff auf die Dateien zu ermöglichen (Erwägungsgrund 15). Anzumerken ist hier, daß der Begriff der „Daten" nicht impliziert, daß jede
Sammlung oder Zusammenstellung von Daten automatisch eine „Datei" ist. Diese Begriffe sind scharf voneinander zu trennen.

In Übereinstimmung mit § 3 Abs. 1 BDSG 90 sind von der Richtlinie
nur *personenbezogene* Daten erfaßt, so daß juristische Personen aus
dem Anwendungsbereich herausfallen und nur natürliche Personen
gemeint sind.

Eine Abgrenzung zu anonymen Daten, wie sie das BDSG 90 in § 3
Abs. 7 enthält, hätte zwar nahe gelegen, wurde durch die EU-Kommission letztendlich aber verworfen[184]. Der Begriff der Anonymisierung taucht in der Richtlinie nicht auf. Begründet wurde dies wohl
damit, daß personenbezogene Daten nur dann als anonymisiert bezeichnet werden können, wenn es nur durch einen *unverhältnismäßigen Aufwand* möglich ist, die Verbindung von Daten und zu-
gehöriger Person wieder herzustellen. Im Bereich der elektronischen
Datenverarbeitung sei der Begriff „unverhältnismäßiger Aufwand"
jedoch fehl am Platz, weil aufgrund der rasanten technologischen
Entwicklung innerhalb weniger Monate ein neues Verfahren entwickelt werden kann, das es ohne größeren finanziellen Aufwand
ermöglicht, eine Anonymisierung rückgängig zu machen (die vielleicht noch vor kurzer Zeit als technisch nicht realisierbar galt). Eine
Information, die heute noch als anonymisiert gelten kann, ist morgen

---

[184] *Ehmann/Helfrich*, EG-Datenschutzrichtlinie, Art. 2 Rn. 22.

vielleicht schon mittels elektronischer Hilfsmittel wieder der zugehörigen Person zugeordnet.

Diese durch den Europäischen Wirtschafts- und Sozialausschuß vorgetragenen Bedenken[185] hatten die Kommission dazu bewegt, den Begriff der Anonymisierung aus dem Regelungswerk zu entfernen[186].

2. Verarbeitung personenbezogener Daten (Verarbeitung)

Um den Anwendungsbereich der Richtlinie möglichst weit zu fassen[187], gehört zu der Verarbeitung personenbezogener Daten jeder mit oder ohne Hilfe automatisierter Verfahren ausgeführte Vorgang oder jede Vorgangsreihe im Zusammenhang mit personenbezogenen Daten (Art. 2 lit. b). Dazu gehören insbesondere das Erheben, das Speichern, die Organisation, die Aufbewahrung, die Anpassung oder Veränderung, das Auslesen, das Abfragen, die Benutzung, die Weitergabe durch Übermittlung, Verbreitung und jede andere Form der Bereitstellung, die Kombination oder die Verknüpfung sowie das Sperren, Löschen oder Vernichten.

3. Datei mit personenbezogenen Daten (Datei)

Eine Datei ist nach Art. 2 lit. c jede strukturierte Sammlung personenbezogener Daten, die nach bestimmten Kriterien zugänglich sind – gleichgültig, ob diese Sammlung zentral, dezentral oder nach funktionalen oder geographischen Gesichtspunkten aufgeteilt geführt wird. Äußerst sinnvoll ist dabei der Wegfall der Unterscheidung zwischen automatisierter und manueller Datenverarbeitung. Auch hier kann man Erwägungsgrund Nr. 27 heranziehen, der dies ausdrücklich feststellt. Auch die Begründung, es gäbe sonst ernsthafte Risiken der Umgehung[188], leuchtet ein: Wenn ein Unternehmen gesetzliche

---

185 Stellungnahme vom 17. Juni 1991, Amtsbl. EG Nr. C 159 vom 17.06.1991, S. 38 (40).
186 *Ehmann/Helfrich*, EG-Datenschutzrichtlinie, Art. 2 Rn. 25 f.
187 *Ehmann/Helfrich*, EG-Datenschutzrichtlinie, Art. 2 Rn. 28; *Dammann*, in: Dammann/Simitis, EG-Datenschutzrichtlinie, Art. 2 Rn. 5.
188 So *Ehmann/Helfrich*, EG-Datenschutzrichtlinie, Art. 2 Rn. 34.

Vorschriften umgehen will, die ausschließlich für automatisierte Dateien gelten, wird es nicht-automatisierte (also manuelle) Dateien anlegen. Das deutsche Recht unterschied zwar bisher zwischen beiden Dateitypen, behandelte sie aber beide als Datei im Sinne des BDSG 90[189].

Obwohl sie nach der Vorstellung der EU-Kommission außerhalb des Dateibegriffs bleiben sollten[190], sind die Akten *grundsätzlich* mit in den Anwendungsbereich der Richtlinie aufgenommen worden[191]. Dies ergibt sich als Umkehrschluß (*argumentum e contrario*) aus dem letzten Satz im Erwägungsgrund Nr. 27:

> *„Akten und Aktensammlungen sowie ihre Deckblätter, die nicht nach bestimmten Kriterien strukturiert sind, fallen unter keinen Umständen in den Anwendungsbereich der Richtlinie."*

Das Kriterium der Strukturierbarkeit ist also ausschlaggebend. Strukturiert ist eine Datensammlung dann, wenn sie eine äußere Ordnung aufweist, beispielsweise in Tabellenform erstellt ist (bei manuellen Datenträgern) oder aufgrund eines logischen Aufbaus leicht zugänglich ist (zum Beispiel in einer Textdatei auf Diskette)[192].

Der eben genannte Erwägungsgrund 27 ist aber im Zusammenhang mit dem Dateibegriff auch nicht ganz unproblematisch: Er gestattet es den Mitgliedsstaaten, die Kriterien zur Bestimmung der Elemente einer strukturierten Sammlung personenbezogener Daten sowie die verschiedenen Kriterien zur Regelung des Zugriffs zu einer solchen Sammlung festzulegen. Dies bedeutet konkret, daß den Mitgliedsstaaten die Definition dessen, was sie unter einer Datei verstehen, selbst überlassen wird. Eine Harmonisierung gerade der Regelungen des Anwendungsbereichs wäre aber sinnvoll, um auch tatsächlich

---

[189] § 3 Abs. 2 Nr. 1 und 2 BDSG 90.

[190] *Ehmann/Helfrich*, EG-Datenschutzrichtlinie, Art. 2 Rn. 32.

[191] Bedenklich wäre eine Unterscheidung schon deshalb, weil weder im Englischen noch im Französischen ein sprachlicher Unterschied zwischen Datei und Akte besteht (Englisch: „file"; Französisch: „fiche"), siehe *Kopp*, DuD 1995, 204 (205).

[192] Allerdings bleibt die nähere Bestimmung dieser Merkmale den Mitgliedsstaaten überlassen, *Dammann*, in: Dammann/Simitis, EG-Datenschutzrichtlinie, Art. 2 Rn. 9.

eine Rechtsangleichung in der Europäischen Union zu erreichen[193].
Ein Mitgliedsstaat könnte sonst beispielsweise eine sehr weiche Regelung treffen[194], um ein möglichst schwaches Schutzniveau zu erreichen. Dies könnte Unternehmen dazu bewegen, ihre Datenverarbeitung in dieses Land zu verlagern, um schärfere Vorschriften in einem anderen Mitgliedsstaat zu umgehen. *Dammann*[195] ist der Ansicht, daß unter diesen Umständen ein freier Datenverkehr innerhalb der Union nicht mehr (wie Art. 1 Abs. 2 es vorsieht) gefordert werden könne: Ein unterschiedliches Schutzniveau wäre im Ergebnis eine Verschlechterung der rechtlichen Situation der Betroffenen, zumal die Gefahren des freien Datenverkehrs in Europa dann nicht durch entsprechende Gesetze kompensiert werden würden.

4. *Für die Verarbeitung Verantwortlicher*

Mit der Einführung des Begriffs des Verantwortlichen für die Verarbeitung hat sich der Richtliniengeber bewußt von dem Aufbau eines Datenschutzkonzepts auf dem eher statischen Begriff des Verantwortlichen für die Datei distanziert[196]. Der für die Verarbeitung Verantwortliche ist definiert als jede natürliche oder juristische Person, die allein oder gemeinsam mit anderen über die Zwecke und Mittel der Verarbeitung von personenbezogenen Daten entscheidet (Art. 2 lit. d).

5. *Auftragsverarbeiter*

Artikel 2 lit. e führt den Begriff des Auftragsverarbeiters in die Richtlinie ein. Auftragsverarbeiter ist die natürliche oder juristische Person, die personenbezogene Daten im Auftrag des für die Verarbeitung Verantwortlichen verarbeitet. Gemäß Art. 17 Abs. 3, 1. Spiegelstrich darf diese Person nur auf Weisung des für die Verarbeitung Verantwortlichen handeln.

---

[193] So auch *Dammann*, in: Dammann/Simitis, EG-Datenschutzrichtlinie, Art. 2 Rn. 9.

[194] Also eine Regelung mit einem weiten Dateibegriff.

[195] *Dammann*, in: Dammann/Simitis, EG-Datenschutzrichtlinie, Art. 2 Rn. 9.

[196] *Ehmann/Helfrich*, EG-Datenschutzrichtlinie, Art. 2 Rn. 39, 40, 43.

6. *Dritter*

Dritter im Sinne der Richtlinie ist jede natürliche oder juristische Person, wobei die betroffene Person (um deren Daten es geht), der für die Verarbeitung Verantwortliche und der Auftragsverarbeiter ausgenommen sind (Art. 2 lit. f). Damit ist die Richtlinienvorgabe inhaltlich exakt in Übereinstimmung mit § 3 Abs. 9 BDSG 90. Zum einen ist aber die Bedeutung dieses Begriffs in der Richtlinie nicht so groß wie im BDSG 90, weil nach der Richtlinie die gleichen Verarbeitungsvoraussetzungen gelten, egal, ob die Daten an Dritte oder andere Personen weitergegeben werden[197].

7. *Empfänger*

Der Begriff des Empfängers ist im Regelungssystem der Richtlinie nicht für die materiellen Voraussetzungen der Datenübertragung relevant, sondern vielmehr dafür, daß der Betroffene (im Rahmen eines Auskunftsverlangens) Informationen über die Empfänger seiner Daten erhalten kann[198]. Empfänger ist nämlich jede Person, die Daten von dem für die Verarbeitung Verantwortlichen erhält. Diese sehr klare Definition ist begrüßenswert und für den Betroffenen, dem diese Regelung in erster Linie nützen soll, äußerst hilfreich. Meines Erachtens hätte bei der Konzeption der Richtlinie häufiger Wert auf solch klare Regelungen gelegt werden sollen.

Bei welchem konkreten Vorgang der Betroffene dann Informationen über die Empfänger seiner Daten verlangen kann, ergibt sich allerdings erst aus den Art. 10, 11, 12 und 19 der Richtlinie[199].

Im übrigen sind – wenn man einmal von dem weiten Empfängerbegriff der Richtlinie ausgeht – auch einzelne Personen innerhalb der speichernden Stelle als Empfänger anzusehen[200]. Gibt also ein

---

[197] *Dammann*, in: Dammann/Simitis, EG-Datenschutzrichtlinie, Art. 2 Rn. 17.
[198] *Dammann*, in: Dammann/Simitis, EG-Datenschutzrichtlinie, Art. 2 Rn. 18.
[199] *Dammann*, in: Dammann/Simitis, EG-Datenschutzrichtlinie, Art. 2 Rn. 18.
[200] *Tinnefeld / Ehmann*, S. 202. Der dortige Verweis auf den Wortlaut des Art. 2 lit. g der Richtlinie ist aber nicht hilfreich, weil diese Frage dort nicht beantwortet wird.

Mitarbeiter der Abteilung Kundenbetreuung einer Bank die Konto-informationen an die Kreditabteilung oder die Marketingabteilung weiter, so hat der Betroffene zum Beispiel das Recht zu erfragen, wer genau diese Informationen bekommt (siehe Art. 10 lit. c). Je größer der Kreis der Personen ist, die als Empfänger bezeichnet werden, desto mehr Informationen stehen für den Betroffenen zur Verfügung.

8. Einwilligung der betroffenen Person

Die Voraussetzungen für eine rechtswirksame Einwilligung des Betroffenen in die Verarbeitung seiner personenbezogenen Daten sind bislang im BDSG 90 nicht explizit genannt[201]. Dieser Umstand ist eigentlich recht erstaunlich, zumal die Einwilligung des Betroffenen ein essentielles Erfordernis für die Rechtmäßigkeit der Datenverarbeitung ist, siehe § 4 Abs. 1 BDSG 90.

Artikel 2 lit. h definiert die Einwilligung der betroffenen Person als

„jede Willensbekundung, die ohne Zwang, für den konkreten Fall und in Kenntnis der Sachlage erfolgt und mit der die betroffene Person akzeptiert, daß personenbezogene Daten, die sie betreffen, verarbeitet werden".

Das Merkmal „in Kenntnis der Sachlage" ist ein wesentlicher Bestandteil der Definition, läßt aber für die konkrete Anwendung Fragen offen. Die Kenntnis könnte sich ausschließlich auf die Tatsache beziehen, daß die personenbezogenen Daten überhaupt verarbeitet werden, oder aber auch auf weitere Umstände, zum Beispiel, welcher Zweck mit der Verarbeitung verfolgt werden soll[202]. Ein Betroffener wird sicherlich für ein Gewinnspiel schnell bestimmte Informationen preisgeben. Anders verhält es sich wohl, wenn er diese Informationen zu einem Zweck preisgibt, der für ihn unangenehme Folgen haben kann, zum Beispiel gegenüber dem Finanzamt.

---

[201] *Kloepfer*, Gutachten D, S. 110; *Brühann/Zerdick*, CR 1996, 429 (431); die Wirksamkeitsvoraussetzungen einer Einwilligung waren jedoch schon bisher klar bestimmbar, siehe *Tinnefeld/Ehmann*, S. 214 f.

[202] *Dammann*, in: Dammann/Simitis, EG-Datenschutzrichtlinie, Art. 2 Rn. 24 meint, die Kenntnis müsse sich auf die Umstände beziehen, die nach Art. 10 ff. mitzuteilen sind.

Im Interesse eines möglichst optimalen Betroffenenschutzes sind die Anforderungen an die inhaltliche Bestimmtheit der Einwilligung um so höher, je intensiver durch die konkrete Datenverarbeitung das Persönlichkeitsrecht beeinträchtigt wird[203].

II. Anwendungsbereich (Artikel 3 und 4)

Vor allem drei Aspekte des Art. 3, der den Anwendungsbereich der Richtlinie bestimmt, sind im Rahmen dieser Untersuchung von Interesse: Zum einen, daß die Richtlinie sowohl für die automatisierte Verarbeitung personenbezogener Daten gilt als auch für die manuelle Verarbeitung von Daten, sofern diese in einer Datei gespeichert sind oder gespeichert werden sollen. Zum anderen steht im Mittelpunkt der Ausschluß der Datenverarbeitung durch natürliche Personen, sofern die Datenverarbeitung nur zur Ausübung privater oder familiärer Tätigkeit durchgeführt wird. Zusätzlich gilt die Richtlinie nur für den Schutz personenbezogener Daten, findet also auf juristische Personen des Privatrechts keine Anwendung.

1. Schutz juristischer Personen?

Die Richtlinie stellt klar, daß sie sich ausschließlich mit dem Schutz der Privatsphäre von natürlichen Personen beschäftigt. Die Existenz nationaler Regelungen in den Mitgliedstaaten bezüglich des Schutzes von Daten juristischer Personen wird nicht berührt[204]. An dieser Stelle sei jedoch erwähnt, daß die Europäische Kommission eine Studie in Auftrag gegeben hat, die sich mit der Frage auseinandersetzt, welche Möglichkeiten und welchen Bedarf es für den Datenschutz bei juristischen Personen gibt[205]. Einige Rechtssysteme der EU-Mit-

---

[203] *Dammann*, in: Dammann/Simitis, EG-Datenschutzrichtlinie, Art. 3 Rn. 22.

[204] Siehe dazu *Carlin*, S. 66 und Erwägungsgrund Nr. 24 der Richtlinie; *Kopp*, DuD 1995, 204 (207).

[205] Bislang nur in englischer Sprache verfügbar: *Douwe Korff*, Study on the protection of the rights and interests of legal persons with regard to the processing of personal data relating to such persons, herausgegeben von der Kommission der Europäischen Gemeinschaften, Luxemburg 2000.

gliedsstaaten haben bereits solche Vorschriften, aber viele (unter ihnen auch die Bundesrepublik Deutschland) verzichten auf einen Schutz von unternehmensbezogenen Daten. Aufgrund der Tatsache, daß der Datenschutz in Deutschland historisch aus dem allgemeinen Persönlichkeitsrecht als Recht auf informationelle Selbstbestimmung abgeleitet wurde, ist dieser Schutz juristischen Personen verwehrt[206]. Denn die Ableitung aus Art. 2 Abs. 1 und (vor allem) aus Art. 1 Abs. 1 GG, wie sie vom BVerfG vorgenommen wird, kann nicht zu einem Schutz juristischer Personen benutzt werden[207]. Der Gedanke, der also dem deutschen Datenschutzrecht zugrunde liegt, kann gar nicht zu einer Ausweitung auf juristische Personen dienen[208]. Deshalb wird diese Möglichkeit zu Recht von der Literatur verneint[209]. Bei juristischen Personen geht es um den Schutz von Firmengeheimnissen, ökonomischen und finanziellen Informationen, die vor allem für Konkurrenzunternehmen, die mit dem betroffenen Unternehmen im Wettbewerb stehen, interessant und geldwert sind. Der Schutz solcher Informationen ist aus wettbewerbsrechtlichen Gründen wichtig, aber hat nichts mit dem Schutz von Menschenrechten gemein. Beispielsweise ist in Großbritannien seit der Einführung des ersten DPA 1984[210] ein Hauptaugenmerk des Gesetzgebers immer der Schutz von Firmendaten und Firmengeheimnissen gewesen. Eine europarecht-

---

[206] So im Ergebnis auch *Schmitt Glaeser*, HdbStR VI, § 129 Rn. 88; *Jarass*, NJW 1989, 857 (859).

[207] Das BVerfG hat nicht ausdrücklich zu dieser Frage Stellung genommen, jedoch Art. 14 Abs. 1 GG herangezogen, um einen Anspruch auf informationelle Selbstbestimmung bei Unternehmen zu begründen, siehe *BVerfGE* 67, 100 (142 f); *BVerfG* NJW 1991, 2129 (2132). Der BGH hat ein Recht auf informationelle Selbstbestimmung bei juristischen Personen des Privatrechts in mehreren Entscheidungen bejaht: *BGH* NJW 1986, 2951; *BGHZ* 81, 75 (78).

[208] Zur Grundrechtsfähigkeit juristischer Personen ausführlich *von Mutius*, Jura 1983, 30 (33 ff.).

[209] *Schmitt Glaeser*, HdbStR VI, § 129 Rn. 88; *Jarass*, NJW 1989, 857 (859). Um Mißverständnissen vorzubeugen: Dies soll nicht bedeuten, daß ein Schutz von Daten bei juristischen Personen des Privatrechts nicht möglich ist; er kann nur nicht auf Art. 2 Abs. 1 i.V.m. Art. 1 Abs. 1 GG gestützt werden.

[210] Data Protection Act 1984.

liche Maßnahme zum Datenschutz für Unternehmen wäre zu begrüßen und würde diese Herleitungsschwierigkeiten beenden[211].

2. „Persönliche und familiäre Tätigkeiten"

Wenn eine Datenverarbeitung nur zu persönlichen oder familiären Zwecken geschieht, so gelten für diese Tätigkeit nicht die Zulässigkeitsvoraussetzungen der Richtlinie[212]. Erwägungsgrund 12 nennt beispielhaft persönlichen Schriftverkehr und das Führen von Adressenverzeichnissen. Inhaltlich entspricht die Richtlinienvorgabe bereits § 1 Abs. 2 Nr. 3 BDSG 90, der eine Anwendung des Gesetzes für nicht-öffentliche Stellen nur vorsieht, sofern die Verarbeitung geschäftsmäßig oder für berufliche oder gewerbliche Zwecke durchgeführt wird.

Sinnvoll (und vom Richtliniengeber selbst zunächst auch angedacht[213]) wären weitere Ausnahmetatbestände für Organisationen gewesen, die ohne Gewinnerzielungsabsicht arbeiten[214]. Hauptproblem bei der Speicherung und Verarbeitung personenbezogener Daten durch Privatpersonen ist doch der Kommerzialisierungsgedanke: Einen großen Anreiz für die Sammlung und Auswertung dieser Daten gibt es häufig nur, wenn daraus finanzielle Vorteile für den „Sammler" erwachsen. Der Ausnahmetatbestand der „persönlichen und familiären Tätigkeiten" ist deshalb eingeführt worden, weil sich dort gleichwertige Grundrechtspositionen gegenüber stehen, nämlich auf beiden Seiten der Schutz der Privatsphäre und der Persön-

---

211 Bereits 1979 forderte das Europäische Parlament eine Einbeziehung juristischer Personen in den Schutzbereich einer europäischen Datenschutzregelung (Amtsbl. EG C 140/36, Nr. 7 der Entschließung vom 8.5.1979), siehe *Kopp*, RDV 1993, 1 (5).

212 Auffällig ist, daß sich die deutsche Übersetzung „persönlich oder familiär" ein Stück weit von der englischen Fassung entfernt, in der es um „ purely personal or household activity" geht.

213 Vergleiche dazu *Ehmann/Helfrich*, EG-Datenschutzrichtlinie, Art. 3 Rn. 25 bis 28, bezug nehmend auf Amtsbl. EG Nr. C 277 vom 5.11.1990, S. 3 ff.

214 Dazu gehören z. B. kirchliche, kulturelle oder vergleichbare Einrichtungen.

lichkeit[215]. Letztere kann sich nicht entfalten, wenn selbst das Führen privater Adressenverzeichnisse und das Anlegen von Geburtstagslisten von Freunden reglementiert werden würde.

Eine derart gleichwertige Grundrechtsposition steht dem Persönlichkeitsrecht bei der Tätigkeit der oben genannten Organisationen nicht gegenüber: Eine kulturelle oder kirchliche Organisation kann sich selbst nicht auf eine Grundrechtsposition wie das allgemeine Persönlichkeitsrecht berufen. Sie ist damit weniger schützenswert und kann nicht einer privaten Tätigkeit einer natürlichen Person gleichgestellt werden. Am Rande sei erwähnt, daß die Europäische Kommission letztendlich von dieser Möglichkeit abrückte, weil sie wohl die Gefahr sah, damit Tür und Tor zu öffnen für eine nicht mehr überschaubare Anzahl von Organisationen, die beanspruchen, unter den Ausnahmetatbestand zu fallen[216].

Festzuhalten ist: Die Abgrenzung zwischen privaten und geschäftlichen Tätigkeiten zur Festlegung der Anwendbarkeit der Datenschutzvorschriften ist dem deutschen Recht nicht fremd, so daß es zu keinen nennenswerten Problemen bei der Entscheidung kommen dürfte, ob eine Datenverarbeitung rein privaten Zwecken dient oder nicht. Jedenfalls entstehen keine Abgrenzungsprobleme, die nicht

---

215 Der Ausnahmetatbestand des BDSG 90 (gemäß § 1 Abs. 2 Nr. 3 findet das Gesetz nur auf private Stellen Anwendung, sofern Daten geschäftsmäßig oder für berufliche oder gewerbliche Zwecke genutzt werden) unterscheidet nach der kommerzialisierten Nutzung von Daten. Hier steht dem allgemeinen Persönlichkeitsrecht also ein anderes, nicht unbedingt gleichwertiges Grundrecht gegenüber, vor allem nämlich Art. 12 Abs. 1 GG, die Berufsfreiheit.

216 Geänderter Vorschlag der Kommission, Amtsbl. EG Nr. C 311 vom 27.11. 1992, S. 13. Damit wäre der Anwendungsbereich der Richtlinie über einen unbestimmten Rechtsbegriff definiert gewesen, weil weder der Richtliniengeber noch der Rechtsanwender solche Organisationen und die realen Gefahren durch deren Datenverarbeitung klar einschätzen kann. Zur Terminologie und Verfassungsmäßigkeit unbestimmter Rechtsbegriffe *von Mutius*, Jura 1987, 92 (93 ff.). Der Ausnahmetatbestand war deshalb aus der Richtlinie zu streichen.

schon nach altem Recht bestanden haben, zum Beispiel im Falle einer Datenverarbeitung zu privaten *und* geschäftlichen Zwecken[217].

3. *Örtlicher und sachlicher Geltungsbereich*

Eine europäische Richtlinie ist per definitionem nicht direkt in den Mitgliedsstaaten anwendbar. Deshalb wird es trotz einer gemeinschaftsrechtlichen Vorgabe auch nach der Umsetzung 16 verschiedene Datenschutzregelungen in der Europäischen Union geben. Eine Harmonisierung kann durch eine Richtlinie nie den Grad erreichen, wie dies eine Verordnung im Sinne von Art. 249 Abs. 2 EGV n. F. tun würde.

Dieser Umstand führt zu der Frage, welches nationale Recht anwendbar ist bei einem grenzüberschreitenden Datenfluß innerhalb der EU, an dem beispielsweise mehrere Firmen aus verschiedenen Staaten beteiligt sind[218]. Gemäß Art. 4 Abs. 1 lit. a richtet sich die Frage, welches nationale Recht anwendbar ist, nach dem Ort der Niederlassung des für die Verarbeitung Verantwortlichen (Territorialitätsprinzip[219]). Hat die verarbeitende Stelle Niederlassungen in mehreren Mitgliedsstaaten der EU, so ist sie verpflichtet, die notwendigen Maßnahmen zu ergreifen, damit jede Niederlassung das jeweils anwendbare nationale Recht befolgt. Art. 4 Abs. 1 lit. c soll eine Umgehung der europäischen Datenschutzregelungen verhindern durch verarbeitende Stellen, die zwar nur in einem Drittstaat eine Niederlassung haben, aber auf Mittel zurückgreifen, die sich innerhalb der EU befinden[220]. Werden also technische Gerätschaften oder Personal im Hoheitsgebiet der EU eingesetzt, so muß dieser Mitgliedsstaat sein nationales Datenschutzrecht auf diese Verarbeitung anwenden, obwohl die Firma keine Niederlassung in der EU hat.

---

[217] Siehe dazu *Simitis*, in: S/D/G/M/W, BDSG § 27 Rn. 28: Das BDSG gilt nicht bei rein privaten Zwecken; bei gemischt privat-geschäftlichen Zwecken ist es demnach anwendbar.

[218] Diese Frage würde sich gar nicht stellen, wenn eine Verordnung im Sinne von Art. 249 Abs. 2 EGV n. F. den Datenschutz in der EU regeln würde, weil dann der exakte Wortlaut in allen EU-Staaten rechtsverbindlich wäre.

[219] *Kloepfer*, Gutachten D, S. 114.

[220] *Weber*, CR 1995, 297 (299).

Die Vorgaben des Art. 4 sollten in den Ersten Abschnitt (Allgemeine Bestimmungen) des BDSG übernommen werden[221], zumal sie auf die Datenverarbeitung im öffentlichen und privaten Bereich gleichermaßen anwendbar sind.

E. Grundsätze der Verarbeitung (Artikel 6 bis 9)

I. Strukturelle Vorgaben

Artikel 5 erklärt die Struktur und die Intention der darauffolgenden Artikel: Die Mitgliedsstaaten sollen detailliert und präzise festlegen, unter welchen Voraussetzungen eine Datenverarbeitung rechtmäßig ist. Bei dieser Präzisierung sollen sie sich allerdings innerhalb des Rahmens bewegen, den das Kapitel II (d. h. die Art. 5 bis 21) vorgibt. Das bedeutet, daß diese Bestimmungen Mindestanforderungen und eine Hilfestellung bieten, um nationale Regelungen aufzustellen. Damit haben die Mitgliedsstaaten einen gewissen Entscheidungsspielraum bei der inhaltlichen Implementierung der folgenden Vorschriften.

II. Grundsätze der Datenqualität

Artikel 6 enthält einen Katalog von Prinzipien betreffend die Qualität verarbeiteter Daten. Gemäß Art. 6 Abs. 2 hat der für die Verarbeitung Verantwortliche diese Prinzipien einzuhalten. Man kann die Prinzipien kurz wie folgt zusammenfassen: Daten sollen

- nach Treu und Glauben und auf rechtmäßige Weise verarbeitet werden,

- nur für festgelegte eindeutige und rechtmäßige Zwecke erhoben und verarbeitet werden,

---

[221] *Brühann / Zerdick*, CR 1996, 429 (431).

- den Zwecken entsprechen, für die sie erhoben oder weiterverarbeitet werden, für diesen Zweck erheblich sein und nicht
  umfangreicher sein als der Zweck es gebietet,

- sachlich richtig und aktuell sein; nicht zutreffende oder unvoll-
  ständige Daten sind zu löschen oder zu berichtigen,

- nur so lange eine Identifizierung der betreffenden Person ermöglichen, wie es für die Realisierung der Zwecke erforderlich ist.
  Anschließend dürfen sie also nur noch in anonymisierter Form
  genutzt werden.

Die Datenerhebung nach Treu und Glauben und auf rechtmäßige
Weise ist bereits ein bekannter Grundsatz des BDSG 90, siehe dort
§ 28 Abs. 1 S. 2. Die Notwendigkeit eines festgelegten, eindeutigen
und rechtmäßigen Zwecks für den gesamten Datenverarbeitungsvorgang existiert nach der Richtlinie, um sicherzustellen, daß Daten
nicht in einem völlig anderen Zusammenhang genutzt werden können. Dies kann die Interessen des Betroffenen empfindlich beeinträchtigen und (übertragen in grundrechtliche Kategorien des deutschen Verfassungsrechts) sein allgemeines Persönlichkeitsrecht ver-
letzen. Der Datenverarbeitungsvorgang soll auf die kleinstmögliche
Anzahl von Transaktionen begrenzt sein. Nur die Daten, die im
konkreten Fall gebraucht werden, dürfen verarbeitet werden[222]. Damit ist eine Datenbevorratung für die Zukunft rechtswidrig.

Beispiel: Dieser Aspekt ist bei der Verabschiedung der neuen Tele-
kommunikations-Datenschutz-Verordnung (TDSV[223]) wieder in den
Mittelpunkt der Diskussion gerückt. Nach § 7 Abs. 3 TDSV sind Tele-
kommunikationsunternehmen jetzt verpflichtet, Verbindungsdaten
ihrer Kunden nicht mehr nur 80 Tage, sondern ganze sechs Monate
aufzubewahren. Der eigentliche Zweck, die Beweissicherung bei Be-
schwerden von Kunden über falsche Rechnungen, wird dadurch miß-

[222] Wählt man diese Formulierung, so ist der im BDSG 2001 enthaltene Grundsatz der Datenvermeidung und Datensparsamkeit bereits in der EG-Datenschutzrichtlinie angelegt.
[223] TDSV vom 18.12.2000, erlassen aufgrund des § 89 Absatz 1 des Telekommu-
nikationsgesetzes vom 25.07.1996, BGBl. I S. 1120.

braucht. Dieser Zweck rechtfertigt keine sechsmonatige Aufbewahrung. Der „neue" Zweck dieser gesetzlich verordneten Bevorratung ist vielmehr der mögliche Gebrauch der Verbindungsdaten zur strafrechtlichen Ermittlungstätigkeit. Die neue Regelung widerspricht dem Inhalt des Art. 6 und ist damit gemeinschaftsrechtswidrig.

III. Zulässigkeit der Verarbeitung und Verarbeitungsgrundsätze

Artikel 7 nennt sechs verschiedene Zulässigkeitstatbestände für die Verarbeitung von Daten. Damit sind die Art. 6 und 7 eng miteinander verknüpft: Erst wenn feststeht, daß die Daten die Qualität besitzen, die von Art. 6 gefordert wird, ist eine Verarbeitung überhaupt *zulässig*. Wann sie auch *rechtmäßig* ist, richtet sich nach Art. 7.

Im Grunde genommen ist dieser Katalog eine Präzisierung der in § 28 Abs. 1 BDSG 90 genannten Zulässigkeitstatbestände für die Speicherung, Übermittlung und Veränderung von personenbezogenen Daten für eigene Zwecke, ergänzt um die bereits in § 4 Abs. 1 BDSG 90 genannte Möglichkeit einer Datenverarbeitung aufgrund der Einwilligung des Betroffenen.

Eine Verarbeitung ist möglich aufgrund einer Einwilligung, zur Erfüllung eines Vertrages, zur Erfüllung einer rechtlichen Verpflichtung der verantwortlichen Stelle, zur Wahrung lebenswichtiger Interessen des Betroffenen, bei der Wahrnehmung einer Aufgabe, die im öffentlichen Interesse liegt, und zur Verwirklichung eines berechtigten Interesses der verantwortlichen Stelle.

Die beiden erstgenannten Tatbestände existieren bereits im BDSG 90, wobei die Verarbeitung im Rahmen eines Vertragsverhältnisses aber nicht in § 29 BDSG 90 enthalten ist. Die Verarbeitungsgrundsätze des Art. 7 müssen aber sowohl für die Datenverarbeitung für eigene Zwecke als auch die geschäftsmäßige Speicherung zu Übermittlungszwecken gelten. Dies ergibt sich aus dem weiten Verarbeitungsbegriff der Richtlinie.

IV. Sensible Daten – gibt es wichtige und unwichtige Daten?

Neu für das deutsche Datenschutzrecht ist die besondere Behandlung von sensiblen Daten[224], deren Verarbeitung nach Art. 8 grundsätzlich verboten ist. Diese Kategorie benötigt nach dem Willen des Richtliniengebers einen höheren Schutzgrad als andere Daten, weil das Interesse des Betroffenen an ihrer Geheimhaltung intensiver ist. Gelangen diese Daten in die falschen Hände, können sie meist mehr Schaden anrichten als andere Daten[225].

Schon die Frage, was eigentlich sensible Daten sind und warum ein spezieller Schutz erforderlich sein soll, wurde bislang sehr unterschiedlich beurteilt.

Das BDSG 90 enthält in § 28 Abs. 2 S. 2 eine Reihe von besonderen Daten, die den in der Richtlinie aufgeführten Datengruppen schon recht ähnlich sind. Die Verarbeitung der in § 28 Abs. 2 S. 2 BDSG 90 genannten Daten ist jedoch nur bei der listenmäßigen Datenübermittlung unzulässig, wobei eine gesetzliche Vermutung dafür spricht, daß der Betroffene ein Interesse daran hat, daß diese speziellen Daten nicht übermittelt und genutzt werden.

Die Richtlinie verbietet dagegen jegliche Form der Verarbeitung personenbezogener Daten, die sich auf die rassische oder ethnische Herkunft, politische Meinungen, religiöse oder philosophische Überzeugungen, die Gewerkschaftszugehörigkeit oder auf die Gesundheit und das Sexualleben beziehen[226]. Dieses Verbot wird allerdings durch

---

224 Die verwendete Terminologie ist nicht immer einheitlich: Die Richtlinie spricht von „besonderen Kategorien personenbezogener Daten", im deutschen Recht wird der Ausdruck „sensible" oder „sensitive" Daten verwendet.

225 Das *Bundesverfassungsgericht* wird dagegen häufig mit der Aussage aus der Volkszählungsentscheidung zitiert, es existiere kein belangloses Datum, *BVerfGE* 65, 1 (45). Allerdings hat das *Bundesverfassungsgericht* selbst diese Aussage relativiert, indem es im nächsten Satz von „sensiblen Informationen" spricht. Schon die Verwendung dieses Begriffs deutet an, daß es ein „Stufenverhältnis" bei personenbezogenen Daten durchaus geben kann.

226 In den Vorentwürfen der EG-Datenschutzrichtlinie waren weitere Kategorien besonderer Daten aufgelistet, für die ein überdurchschnittlicher Schutz letztlich nicht notwendig erschien. Auch wäre die Durchsetzung eines Schutzes dieser Kategorien kaum praktikabel gewesen. Zur Kategorie der „moralischen Überzeugungen" siehe *Jacob*, RDV 1993, 11 (12).

einen umfangreichen Ausnahmenkatalog in Art. 8 Abs. 2 bis 7 wieder aufgeweicht. Nach Art. 8 Abs. 2 ist die Verarbeitung sensibler Daten unter anderem zulässig aufgrund einer Einwilligung des Betroffenen, zum Schutz lebenswichtiger Interessen des Betroffenen, zur Wahrnehmung von Rechten und Pflichten des Arbeitgebers und wenn die Verarbeitung durch eine Stiftung, Vereinigung oder sonstige Organisation geschieht, die politisch, philosophisch, religiös oder gewerkschaftlich ausgerichtet ist und keinen Erwerbszweck verfolgt. Dennoch hat der Bundesgesetzgeber das generelle Verarbeitungsverbot sensibler Daten als Grundsatz in das BDSG aufzunehmen[227]. Die bisherige Vorschrift des § 28 Abs. 2 S. 2 BDSG 90 ist nicht ausreichend, weil sie nur eine spezielle Form der Datenverarbeitung behandelt[228].

Simitis, der detailliert die Defizite der Richtlinie im Bereich genetischer Daten aufzeigt, sieht für eine Verarbeitung gerade genetischer Daten Tür und Tor geöffnet[229].

Biotechnologische Entwicklungen, die Entschlüsselung des menschlichen Erbgutes und der Zugang zu genetischen Informationen ohne erheblichen finanziellen Aufwand machen es immer leichter, den Menschen als Objekt transparent zu machen. Die kostengünstigen Verfahren werden bald für jedermann zugänglich sein. Dennoch ist ein Schutz speziell dieser Daten durch die Richtlinie nicht in hinreichendem Maße gewährleistet. Vor allem die Verarbeitung der sensiblen Daten zum Zwecke der Gesundheitsvorsorge, der medizinischen Diagnostik, der Gesundheitsversorgung und der Behandlung ist gemäß Art. 8 Abs. 3 zulässig. Arbeitgeber, Pharmaunternehmen, private Kliniken, Ärzte und Krankenkassen werden durch eine extensive Auslegung solcher Begriffe versuchen, das generelle Verarbeitungsverbot zu umgehen.

---

[227] Dort sind mit „gesundheitlichen Verhältnissen, strafbaren Handlungen und religiösen oder politischen Anschauungen" bereits ähnliche Kategorien wie in Art. 8 Abs. 1 der Richtlinie aufgezählt.

[228] In diesem Sinne auch *Kloepfer*, Gutachten D, S. 118.

[229] *Simitis*, NJW 1998, 2473 (2477 f.).

Fragwürdig ist daher, ob die Umsetzung des umfangreichen Ausnahmenkatalogs verfassungsgemäß ist und nicht das allgemeine
Persönlichkeitsrecht in unzumutbarer Weise verletzt. Die Intention
der Richtlinie ist es, einen Mindeststandard beim Datenschutz zu
etablieren. Dies bedeutet, daß die Mitgliedsstaaten einen stärkeren
Schutz vorsehen können als die Richtlinie vorgibt[230]. Die logische
Konsequenz wäre in der Praxis jedoch die Verlagerung dieser Gen-
datenverarbeitung in ein anderes Land der EU, wo die gesetzliche
Regelung „nur" den Standards der Richtlinie entspricht. Den Betroffenen wäre damit also nicht geholfen. Ein Ausweg aus dieser Mi-
sere wäre ein umfassender Schutz genetischer Informationen durch
eine europaweite Regelung. Eine solche Vorschrift könnte die EU beispielsweise im Zusammenhang mit der Kontrolle von biotechnolo-
gischen Verfahren und Techniken erlassen. Dies hätte den Vorteil,
daß der Schutz genetischer Daten bereichsspezifisch geregelt ist und
den Besonderheiten dieser Informationen besser Rechnung getragen
werden kann.

Die aktuelle und kontrovers geführte Debatte über die Verwendung
biometrischer Daten bei der Herstellung neuer Personalausweise
zeigt, wie stark solche Fragen in der Öffentlichkeit wahrgenommen
werden. Eine klare gesetzliche Grundlage ist deshalb dringend erforderlich.

Der durch Art. 9 privilegierte Umgang mit personenbezogenen Daten
zu journalistischen, künstlerischen oder literarischen Zwecken
zwingt den Bundesgesetzgeber zu einer Revidierung von § 41 BDSG
90. Da es sich hier jedoch um einen Spezialbereich handelt, soll auf
das Medienprivileg in diesem Zusammenhang nicht weiter eingegangen werden.

---

[230] *Kopp*, DuD 1995, 204 (206); differenzierend je nach Richtlinienvorschrift
Ehmann/Helfrich, EG-Datenschutzrichtlinie, Einleitung Rn. 12.

F. Aufklärungs- und Auskunftspflichten (Artikel 10 bis 15)

I. Information des Betroffenen

Die Artikel 10 bis 14 bilden als ein geschlossenes System von Informations- und Widerspruchsrechten das Herzstück der Richtlinie. Vor allem die Informationsgebote dienen der Transparenz der Datenverarbeitung, einem zentralen Anliegen der Richtlinie[231]. So lange niemand weiß, welche Informationen ein anderer über ihn besitzt, kann er sich nicht zur Wehr setzen gegen inhaltlich falsche Daten oder solche, die in unrechtmäßiger Weise erlangt wurden. Die Auskunfts- und Widerspruchsrechte der Art. 12 und 14 machen ohne ein korrespondierendes Recht auf Information keinen Sinn.

Die Artikel 10 und 11 unterscheiden zwischen der Datenerhebung beim Betroffenen und anderen Wegen der Erhebung. Bereits diese Unterscheidung und die daraus resultierenden Zulässigkeitsvoraussetzungen sind im BDSG 90 nicht vorbekannt. Bei der Datenerhebung beim Betroffenen ist gemäß Art. 10 lit. a und b zwingend vorzusehen, daß der Betroffene über die Identität der verantwortlichen Stelle und die Zweckbestimmungen der Verarbeitung automatisch, d. h. ohne weitere Aufforderung, informiert wird.[232]

Unter Art. 10 lit. c sind (beispielhaft) Informationen aufgelistet, die an den Betroffenen weitergegeben werden müssen, sofern dies zu einer Verarbeitung nach Treu und Glauben erforderlich ist. Aus Gründen der Rechtssicherheit sollte der nationale Gesetzgeber näher ausformulieren, über welche Tatsachen in welchen Fällen die betroffene Person konkret zu informieren ist. Für eine Übernahme des Wortlautes ist meines Erachtens die Richtlinie zu ungenau.

---

[231] *Bainbridge*, S. 361; auch *Jacob*, DuD 2000, 5 (6), betrachtet die Schaffung eines Höchstmaßes an Transparenz als ein Hauptanliegen der EG-Datenschutzrichtlinie.

[232] Der erste Richtlinienentwurf enthielt noch ein Antragserfordernis seitens des Betroffenen. Dieses Erfordernis ist zugunsten des Betroffenen weggefallen, siehe *Ehmann / Helfrich*, EG-Datenschutzrichtlinie, Art. 10 Rn. 13.

Die Informationspflicht nach Art. 11 unterscheidet sich vordergründig kaum von der nach Art. 10, denn es sind die gleichen Informationen beizubringen. Allerdings kann bei einer Datenerhebung, die nicht beim Betroffenen selbst stattfindet, die Information nicht im selben Moment wie die Erhebung erfolgen, weil hier mindestens drei Personen beteiligt sind, die aber nicht gleichzeitig an einem Ort anwesend sind. Deshalb legt Art. 11 Abs. 1 fest, daß bei einer Erhebung, die nicht bei dem Betroffenen stattfindet, der Betroffene bei Beginn der Speicherung oder bei der ersten Übermittlung an einen Dritten zu informieren ist. Merkwürdigerweise fehlt in Art. 10 eine solche Bestimmung des Zeitpunktes. Ein weiteres Merkmal, das Art. 11 von Art. 10 unterscheidet, ist die Ausnahme des Absatzes 2: Danach findet Absatz 1 keine Anwendung, wenn die Information des Betroffenen unmöglich oder unverhältnismäßig ist oder ein Gesetz ausdrücklich die Speicherung oder Weitergabe vorsieht. Insofern ist die unterschiedliche Behandlung der Erhebungsmodalitäten gerechtfertigt.

Ein unverhältnismäßiger Aufwand liegt nach der Richtlinie beispielsweise dann vor, wenn die Verarbeitung zu statistischen Zwecken geschieht oder wissenschaftlichen Zwecken dient. Es ist recht einleuchtend, daß bei der Erstellung von Statistiken, bei der Daten mehrerer tausend Personen genutzt werden, die Information jedes einzelnen aus finanziellen Gründen ausscheidet. Die Ausnahmen des Art. 11 Abs. 2 finden auf Art. 10 keine Anwendung, weil es eben keinen wieteren finanziellen Aufwand erfordert, den Betroffenen bei der Erhebung selbst zu informieren.

Im Ergebnis kommt die Ausnahmeregelung des Art. 11 Abs. 2 jedoch in einer Vielzahl von Fällen zur Anwendung. Diese Beschränkung des Betroffenenrechts könnte man als ungerechtfertigt bezeichnen, denn in diesen Fällen erhält der Betroffene überhaupt keine Mitteilung über die Verarbeitung. An dieser Stelle wird meines Erachtens wieder deutlich, daß es weniger um den Schutz von Daten und mehr um den Schutz des freien Datenverkehrs geht: Die der Regelung zugrundo liegende Interessenabwägung zwischen Datenverkehr und Datenschutz fällt zugunsten einer Erleichterung des Datenverkehrs aus.

Bei Art. 11 ist zusätzlich vorgesehen, die Informationen bei Beginn der Speicherung bzw. bei der Weitergabe an Dritte bei der ersten

Übermittlung an den Dritten dem Betroffenen zukommen zu lassen. Diese Regelung ist notwendig aufgrund der modernen, digitalen Informationstechnologien: Wenn innerhalb weniger Sekunden ein Datensatz von Berlin nach New York geschickt werden kann, hat der Betroffene bereits in diesem Moment seine Verfügungsgewalt über seine Daten verloren. Er kann den Vorgang nicht ohne weiteres rückgängig machen. Also ist eine umgehende Benachrichtigung über die Datenverarbeitung obligatorisch, um wenigstens eine Weiterverbreitung der Daten zu verhindern, wenn dafür die Voraussetzungen vorliegen (z. B., wenn die Daten inhaltlich falsch sind).

II. Auskunftsrecht

Die Informationen, auf die der Betroffene nach den Art. 10 und 11 einen Anspruch hat, ermöglichen erst die Wahrnehmung des Auskunftsrechts gemäß Art. 12. Die englische Überschrift[233] macht eigentlich viel besser deutlich, daß der Betroffene direkt auf den Bestand von Daten, die ihn betreffen, zugreifen kann. Der Anspruch auf Berichtigung, Löschung oder Sperrung der personenbezogenen Daten, deren Verarbeitung nicht den Bestimmungen der Richtlinie entspricht, ergibt sich aus Art. 12 lit. b. Der für die Verarbeitung Verantwortliche ist darüber hinaus verpflichtet, eine erfolgte Berichtigung oder Löschung jedem Dritten mitzuteilen, der von ihm diese Daten übermittelt bekommen hat.[234]

Der Transparenzgedanke kommt auch bei einer Bestimmung zum Tragen, die für das deutsche Recht neu ist: Der Betroffene kann Auskunft verlangen über den logischen Aufbau der automatisierten Verarbeitung. Dieses Recht ist zumindest vorzusehen in den Fällen automatisierter Einzelentscheidungen im Sinne von Art. 15 Abs. 1. Fraglich ist dabei, wie diese Regelung praktisch funktionieren soll.

---

[233] "The Data Subject's Right of *Access* to Data."
[234] Siehe dazu *Carlin*, S. 68.

Dammann[235] ist der Ansicht, daß aufgrund der überwiegenden Verwendung von komplexer und damit komplizierter Standardsoftware in den meisten Unternehmen der Hinweis auf das benutzte Programm oder System nicht weiterhilft.

III. Widerspruchsrecht

Aufgrund der Tatsache, daß im deutschen Datenschutzrecht bislang eine mit dem in Art. 14 beschriebenen Widerspruchsrecht vergleichbare Regelung fehlt[236], ist hier eine ausführliche Analyse der Richtlinienvorgabe notwendig.

Ein für die Mitgliedsstaaten rechtlich verbindliches Widerspruchsrecht sieht Art. 14 lit. a lediglich für die Fälle des Art. 7 lit. e und f vor, also wenn die Verarbeitung erforderlich ist für die Wahrnehmung einer Aufgabe im öffentlichen Interesse und wenn sie zur Verwirklichung des berechtigten Interesses des Verantwortlichen erforderlich ist. Eine weitergehende Ausdehnung dieses Rechts auf andere Tatbestände ist durch die Richtlinie durchaus zugelassen und wäre auch nachdrücklich zu begrüßen.

Auch das Widerspruchsrecht für die Fälle des Art. 7 lit. e hat im privaten Sektor durchaus seine Bedeutung, denn der Erwägungsgrund 32 stellt klar, daß der nationale Gesetzgeber festlegt, ob eine Aufgabe, die im öffentlichen Interesse liegt, von einer Behörde oder einer unter das Privatrecht fallenden Person wahrgenommen wird.

---

[235] *Dammann*, in: Dammann/Simitis, EG-Datenschutzrichtlinie, Art. 12 Rn. 8. Leider gibt er keine Auskunft darüber, welche Informationen dem Betroffenen in concreto überhaupt helfen würden, den Verarbeitungsprozeß zu verstehen. Sinnvoll sind in diesem Zusammenhang Angaben über die einzelnen Schritte, in denen die Daten für einen Vorgang benutzt werden, zum Beispiel die Berechnung einer privaten Rente durch einen Rentenversicherungsträger. Wenn der Betroffene zumindest in der Lage ist, die genauen Ziele und Zwecke der Datenverarbeitung zu erkennen, so ist ihm schon viel geholfen.
[236] Brühann/Zerdick, CR 1996, 429 (433).

Eine Aufgabe, die im öffentlichen Interesse liegt, kann somit auch durch eine Firma oder eine natürliche Person ausgeführt werden[237].

Der Widerspruch hat zur Folge, daß sich die Datenverarbeitung nicht mehr auf diese Daten beziehen kann. Damit ist die Rechtsfolge klar normiert. Dadurch wird die verarbeitende Stelle gezwungen, die Einwände des Betroffenen zu prüfen und bestenfalls doch noch seine Zustimmung zu der Datenverarbeitung zu erhalten.

Den Verarbeitungen, bei denen zwingend ein Widerspruchsrecht vorgesehen ist, liegt eine Interessenabwägung zugrunde. Durch das zusätzliche Recht soll in diesen Fällen eine erneute Überprüfung durch die verantwortliche Stelle stattfinden, ob nicht doch die schutzwürdigen Belange des Betroffenen schwerer wiegen als das öffentliche Interesse oder das Interesse der verarbeitenden Stelle. Die Abwägungsentscheidung, die der Verarbeitung zugrunde liegt, steht nicht so klar und zweifellos fest, als daß nicht eine eingehende neue Beurteilung der Situation zu einem anderen Ergebnis (zugunsten des Betroffenen) führen könnte[238].

Artikel 14 lit. b enthält ein spezielles Widerspruchsrecht gegen eine Verarbeitung, die zum Zwecke der Direktwerbung durchgeführt wird, und hat damit eine besondere Bedeutung gerade für den privaten Sektor des BDSG[239]. Da die Ausübung dieses Rechts nur möglich ist, sofern der Betroffene davon Kenntnis erlangt, müssen die Mitgliedsstaaten sicherstellen, daß die für die Verarbeitung verantwortlichen Unternehmen die erforderlichen Maßnahmen ergreifen, um die Betroffenen über ihre Rechte zu informieren. Da die Mitgliedsstaaten

---

[237] Wenn also beispielsweise die Polizei bei einer Sportgroßveranstaltung die Hilfe privater Sicherheitsunternehmen benötigt, um gewaltbereite Hooligans vor, während und nach einem Fußballspiel zu filmen und zu beobachten, so sammelt diese Firma personenbezogene Daten (nämlich Bild- und Tonmaterial) zur Wahrnehmung einer öffentlichen Aufgabe, der Gefahrenabwehr. Sofern diese Firma Videomaterial oder Fotos anfertigt und auswertet, so sind die gefilmten Personen bei Vorliegen der Voraussetzungen von Art. 14 lit. a berechtigt, der Verarbeitung des Materials zu widersprechen.

[238] *Dammann*, in: Dammann/Simitis, EG-Datenschutzrichtlinie, Art. 14 Rn. 2.

[239] Zur Werbung und ihrem Verhältnis zum Datenschutz ausführlich *Billig*, NJW 1998, 1286 ff.; *Wolff*, RDV 1999, 9 ff.; *Wronka*, RDV 1995, 197 ff.

die „erforderlichen Maßnahmen" ergreifen sollen, um sicherzustellen, daß die betroffenen Personen von dem Recht aus Art. 14 lit. b Kenntnis erlangen und ihnen damit ein weiter Ermessensspielraum eingeräumt ist, hängt die praktische Wirksamkeit des Widerspruchsrechts direkt von der Umsetzung durch den Bundesgesetzgeber ab.

Mit § 2 Abs. 1 AGBG besteht im Bereich des Verbraucherschutzrechts bereits eine sinnvolle Regelung, die Vorbild für eine entsprechende Konkretisierung von Art. 14, letzter Satz sein könnte. Danach können allgemeine Geschäftsbedingungen nur dann Bestandteil eines Vertrages werden, wenn der Verwender die andere Vertragspartei ausdrücklich oder durch einen Hinweis am Ort des Vertragsabschlusses auf die Bedingungen hinweist und der anderen Vertragspartei dadurch die Möglichkeit verschafft wird, in zumutbarer Weise von ihrem Inhalt Kenntnis zu nehmen[240]. Diese Ausgestaltung einer Hinweis- und Mitteilungspflicht ist meines Erachtens verhältnismäßig und erfüllt die Vorgaben des Art. 14 der EG-Datenschutzrichtlinie. Allerdings ist der Regelungscharakter von § 2 Abs. 1 AGBG nur auf die Fälle übertragbar, wo der Datenverarbeitung ein Vertragsverhältnis zugrunde liegt. Die Pflicht der Mitgliedsstaaten, die erforderlichen Maßnahmen zu ergreifen, um den Betroffenen von dem Widerspruchsrecht Kenntnis zu verschaffen, gilt nur für Art. 14 lit. b Unterabsatz 1, also eine geplante Verwendung der Daten zum Zwecke der Direktwerbung. Eine solche Direktwerbung geschieht allerdings häufig ohne irgendein Vertragsverhältnis zwischen den Parteien. Der Vertrag ist ja gerade das Ziel der Werbung. Also kann der Hinweis auf ein Widerspruchsrecht in diesen Fällen nicht bei Vertragsabschluß erfolgen. Für die übrigen Möglichkeiten der Datenverarbeitung zu Zwecken der Direktwerbung muß daher gelten, daß bei der Datenerhebung der Betroffene auf sein Recht hinzuweisen ist. Ideal wäre dabei die Einführung des Erfordernisses einer schriftlichen Bestätigung von der Kenntnisnahme[241].

---

[240] Dies geschieht im Idealfall durch einen Hinweis direkt auf dem Vertragsformular.

[241] Diese Möglichkeit wäre allerdings aufgrund zu erwartender starker Gegenwehr der Werbeindustrie kaum zu realisieren.

Die Tatsache, daß sich der Bundesverband der Deutschen Industrie (BDI) schon frühzeitig vehement gegen ein Widerspruchsrecht ausgesprochen hat[242], zeigt meines Erachtens, daß es für den Verbraucher durchaus Vorteile haben kann. Dieses „Rechtsmittel" wird sich auf die verarbeitenden Firmen und Unternehmen so auswirken, daß sie zu einer ordnungsgemäßen und rechtmäßigen Datenverarbeitung gezwungen sind, um eine Untersagung ihrer Tätigkeit zu umgehen. Letztlich kommt es aber auf die Konkretisierung der Richtlinienvorgaben durch den Bundesgesetzgeber an, wobei auch hier eine Beeinflussung durch die Direktmarketing-Industrie die Normsetzung beeinträchtigen würde.

IV. Verstärkte Schutzmechanismen bei automatisierten Einzelentscheidungen

Der Regelung des Art. 15, die das Datenschutzrecht im engeren Sinne verläßt, liegt der Gedanke zugrunde, daß automatisierte Einzelentscheidungen ein gesteigertes Risiko für den betroffenen Bürger darstellen[243]. Informationstechnologien werden häufig dazu genutzt, den Computern Verantwortung für bestimmte Entscheidungen zu überlassen. Dieses kann sachgemäß und effektiv sein. Empfindliche Eingriffe in die Privatsphäre des einzelnen sollen jedoch unzulässig sein, um den Faktor Mensch aus der Entscheidungskette nicht komplett verbannen zu können; es muß Raum für eine menschliche Beurteilung bleiben[244]. Diese Regelung betrifft nicht nur Eingriffe durch die öffentliche Gewalt, sondern ebenso Entscheidungen von Privatrechtspersonen. Die Richtlinie nennt beispielhaft die Bewer-

---

[242] Bundesverband der Deutschen Industrie, Stellungnahme des Arbeitskreises Datenschutz der Spitzenorganisation der Wirtschaft zum geänderten Richtlinienvorschlag der EG-Kommission für eine Richtlinie des Rates zum Schutz natürlicher Personen bei der Verarbeitung personenbezogener Daten und zum freien Datenverkehr vom 16.11.1992.

[243] Zum Schutz des Adressaten von Verwaltungsakten durch Formerfordernisse bei automatisierten Verwaltungsentscheidungen siehe *von Mutius*, Verw Arch 67 (1976), 116 ff.

[244] So auch die Offizielle Begründung zu Artikel 16 des geänderten Richtlinienvorschlags.

tung der beruflichen Leistungsfähigkeit, die Kreditwürdigkeit, die Zuverlässigkeit und das Verhalten der betroffenen Person. Die rechtliche Ausgestaltung dieses spezifischen Schutzes vor automatisierten Einzelentscheidungen bleibt dem nationalen Gesetzgeber überlassen[245]. Ein unmittelbares Verbot solcher Entscheidungen ist allerdings nicht zwingend[246].

Praktisch wirkungslos wäre meiner Ansicht nach die Umsetzung in Form eines Widerspruchsrechts gegen eine solche automatisierte Einzelentscheidung, weil dann die Rechtswidrigkeit oder Unwirksamkeit der Entscheidung erst eintreten würde, wenn der Betroffene widerspricht. Dieser Widerspruch setzt aber wiederum voraus, daß der Betroffene weiß, daß es sich um eine solche Entscheidung handelt. Derjenige, der die Entscheidung trifft, wird in der Praxis versuchen, die Kenntnisnahme durch den Betroffenen zu verhindern (es im „Kleingedruckten" verstecken). Das Auskunftsrecht des Betroffenen nach Art. 12 lit. a, 3. Spiegelstrich hilft hier auch nicht weiter.

Für den Entscheidungsträger wäre es ein viel empfindlicheres Mittel, wenn seine Entscheidung direkt unwirksam ist. Nur dann ist die Richtlinienvorgabe tatsächlich effektiv umgesetzt. Das systematische Argument von *Dammann*[247], Art. 15 sei unter dieselbe Überschrift wie Art. 14 gefaßt, nämlich „Widerspruchsrecht der betroffenen Person", und sei deshalb als Widerspruchsrecht auszugestalten, kann nicht überzeugen, zumal die Systematik der Richtlinie selbst nicht einheitlich ist. Beispielsweise regeln Art. 17 Abs. 2 und 3 die Auftragsdatenverarbeitung, obwohl dies ein völlig anderer Aspekt als die „Sicherheit der Verarbeitung" ist[248].

Überzeugender ist dagegen eine grammatische Auslegung: Gemäß Art. 15 Abs. 1 sollen die Mitgliedsstaaten jeder Person *das Recht* (!) einräumen, nicht durch eine automatisierte Einzelentscheidung er-

[245] *Dammann*, in: Dammann/Simitis, EG-Datenschutzrichtlinie, Art. 15 Rn. 7.
[246] So auch *Ehmann / Helfrich*, EG-Datenschutzrichtlinie, Art. 15 Rn. 7.
[247] *Dammann*, in: Dammann/Simitis, EG-Datenschutzrichtlinie, Art. 15 Rn. 7.
[248] *Ehmann / Helfrich*, EG-Datenschutzrichtlinie, Art. 17 Rn. 2. Ebenso enthält Art. 8 *besondere* Regelungen für die Behandlung sensitiver Daten, obwohl dieser Artikel im Kapitel II liegt, das „*Allgemeine* Bedingungen für die Rechtmäßigkeit der Verarbeitung personenbezogener Daten" enthält.

heblich beeinträchtigt zu werden. Es soll also eine Rechtsposition in Form eines subjektiven Rechts geschaffen werden, was gegen eine Verpflichtung des Gesetzgebers spricht, solche Entscheidungen unmittelbar zu verbieten.

Bislang existiert im BDSG 90 keine dem Art. 15 entsprechende Regelung, jedoch enthalten § 90 g Abs. 4 BBG und § 82 Abs. 1 Betr VerfG eine vergleichbare Regelung[249].

G. Datensicherung und Meldung

I. Vertraulichkeit und Sicherheit der Verarbeitung (Artikel 16 und 17)

Die Artikel 16 und 17 enthalten vorwiegend Maßnahmen, die zur organisatorischen Sicherung des Datenverarbeitungsprozesses beitragen sollen. Mitarbeiter und Angestellte von verantwortlichen Stellen und Auftragsverarbeitern dürfen ausschließlich weisungsgebunden tätig werden, also die Daten zu keinem anderen Zweck verarbeiten, als ihnen gestattet worden ist. In Nr. 8 der Anlage zu § 9 S. 1 Nr. 3 BDSG 90 existiert bereits eine solche Regelung für die Datenverarbeitung im Auftrag[250], so daß Art. 16 kaum Auswirkungen auf die BDSG-Novelle hat.

Von den technischen und organisatorischen Maßnahmen, die in Art. 17 Abs. 1 genannt sind, ist vor allem der Schutz gegen die zufällige Zerstörung und den zufälligen Verlust von personenbezogenen Daten von Relevanz für die Reform des BDSG[251]. Aber auch die Betonung, daß insbesondere die Datenübertragung durch ein Netz geschützt werden muß, sollte den Gesetzgeber zum Handeln veranlassen.

Der Stand der Technik, von dem das BDSG 90 ausgeht, ist den heute 20- bis 30jährigen schon gar nicht mehr bekannt. Artikel 17 Abs. 1 S. 2 schreibt jedoch vor, daß die Maßnahmen zum Schutz vor un-

---

249 *Weber*, CR 1995, 297 (302).
250 *Kloepfer*, Gutachten D, S. 124.
251 *Brühann/Zerdick*, CR 1996, 429 (434).

berechtigter Weitergabe und unberechtigtem Zugang zu Daten den aktuellen (!) Stand der Technik berücksichtigen sollten. Doch auch der Kostenfaktor muß bei der Auswahl der jeweiligen Technik in Ansatz gebracht werden. Dieser Verpflichtung zur Einhaltung von Technikstandards im Rahmen der finanziellen Möglichkeiten steht die Frage gegenüber, welche Risiken von der jeweiligen Verarbeitung ausgehen. Die konkreten Risiken bestimmen sich dabei nach der Art der Daten. Es soll also eine Balance erreicht werden[252]: Je größer die Risiken für eine Beeinträchtigung des Betroffenen sind, desto größer muß der technische und damit finanzielle Aufwand sein, um einen unrechtmäßigen Gebrauch der Daten zu verhindern. Durch diese recht vage Formel wird erreicht, daß die rechtlichen Anforderungen an die Datensicherheit laufend verändert werden durch neue technische Innovation. Wird ein höherer Sicherheitsstandard auch für kleinere Unternehmen und Betriebe finanziell realisierbar, so sind diese Betriebe verpflichtet, diesen Standard einzuhalten. Der technologische Fortschritt wird morgen Sicherheitsstrategien rentabel machen, die zwar optimalen Schutz gewährleisten, aber heute noch viel zu kostspielig sind.

Nur wenn der nationale Gesetzgeber die Richtlinienvorgabe ernst nimmt und diese Formulierung des Art. 17 Abs. 1 S. 2 als flexible Regelung umsetzt[253], kann eine Regelung geschaffen werden, die auf Jahre hinaus keine Anpassung des Datenschutzrechts an technische Neuerungen im Bereich Datensicherung erforderlich macht.

Die Regelung der Datenverarbeitung im Auftrag in Art. 17 Abs. 2 und 3 der Richtlinie soll insbesondere verhindern, daß die Tatsache, daß Daten nicht durch die verantwortliche Stelle, sondern durch einen Dritten verarbeitet werden, nicht kausal wird für eine Abschwächung der Schutzintensität seitens der betroffenen Person[254]. Anders aus-

---

[252] Siehe zu diesem Aspekt *Bainbridge*, S. 58.
[253] Flexibel im Hinblick auf die technischen Maßnahmen.
[254] *Ehmann / Helfrich*, EG-Datenschutzrichtlinie, Art. 17 Rn. 9, mit Hinweis auf die Begründung zu Art. 22 des Ursprünglichen Kommissionsvorschlages. Auch an dieser Stelle ist die Systematik der Richtlinie nicht überzeugend: Maßnahmen der Datensicherung werden mit materiellen Vorschriften zur Auftragsdatenverarbeitung vermengt.

gedrückt: Die Auftragsdatenverarbeitung darf keine zusätzlichen Nachteile und Risiken für den Betroffenen mit sich bringen. Dieses Ziel wird durch die Regelung der Auftragsdatenverarbeitung in der Richtlinie allerdings nicht erreicht: Es fehlen gegenüber dem im Auftrag Verarbeitenden die Rechte, die der Betroffene ansonsten gegen den Verantwortlichen selbst geltend machen kann[255]. Dazu gehört insbesondere ein Auskunftsrecht im Sinne von Art. 12. Dagegen enthält § 11 Abs. 1 S. 2 BDSG 90 bereits eine Norm, die bei einer Auftragsdatenverarbeitung dem Betroffenen die entsprechenden Rechte gegenüber dem Auftragsdatenverarbeiter gewährt. Insoweit bedürfen die bestehenden Regelungen also keiner Anpassung.

II. Meldung (Artikel 18 bis 21)

1. Der betriebliche Datenschutzbeauftragte als Alternative

Das Meldesystem, das den Art. 18 bis 21 innewohnt, ist neu für das deutsche Datenschutzrecht[256]. Artikel 18 enthält die grundsätzliche Verpflichtung der Mitgliedsstaaten, den verarbeitenden Stellen die Pflicht aufzuerlegen, sich vor dem Beginn einer Datenverarbeitung bei der Kontrollbehörde im Sinne von Art. 28 zu melden. Es war insbesondere für die deutschen Verhandlungsteilnehmer bei der Beratung der Richtlinie ein besonderes Anliegen, eine Ausnahme von der Meldepflicht zu ermöglichen[257]. Die Richtlinie hat deshalb im Ergebnis die Institution eines betrieblichen Datenschutzbeauftragten ausdrücklich anerkannt[258].

Die Meldepflicht selbst wiederum ist ein grundlegender Baustein des französischen Datenschutzrechts, so daß die französische Seite auf dem Grundsatz der Meldepflicht bestanden hatte[259]. Zweck der Meldung ist es, der Kontrollbehörde überhaupt erst ihre Arbeit zu er-

---

[255] *Ehmann/Helfrich*, EG-Datenschutzrichtlinie, Art. 17 Rn. 9.
[256] *Brühann/Zerdick*, CR 1996, 429 (434); *Weber*, CR 1995, 297 (302), sieht zumindest im nicht-öffentlichen Bereich eine Änderung der Rechtslage.
[257] *Bachmeier*, RDV 1995, 49 (51).
[258] *Kloepfer*, Gutachten D, S. 125.
[259] *Weber*, CR 1995, 297 (302).

möglichen, indem sie Kenntnis erlangt von einer bevorstehenden Datenverarbeitung. Die deutsche Seite wollte verhindern, daß die bislang nur für den privaten Bereich existierende und auch dort schon sehr eingeschränkte Meldepflicht nach § 32 BDSG 90 ausgeweitet werden muß[260]. Um eine grundlegende Revision des bisherigen Systems zu vermeiden, muß der Gesetzgeber von der Ausnahmeregelung des Art. 18 Abs. 2, 2. Spiegelstrich Gebrauch machen[261]. Danach kann von der Meldepflicht ganz oder zum Teil abgesehen werden, wenn ein unabhängiger (betrieblicher) Datenschutzbeauftragter bestellt wird, der zweierlei Aufgaben hat: die unabhängige Überwachung der Anwendung der einschlägigen Datenschutzvorschriften und die Führung eines Verzeichnisses mit den Informationen, die in Art. 19 Abs. 1 lit. a bis e aufgeführt sind. Dazu gehören neben Namen und Anschrift des für die Verarbeitung Verantwortlichen insbesondere die Zweckbestimmung der Verarbeitung und geplante bzw. durchgeführte Datenübermittlungen in Drittländer.

2. *Die Vorabkontrolle als neues Instrument für die Aufsichtsbehörden*

Das System der Vorabkontrolle ist für die Mitgliedsstaaten obligatorisch und existiert bislang nicht in dieser Form[262]. Die Voraussetzungen, unter denen eine Vorabkontrolle durchgeführt werden muß, sind in Art. 20 Abs. 1 genannt: Birgt eine Verarbeitung spezifische Risiken für die Rechte und Freiheiten der betroffenen Person, so sind die Verarbeitungen vor ihrem Beginn zu prüfen. Die Rechtsfolge ist also lediglich eine Überprüfung durch die Kontrollbehörde oder den Datenschutzbeauftragten[263]; was allerdings geschehen soll, wenn die Überprüfung ergibt, daß die Verarbeitungsrisiken nicht mehr vertretbar sind oder die Verarbeitung gar rechtswidrig ist, verschweigt die

---

[260] *Weber,* CR 1995, 297 (302).

[261] Laut *Ehmann/Helfrich,* EG-Datenschutzrichtlinie, Art. 18 Rn. 10, hat diese Vorschrift nur in Deutschland eine Bedeutung, weil es sonst in keinem EU-Mitgliedsstaat gesetzlich verankerte Datenschutzbeauftragte im Bereich der verarbeitenden Stelle gibt.

[262] *Kloepfer,* Gutachten D, S. 126; *Brühann/Zerdick,* CR 1996, 429 (434).

[263] Siehe Art. 20 Abs. 2 der Richtlinie.

Richtlinie. Erwägungsgrund 53 nennt die Abgabe einer Stellungnahme oder die Genehmigung der Verarbeitung als Ergebnis der Prüfung. Weitergehende Eingriffsbefugnisse der Kontrollbehörde oder des betrieblichen Datenschutzbeauftragten sind nicht vorgesehen, hätten aber die Vorabkontrolle zu einem effektiven Kontrollwerkzeug machen können, zum Beispiel durch eine Befugnis zur Untersagung der Verarbeitung. Natürlich können die Mitgliedsstaaten eine schärfere Sanktion gegen den Verarbeiter vorsehen[264], der Mindeststandard der Richtlinie ist meiner Ansicht nach an dieser Stelle dennoch zu niedrig.

Unabhängig davon bleibt es den Mitgliedsstaaten unbenommen, Datenschutzverstöße durch eine mit weiteren Kompetenzen ausgestattete Kontrollstelle ahnden zu lassen (das Modell der sogenannten *Hard Sanction*)[265]. Dem internen Datenschutzbeauftragten kann eine solche Eingriffsbefugnis nach richtiger Meinung nicht übertragen werden, da dies eine Ausübung hoheitlicher Befugnisse ist[266]. *Ehmann* und *Helfrich*[267] lassen es leider bei dieser Feststellung bewenden. Die fehlende Übertragungsmöglichkeit dieser Kompetenz auf den internen Datenschutzbeauftragten hat jedoch zur Folge, daß gerade eine Verarbeitung, die mit höheren Risiken für die Betroffenen verbunden ist, dort einer „weicheren" Kontrolle überlassen bleiben könnte, während die Kontrollbehörde die Kompetenz hat, derartige Verarbeitungen zu unterbinden. Damit kann das Richtlinienmodell darauf hinauslaufen, daß Unternehmen, die einen betrieblichen Datenschutzbeauftragten bestellen, unter leichteren Bedingungen ihre Verarbeitungen durchführen können.

---

264 Solche Eingriffsmöglichkeiten der Kontrollstelle sind durch den Richtlinientext nicht ausgeschlossen, siehe *Ehmann/Helfrich*, EG-Datenschutzrichtlinie, Art. 20 Rn. 16.

265 *Ehmann/Helfrich*, EG-Datenschutzrichtlinie, Art. 20 Rn. 15, 16.

266 *Ehmann/Helfrich*, EG-Datenschutzrichtlinie, Art. 20 Rn. 17.

267 *Ehmann/Helfrich*, EG-Datenschutzrichtlinie, Art. 20 Rn. 17.

Andererseits kann man sich[268] auch auf den Standpunkt stellen, daß die Richtlinie bewußt auf jegliche Feststellung dazu verzichtet, welche Rechtsfolge das Ergebnis der Vorabkontrolle haben soll. Da es jedoch den Mitgliedsstaaten überlassen bleibt, ob das Modell der Kontrollbehörde oder des internen Datenschutzbeauftragten gewählt wird und letzterer keine hoheitlichen Befugnisse ausüben darf, ist ein Unternehmen mit einem solchen Datenschutzbeauftragten aus den eben genannten Gründen immer im Vorteil, zum Leidwesen des Datenschutzes.

Artikel 20 findet Anwendung insbesondere auf elektronische Verarbeitungsprozeduren, die es ermöglichen, aus der Analyse und Neukombination vorhandener Informationen über eine Person neue Daten zu gewinnen. Die Gefahr von „Data Warehouses"[269] ist seit Jahren bekannt, wobei nach Ansicht der Datenschützer diese Form der Datennutzung weder mit dem BDSG 90 noch mit der EG-Datenschutzrichtlinie vereinbar ist[270], jedenfalls solange die Daten im Data Warehouse nicht anonymisiert worden sind[271]. Zumindest stellen solche Formen der Datennutzung ein erhöhtes Risiko für die Grundfreiheiten des Betroffenen dar, so daß eine Vorabkontrolle zwingend erforderlich ist.

Durch immer neue Software und die optimale Administration von Datenbanken lassen sich aus einem existierenden Datenbestand neue Zusammenhänge erschließen, die wirtschaftlich nutzbar sind, somit für die Unternehmen einen großen Wert haben und einen Wettbewerbsvorteil darstellen[272]. Ein vereinfachtes Beispiel macht das

---

[268] Wie *Ehmann / Helfrich*, EG-Datenschutzrichtlinie, Art. 20 Rn. 15 und *Dammann*, in: Dammann/Simitis, EG-Datenschutzrichtlinie, Art. 20 Rn. 5 es auch tun.

[269] Der Begriff läßt sich am ehesten mit „Datenlager" oder „Daten Lagerhaus" übersetzen.

[270] *Möller*, DuD 1998, 555 (555); *Möncke*, DuD 1998, 561 (564 ff); ebenso die Entschließung der 59. Konferenz der Datenschutzbeauftragten des Bundes und der Länder vom 14. / 15. März 2000.

[271] *Büllesbach*, CR 2000, 11 (17).

[272] *Möller*, DuD 1998, 555 (555).

Potential dieser Programme sichtbar: Wenn in der Rechnungs-
abteilung einer Firma einer Person die Information „X" zugeordnet
ist und in der Kundenbetreuung oder Marketingabteilung über dieselbe Person die Information „Y" gespeichert ist, so kann daraus die
Information gelesen werden, daß ein Kunde gleichzeitig die Informationen „X" und „Y" in seiner Person vereinigt. Bei Datenbeständen
von mehreren tausend Personen und circa 20 Einzelinformationen
pro Person wird deutlich, daß ein einzelner Mitarbeiter solche Erkenntnisse nicht gewinnen kann, es dazu vielmehr eines Firmen-
netzwerkes und eines hochentwickelten Datenverarbeitungssystems
bedarf. Der Informationsgehalt, der dadurch herausgefiltert und neu
geschaffen wird, ist jedoch nicht von dem Betroffenen autorisiert. Für
ihn besteht damit die Gefahr, daß über ihn Informationen verfügbar
sind, die er in dieser Form vielleicht gar nicht preisgegeben hätte.

H. Rechtsbehelfe und Haftung

I. Rechtsbehelfe

Die Richtlinie verlangt in Art. 22 lediglich, daß das nationale Recht
neben einem verwaltungsrechtlichen Beschwerdeverfahren auch
einen gerichtlichen Rechtsbehelf vorsehen muß, um alle[273] Rechte des
Betroffenen, die sich aus der Richtlinie ergeben, durchsetzen zu können. Welche Anforderungen dieser Rechtsbehelf sonst noch erfüllen
muß, sagt die Richtlinie nicht. Nur der vom EuGH entwickelte
Grundsatz des „effet utile"[274] verpflichtet die Mitgliedsstaaten zur
Implementierung einer effektiven Rechtsschutzmöglichkeit[275].

---

[273] *Ehmann/Helfrich*, EG-Datenschutzrichtlinie, Art. 22 Rn. 5; *Dammann*, in:
Dammann/Simitis, EG-Datenschutzrichtlinie, Art. 22 Rn. 3.
[274] *EuGH*, Rs. 9/70, Slg. 1970, 825 Rn. 5 („Leberpfennig").
[275] So im Ergebnis auch *Ehmann/Helfrich*, EG-Datenschutzrichtlinie, Art. 22
Rn. 16.

II. Artikel 23: Neue spezialgesetzliche Anspruchsgrundlage für Schadensersatz im privaten Bereich?

Sofern bislang in der Literatur der Umsetzungsbedarf aus Art. 23 behandelt wurde[276], ist stets das Hauptaugenmerk auf den öffentlichen Bereich gelegt worden. Dort existiert mit § 7 BDSG 90 aber bereits eine Anspruchsgrundlage für die Zahlung von Schadensersatz in Fällen einer unzulässigen oder unrichtigen automatisierten Datenverarbeitung. Interessanter ist meines Erachtens die Untersuchung des Art. 23 unter dem Gesichtspunkt, welchen Einfluß er auf den privaten Datenschutzsektor haben kann. Die nach Art. 23 Abs. 1 erforderliche nationale Regelung muß voraussetzen, daß eine Person durch eine rechtswidrige Datenverarbeitung einen Schaden erlitten hat. Rechtsfolge ist, daß der Anspruchsinhaber vom für die Verarbeitung Verantwortlichen Schadensersatz verlangen kann. Daß es sich um eine Verschuldenshaftung handeln muß, ergibt sich mittelbar aus Art. 23 Abs. 2, der eine Exkulpationsmöglichkeit vorsieht[277].

J. Drittlandtransfers und Verhaltensregelungen (Artikel 25 bis 27)

I. Einführung

Aufgrund der fortschreitenden Globalisierung der Kommunikation und des Datentransfers ist nicht nur der Datenverkehr innerhalb der EU Gegenstand der Richtlinie, sondern auch die Regulierung der Datenströme in Drittländer, also Staaten außerhalb der Europäi-

---

[276] Zum Beispiel bei *Kloepfer*, Gutachten D, S. 127; *Brühann / Zerdick*, CR 1996, 429 (434).

[277] Dies wird in der Literatur jedoch uneinheitlich beurteilt, siehe *Ehmann / Helfrich*, EG-Datenschutzrichtlinie, Art. 23 Rn. 6 und 11 ff. *Dammann*, in: Dammann/Simitis, EG-Datenschutzrichtlinie, Art. 23 Rn. 9, spricht von einer „objektiven Haftung", die aber auch ein Element der Verschuldenshaftung enthalte. Diese Verwirrung entsteht durch die zweideutige Formulierung von Art. 23 Abs. 1 und 2.

schen Union[278]. Artikel 25 der Richtlinie legt diesbezüglich fest, daß bei einem solchen Datentransfer neben der Einhaltung der nationalen Datenschutzgesetze des Mitgliedsstaates, aus dem übermittelt wird, der Empfängerstaat die personenbezogenen Daten aus den EU-Staaten nicht schutzlos lassen darf. Vielmehr ist ein Drittlandtransfer grundsätzlich nur zulässig, wenn das jeweilige Drittland *ein angemessenes Schutzniveau* gewährleistet. Diese auf den ersten Blick sachgerechte und einfache Regelung hat in der jüngsten Vergangenheit für heftige Auseinandersetzungen gesorgt, vor allem auf wirtschaftspolitischer Ebene zwischen der Europäischen Union und den Vereinigten Staaten von Amerika (USA)[279].

II. Kernelemente und Tatbestandsvoraussetzungen eines Datentransfers in ein Drittland

Den Artikeln 25 und 26 liegt folgende Struktur zugrunde: Artikel 25 Abs. 1 legt den Grundsatz fest, daß ein Datentransfer in ein Drittland nur zulässig ist bei Vorliegen eines angemessenen Schutzniveaus in diesem Staat. Artikel 25 Abs. 2 bis 6 geben Hilfestellung bei der Beurteilung, ob die Tatbestandsvoraussetzungen für einen rechtmäßigen Transfer erfüllt sind und welche Faktoren bei der Entscheidung zu beachten sind. Gemäß Erwägungsgrund 57 ist die Übermittlung in ein Drittland zwingend zu untersagen, wenn kein angemessenes Schutzniveau gewährleistet wird[280]. Mitgliedsstaaten und die Europäische Kommission arbeiten bei der Überprüfung des

---

[278] Denn die Erleichterung des Datenverkehrs innerhalb der EU bewirkt eine Verstärkung der Schutzmechanismen an den „virtuellen" Grenzen der EU; die „datenschutzrechtliche Schutzmauer", die in Deutschland bislang gegenüber dem Ausland insgesamt bestand, existiert nunmehr europaweit gegenüber Staaten außerhalb der EU.

[279] *Wuermeling*, Handelshemmnis Datenschutz, S. 177 ff., nimmt ausführlich zum Verhältnis des Europäischen Datenschutzes zu den Schutzprinzipien des US-amerikanischen Rechts Stellung. *Simitis*, CR 2000, 472 (473 f.), stellt die sich derzeit in der Diskussion befindlichen Konfliktkonstellationen dar.

[280] *Ehmann/Helfrich*, EG-Datenschutzrichtlinie, Art. 25 Rn. 11.

Schutzstandards von Staaten außerhalb der EU eng in einem Kooperationsverhältnis zusammen[281].

Artikel 26 Abs. 1 und 2 enthalten zur Vermeidung schwerwiegender Störungen im Bereich internationaler Wirtschaftsbeziehungen[282] Ausnahmen von diesem Grundsatz[283]. Danach können Daten trotz eines unzureichenden Datenschutzniveaus in ein solches Drittland übermittelt werden, wenn beispielsweise

- eine entsprechende Einwilligung des Betroffenen vorliegt,

- der Transfer zur Erfüllung eines Vertrages zwischen Betroffenem und Verantwortlichem erforderlich ist oder

- die Übermittlung zur Wahrung lebenswichtiger Interessen des Betroffenen notwendig ist[284].

Weiterhin ist die Übermittlung ohne angemessenes Schutzniveau im Drittstaat gemäß Art. 26 Abs. 2 zulässig, wenn das verarbeitende Unternehmen *als Vertragsbestandteil* Garantien bietet, um einen ausreichenden Grundrechtsschutz zu gewährleisten. Diese Möglichkeit hat immense Vorteile für Staaten mit einem vorwiegend durch Selbstregulierungssysteme geprägten Datenschutzsystem: Sofern also Unternehmen außerhalb der Europäischen Union bereits in der Vergangenheit eigene Datenschutzkonzepte entwickelt haben oder in der Lage sind, in der Zukunft solche zu entwickeln, werden sie weniger Probleme haben, den Anforderungen der Datenschutzrichtlinie zu entsprechen. Diese Unternehmen können dann wie bisher Daten über EU-Bürger erhalten.

---

[281] Siehe z. B. Art. 25 Abs. 3 der Richtlinie.

[282] *Kloepfer*, Gutachten D, S. 129.

[283] *Bainbridge*, EC Directive, S. 71, hat diese Ausnahmevorschrift ausdrucksvoll mit „a touch of commercial pragmatism" umschrieben, also als einen „Hauch von wirtschaftlichem Pragmatismus". Man könnte es auch als Abwägung zugunsten des (wirtschaftlich bedeutsamen) Datenverkehrs und zu ungunsten des Datenschutzes bezeichnen. Eine ausführliche Darstellung des Ausnahmenkatalogs in Art. 26 der EG-Datenschutzrichtlinie findet sich bei *Wuermeling*, Handelshemmnis Datenschutz, S. 141 ff.

[284] Siehe dazu die ausführliche Darstellung bei *Draf*, S. 109 ff.

Die Ausnahmeregelungen des Art. 26 Abs. 1 sind unerläßlich: Buchungen im internationalen Flugverkehr, Transaktionen per Kreditkarte und die mobile Telekommunikation erfordern Datenströme, die ohne Art. 26 unverzüglich einzustellen wären, jedenfalls bei Staaten ohne angemessenes Schutzniveau[285].

III. Praktische Schwierigkeiten bei der Umsetzung des Angemessenheitskriteriums

Die aufgrund von Art. 29 ins Leben gerufene Datenschutzgruppe, die aus Vertretern der nationalen Aufsichtsbehörden besteht, hat zur Konkretisierung des Begriffs der Angemessenheit im Juni 1997 Leitlinien[286] veröffentlicht, die es den Mitgliedsstaaten und der EU-Kommission erleichtern sollen, den Datenschutz in einem bestimmten Drittland am Tatbestand des Art. 25 Abs. 1 zu messen[287]. Aber auch diese Auflistung entscheidungserheblicher Kriterien kann den Entscheidungsträgern nicht die Verantwortung abnehmen, im Einzelfall sorgfältig die Angemessenheit zu überprüfen. Die von *Ehmann* und *Helfrich*[288] aufgestellte These, ein Datenschutzkonzept erfülle den Tatbestand der Angemessenheit, wenn der Kernbestand der Privatsphäre geschützt wird, erinnert ein wenig an die dem deutschen Verfassungsrecht entnommene Kernbereichs-Lehre zum absolut geschützten Kernbereich von Grundrechten, insbesondere des Persönlichkeitsrechts[289]. In diesem Bereich ist ein Eingriff stets rechts-

---

[285] *Draf*, S. 108.

[286] Arbeitspapier Nr. 4 (WP 4) der Arbeitsgruppe für den Schutz von Personen bei der Verarbeitung personenbezogener Daten: „Erste Leitlinien für die Übermittlung personenbezogener Daten in Drittländer – Mögliche Ansätze für eine Bewertung der Angemessenheit", 26. Juli 1997; Die Dokumente der Datenschutzgruppe sind im Internet unter folgender Adresse verfügbar: <http://www.europa.eu.int/comm/internal_market/de/media/dataprot/wpdocs/index.htm>.

[287] *Draf*, S. 97.

[288] *Ehmann/Helfrich*, EG-Datenschutzrichtlinie, Art. 25 Rn. 4.

[289] BVerfGE 10, 55 (59); ähnlich BVerfGE 6, 32 (41).

widrig, eine Rechtfertigung nicht möglich[290]. Ob dieser Hinweis auf den Kernbereich oder Kernbestand zur Subsumtion im konkreten Fall hilfreich ist, läßt sich bezweifeln. Denn der Kernbereich des Persönlichkeitsschutzes betrifft äußerst sensible und intime Bereiche, die durchaus mit den Kategorien von Daten vergleichbar sind, die in Art. 8 Abs. 1 der Richtlinie genannt sind. Doch wäre dies vom Richtliniengeber gewollt, so hätte er Art. 25 Abs. 1 so formuliert, daß eine Übermittlung in Drittländer zulässig ist, wenn zumindest die in Art. 8 Abs. 1 genannten Datenkategorien ausreichend geschützt sind[291].

Hilfreich ist dagegen der Hinweis der Datenschutzgruppe auf bestehende internationale Regelungsmaterien, also völkerrechtliche Verträge, die den Datenschutz zum Gegenstand haben[292]. Die OECD-Richtlinien (1980), die Leitlinien der Vereinten Nationen (1990) und die Europaratskonvention Nr. 108 (1981) enthielten Kernprinzipien, die auch der EG-Datenschutzrichtlinie zugrunde liegen[293]. Wenn beispielsweise in Staaten, die die Europaratskonvention ratifiziert haben, eine institutionelle Kontrolle zur effektiven Umsetzung der Bestimmungen vorhanden und der Verbleib der Daten in diesem Drittland garantiert ist, so ist der Tatbestand von Art. 25 Abs. 1 erfüllt[294].

Problematisch für die Umsetzung in einzelstaatliches Recht ist daher die Tatsache, daß eigentlich neben der Inkorporierung des Inhalts der Art. 25 und 26 zusätzlich die Konkretisierungen durch die Datenschutzgruppe übernommen werden müßten. Andernfalls könnten sich

---

[290] Die Wesensgehaltsgarantie aus Art. 1 Abs. 1 S. 1 und Art. 19 Abs. 2 GG erklärt den Wesensgehalt der Grundrechte für unantastbar. Siehe dazu *Jarass/Pieroth*, Art. 19 Rn. 6 f. und *Pieroth/Schlink*, Rn. 223 ff.

[291] Die Datenschutzgruppe spricht im Gegensatz dazu auch von einem festen Kern von Datenschutzgrundsätzen und Verfahrenserfordernissen, also von einem Kern des Rechts und nicht einem Kern der Privatsphäre, s. WP 4, S. 6.

[292] WP 4 der Datenschutzgruppe, S. 5 und 8; siehe dazu auch *Draf*, S. 98.

[293] *Draf*, S. 98.

[294] WP 4 der Datenschutzgruppe, S. 9; so im Ergebnis auch *Riemann*, CR 1997, 762 (764).

die nationalen Kontrollstellen auf den Standpunkt stellen, ein angemessenes Schutzniveau liege nicht vor, weil sich dies aus dem nationalen Recht ergebe, zum Beispiel aus dem BDSG. Eine Übernahme der Empfehlungen und Hinweise der Datenschutzgruppe, zumindest in den Anhang des BDSG, würde den Beurteilungsspielraum der Aufsichtsbehörden beschränken und damit Rechtssicherheit schaffen. Der Bereich internationaler Datenströme im Wirtschaftsverkehr ist zu wichtig, als daß eine Verunsicherung der Beteiligten durch uneinheitliche aufsichtsbehördliche Entscheidungen hingenommen werden könnte.

Zu bedenken ist dabei jedoch zweierlei: erstens der Normcharakter der Stellungnahmen und Empfehlungen der Datenschutzgruppe und zweitens der Umfang des bislang durch die Datenschutzgruppe veröffentlichten Materials[295]. Aus Art. 29 Abs. 1 S. 2 der Richtlinie ergibt sich die beratende Funktion der Gruppe, wobei diese Funktion vor allem gegenüber der EU-Kommission und nicht gegenüber den Mitgliedsstaaten besteht[296]. Eine rechtliche Bindungswirkung kommt ihren Empfehlungen und Stellungnahmen also nicht zu. Einen Sonderfall bilden sicherlich die Ausführungen zur Angemessenheit des Schutzniveaus in Drittstaaten[297], so daß hierin jedenfalls eine Interpretationshilfe zu sehen ist[298].

---

[295] Bislang hat die Datenschutzgruppe ca. 35 Arbeitspapiere veröffentlicht, wobei deren Umfang zwischen 5 und 50 Seiten schwankt.

[296] Dies ergibt sich aus Art. 30 Abs. 3 bis 5 und Erwägungsgrund Nr. 65, siehe *Ehmann/Helfrich*, EG-Datenschutzrichtlinie, Art. 29 Rn. 2.

[297] *Heil*, DuD 1999, 471 (472) sieht hier einen Arbeitsschwerpunkt der Datenschutzgruppe.

[298] Detaillierte Ausführungen zur Angemessenheit des Schutzniveaus und zu den dabei problematischen Verfahrensfragen finden sich bei *Wuermeling*, Handelshemmnis Datenschutz, S. 101 ff.

IV. Das angemessene Schutzniveau und die Safe-Harbor-Vereinbarung mit den USA – Neue Kompetenzen für die Aufsichtsbehörden im privaten Sektor

Nach jahrelangen, schwierigen Verhandlungen zwischen der EU und den USA hat die Europäische Kommission im Juli 2000 entschieden, aufgrund der vom US-Handelsministerium vorgelegten sogenannten „Safe Harbor Principles" die USA als einen Staat mit einem angemessenen Schutzniveau im Sinne von Art. 25 Abs. 1 der Datenschutzrichtlinie anzuerkennen[299]. Die EU-Kommission hat sich bei ihrer Entscheidung gemäß Art. 25 Abs. 6 von den Ergebnissen der Artikel 29-Datenschutzgruppe leiten lassen, die sich in zahlreichen Stellungnahmen und Arbeitspapieren (Working Paper) mit den „Safe Harbor Principles" beschäftigt hat[300].

1. Differenzen zwischen dem US-amerikanischen und dem europäischen Datenschutzkonzept

Problematisch ist die Frage des Datentransfers in die USA vor allem deshalb, weil unbestritten ist, daß der dortige Datenschutzstandard nicht annähernd dem der EG-Datenschutzrichtlinie entspricht[301]. Deshalb war also zunächst davon auszugehen, daß die USA kein angemessenes Schutzniveau aufweisen. Hätte man es bei dieser Feststellung belassen, so wäre ein Datentransfer vom Gebiet der Euro-

---

[299] Entscheidung der Kommission vom 27. Juli 2000, gemäß der Richtlinie 95/46/EG des Europäischen Parlaments und des Rates über die Angemessenheit des von den Grundsätzen des „sicheren Hafens" und der diesbezüglichen „Häufig gestellten Fragen" (FAQ) gewährleisteten Schutzes, vorgelegt vom US-Handelsministerium. Zum Verhältnis von Datenschutz und Datenverkehr in den USA im Vergleich zum europäischen Ansatz nimmt *Wuermeling*, Handelshemmnis Datenschutz, S. 177 ff. Stellung.
[300] Die Arbeitspapiere und Stellungnahmen der Artikel 29-Datenschutzgruppe können unter folgender Internet-Adresse eingesehen werden: <http://www.europa.eu.int/comm/internal_market/en/media/dataprot/wpdocs/index.html>.
[301] Dort existiert kein kodifiziertes Datenschutzrecht, sondern ein System der Selbstregulierung. Siehe dazu die Informationen auf der Web-Site der EU-Kommission online unter <http://www.europa.eu.int/comm/internal_market/de/media/dataprot/news/datatransf.htm>; *Riemann*, CR 1997, 762 (763); *Klug*, RDV 2000, 212 (213).

päischen Union in die USA grundsätzlich unzulässig. Daß dieser Zustand schon aus wirtschaftlichen Gründen nicht realistisch ist und dauerhaft keinen Bestand haben dürfte, war für alle Beteiligten von vornherein klar. Deshalb ging es darum, möglichst rasch eine Annäherung zwischen den USA und der EU herbeizuführen. Dabei fanden sich die USA, wahrscheinlich zu ihrer eigenen Überraschung, sehr schnell in Zugzwang gesetzt: Der europäische Standpunkt war (zumindest von der rechtlichen Seite her) seit 1995, also seit der Verabschiedung der Richtlinie, klar umrissen. Den verantwortlichen Stellen in den USA[302] wurde langsam klar, daß es an ihnen war, das Problem einer Lösung zuzuführen. Doch die vielen Beobachter, die gehofft hatten, daß sich die USA zu einem allgemeinen Datenschutzgesetz (zumindest für den Privatsektor) durchringen könnten, wurden enttäuscht[303].

2. *Inhalt*

Die Grundsätze des „Sicheren Hafens" zum Datenschutz, die vom US-Handelsministerium am 21. Juli 2000 der Europäischen Kommission vorgelegt wurden[304], beruhen auf dem Prinzip der Selbstzertifizierung: Ein Datentransfer in die Vereinigten Staaten ist nur an solche Unternehmen[305] zulässig, die sich freiwillig in eine behördlich geführte Liste eintragen lassen und sich damit verpflichten, eine Reihe von näher bezeichneten Datenschutzgrundsätzen einzuhalten. Zu diesen Grundsätzen zählen Aspekte der Informationspflicht gegenüber dem Betroffenen, Zulässigkeit der Datenweitergabe an Dritte, Datensicherheit, Datenintegrität, Auskunftsrechte des Betroffenen gegenüber der verantwortlichen Stelle und Fragen der Durchsetzbarkeit von Rechten und Schadensersatzansprüchen. Die Entscheidung der Kommission tritt gemäß ihrem Artikel 5 binnen 90 Tagen nach Kenntnisnahme durch die Mitgliedsstaaten in Kraft, also im Novem-

---

[302] Dazu gehört vor allem das US-Handelsministerium.
[303] Siehe dazu *Jacob*, in: Büllesbach, Datenverkehr ohne Datenschutz?, S. 31, 33, der sich kritisch mit den Safe Harbor Principles auseinandersetzt.
[304] Online verfügbar unter <http://www.europa.eu.int/comm/internal_market/media/dataprot/news/datatransf.htm>.
[305] Die Vorlage spricht von US-Organisationen.

ber 2000. Bis dahin haben die Mitgliedsstaaten alle zu ihrer Umsetzung notwendigen Maßnahmen zu ergreifen.

Für die Novellierung des BDSG hat die Frage, unter welchen Voraussetzungen ein Drittlandtransfer zulässig ist (und speziell die Kommissionsentscheidung zum Datentransfer in die USA), eine nicht unerhebliche Bedeutung. Zunächst muß sich jeder Mitgliedsstaat der EU bei der Umsetzung der Richtlinie die Frage stellen, wie die Voraussetzung eines „angemessenen Schutzniveaus" in das nationale Datenschutzgesetz übernommen werden kann, wie man entscheidet, ob ein Drittstaat ein solches Datenschutzniveau aufweist und welche staatliche oder europäische Instanz überhaupt die Kompetenz dazu hat, diese Frage zu beantworten.

3. *Befugnisse der Aufsichtsbehörden der Mitgliedsstaaten*

In Artikel 3 der Entscheidung der EU-Kommission zu den „Safe Harbor Principles" geht die Kommission auf Befugnisse der zuständigen Behörden in den Mitgliedsstaaten ein. Gemäß Art. 3 Abs. 1 der Entscheidung sind die nationalen Aufsichtsbehörden befugt, zum Schutz von Privatpersonen bei der Verarbeitung ihrer personenbezogenen Daten die Datenübermittlung an eine Organisation *auszusetzen*, wenn diese Organisation gegen die „Safe Harbor Principles" verstößt. Die deutschen Aufsichtsbehörden sollen also die Befugnis erhalten, den in ihrem örtlichen Zuständigkeitsbereich ansässigen verantwortlichen Stellen die Ausfuhr von Daten in die USA zu verbieten, solange sich der Empfänger nicht an die Grundsätze des „sicheren Hafens" hält.

Die bislang intensivste Eingriffsbefugnis in den Datenverarbeitungsablauf einer nicht-öffentlichen Stelle ist die Untersagung einzelner Datenverarbeitungsverfahren nach § 38 Abs. 5 BDSG 90. Diese Untersagung ist jedoch nur zulässig bei schwerwiegenden Mängeln technischer oder organisatorischer Art, *insbesondere, wenn sie mit besonderer Gefährdung des Persönlichkeitsrechts verbunden* ist. Daraus ist ersichtlich, daß die in der Entscheidung der Kommission genannte Befugnis weit über das hinaus geht, was bislang den Aufsichtsbehörden nach dem BDSG 90 gestattet ist. Später wird zu sehen sein, ob die BDSG-Novellierung dem rechtsstaatlichen Erfordernis eines Gesetzesvorbehalts für solche Eingriffsbefugnisse Rechnung getragen und eine entsprechende Ermächtigungsgrundlage für die Aufsichtsbehörden geschaffen hat.

Diese Verpflichtung ergibt sich zwar nicht unmittelbar aus der Richtlinie, aber aus einer Maßnahme der EU-Kommission, die sich direkt auf eine Frage der Richtlinie bezieht. Die Verpflichtung zur Umsetzung dieser Entscheidung ist daher ableitbar aus der Richtlinie[306].

4. *Internationales Streitschlichtungsverfahren unter der Leitung nationaler europäischer Aufsichtsbehörden?*

Neben der Befugnis zur Aussetzung einer Datenverarbeitung, wie sie in Art. 3 der Entscheidung genannt ist, ist in den FAQ 5[307] die Rolle der Datenschutzbehörden der Mitgliedsstaaten der EU erläutert. US-amerikanische Unternehmen können sich zur Zusammenarbeit mit den Datenschutzbehörden in der Europäischen Union bereit erklären, wobei sie das in dem Papier (FAQ 5) genannte Prozedere akzeptieren müssen. Danach kooperieren die nationalen Datenschutzbehörden durch Information und Beratung mit den US-Unternehmen. Tatsächlich handelt es sich bei dem dort beschriebenen Prozedere um ein

---

306 Entscheidungen der Kommission im Sinne von Art. 249 Abs. 4 EGV n. F. treffen verbindliche Regelungen für den Einzelfall, siehe *Herdegen*, § 9 Rn. 186; Entscheidungen sind insofern mit Richtlinien vergleichbar, als daß an Mitgliedsstaaten gerichtete Entscheidungen eine begünstigende Drittwirkung entfalten können, „wenn sie unbedingte sowie hinreichend klare Verpflichtungen des Staates zugunsten Einzelner enthalten", so *Herdegen*, § 9 Rn. 186 unter Hinweis auf *EuGH* Rs. 9/70, Slg. 1970, 825 Rn. 5 ff., "Leberpfennig".

307 Frequently Asked Questions" (engl.: häufig gestellte Fragen) sind ein Teil der Safe-Harbor-Vereinbarung, die bestimmte Aspekte der Vereinbarung konkretisieren. Sie sind im Internet verfügbar unter: <http://www.europa.eu. int/comm/internal_market/de/media/dataprot/news/safeharbor.htm>. Am 16. Mai 2000 hat die Art. 29-Datenschutzgruppe eine Stellungnahme abgegeben, in der sie sich recht kritisch zu der Frage äußert, ob das Datenschutzniveau, das die Grundsätze des „Sicheren Hafens" bieten, mit den europarechtlichen Vorgaben vereinbar ist (Stellungnahme 4/2000 vom 16. Mai 2000 = WP 32).

Streitschlichtungsverfahren, in dem die Vertreter europäischer Datenschutzbehörden zwischen Einzelpersonen und dem datenverarbeitenden Unternehmen vermitteln. Beide Parteien, so das Papier, sollen das Recht zur Stellungnahme erhalten[308] und die Gelegenheit bekommen, Beweise vorzulegen. Vertreter nationaler Datenschutzbehörden haben damit die Aufgabe, quasi in einem gerichtsähnlichen Verfahren zwischen einem in den USA ansässigen Unternehmen und einem (zum Beispiel) deutschen Betroffenen zu vermitteln[309].

Ein solches Streitschlichtungsverfahren ist bislang nicht im Kompetenzkatalog deutscher Aufsichtsbehörden enthalten. Auch hier erfordert der Gesetzesvorbehalt die Ergänzung des Aufgabenkatalogs der Aufsichtsbehörden für den nicht-öffentlichen Bereich.

V. „Codes of Conduct" – ein effektives Mittel zur Verbesserung des Datenschutzes in Deutschland?

Artikel 27 enthält ein Datenschutzinstrument, das für den privaten Bereich des deutschen Datenschutzrechts eine Neuheit ist[310]. Die Aufgabe der Verhaltensregelungen, die von Berufsverbänden einzelner Wirtschaftsbereiche ausgearbeitet werden können, um anschließend von den nationalen Kontrollbehörden als „mit den Vorschriften der Richtlinie vereinbar" bezeichnet zu werden, ist die Ausarbeitung bereichsspezifischer Datenschutzkonzepte[311]. Eine eigenständige Regelung[312] durch den Gesetzgeber kann so verhindert werden. Dies hat für die Unternehmen dieser Branche den Vorteil, daß sie selbst entscheiden dürfen, welches Mittel ihnen konkret und praktisch am geeignetsten erscheint, um die durch ihre Datenverarbeitungen ent-

---

308 Frequently Asked Questions Nr. 5, S. 2.
309 Bleibt dieses Verfahren erfolglos, so folgt für das US-Unternehmen u. U. ein Verfahren wegen wettbewerbswidrigem Verhalten vor der Federal Trade Commission der USA (US-FTC), was eine Verschlechterung der Reputation des Unternehmens zur Folge hat.
310 Das Modell der Verhaltensregelungen existierte schon vor Erlaß der EG-Datenschutzrichtlinie in den Niederlanden und in Irland, siehe *Dammann*, in: Dammann/Simitis, EG-Datenschutzrichtlinie, Art. 27 Rn. 1.
311 *Geis*, NJW 1997, 288 (292); siehe auch Erwägungsgrund Nr. 61 der Richtlinie.
312 Zum Beispiel für Kreditauskunfteien, Banken oder ähnliche Sektoren.

stehenden Beeinträchtigungen des Persönlichkeitsrechts zu minimieren.

Man kann die Regelung des Art. 27 als Versuch begreifen, den Datenschutz zu einem Faktor im Wettbewerb der Unternehmen zu machen, wobei der Datenschutz nicht wie bisher ein Hindernis für die Wirtschaft ist, sondern ihr Vorteile im Markt verschafft. Die aktuelle Diskussion in Deutschland um die Einführung eines Datenschutz-Audits, auf die später im Zusammenhang mit der BDSG-Novelle einzugehen ist, sollte von der Wirtschaft stärker als eine Chance verstanden werden, sich die aktuelle Diskussion um die Gefahren der modernen Informationstechnologien zu Nutze zu machen, indem sie mit eigenen Schutzkonzepten wirbt. Der Verbraucher ist durch das gerade erst beginnende Zeitalter des „Electronic Commerce", des elektronischen Geschäftsverkehrs, sensibel geworden für die Gefährdungen, die sich aus dem Datenverkehr über Netze wie das Internet für seine persönlichen Daten ergeben können[313]. Umfragen haben ergeben, daß die subjektive Bewertung der Sicherheit von Online-Dienstleistungen mit zunehmender Online-Erfahrung des Nutzers kritischer wird[314]. Je länger also ein Nutzer von E-Mail und Internet seine Erfahrungen macht, desto ausgeprägter wird sein Sicherheitsempfinden[315].

Sowohl die Verhaltensregelungen im Sinne von Art. 27, zu deren Einhaltung sich ein Unternehmen bzw. eine Branche verpflichten kann, als auch die Einführung eines Datenschutz-Audits sind Instrumente der Selbstregulierung[316]. Das Audit wirkt individuell, die Ver-

---

313 *Brönneke / Brobowski*, in: Bäumler, E-Privacy, S. 141 ff.
314 *Schyguda*, in: Sokol, Neue Instrumente im Datenschutz, S. 74 f. Ergebnisse demoskopischer Untersuchungen beleuchtet auch *Walz*, DuD 1998, 554, der zusammenfassend feststellt, daß die Bevölkerung beim Thema Datenschutz entweder eine große Ohnmacht gegenüber verarbeiten den Stellen spürt, oder Unkenntnis herrscht über die rechtliche Situation.
315 *Schyguda*, in: Sokol, Neue Instrumente im Datenschutz, S. 75.
316 *Brühann*, DuD 1996, 66 (69), bezeichnet die Unbedenklichkeitsbescheinigung nach Art. 27 Abs. 3 als eine „Art Gütesiegel". Dieser Begriff kommt der Zertifizierung aufgrund eines Audit-Verfahrens schon sehr nahe. Es würde meines Erachtens allerdings zu weit gehen, in der Vorgabe des Art. 27 der Richtlinie eine Verpflichtung zur gesetzlichen Verankerung eines Audit-Verfahrens zu erblicken. Dafür enthält die Richtlinie keine Anhaltspunkte.

haltensregelungen sind dagegen gruppenmäßig oder bereichsspezifisch. Die Zertifizierung von Datenschutzkonzepten durch ein Datenschutz-Audit ist die rechtliche Anerkennung des Bemühens, dem Verbraucher bewußt mehr Sicherheit zu bieten als es vielleicht unbedingt erforderlich ist. Wenn ein Unternehmen sich einen besseren Kundenservice durch optimierte Sicherheit leisten kann, soll es die Chance erhalten, dadurch Wettbewerbsvorteile zu erlangen. Dies geschieht dann durch eine unabhängige objektive Bewertung des konkreten Datenschutzkonzepts.

Was die Verhaltensregelungen nach Art. 27 allerdings von dem Audit unterscheidet, ist die fehlende Bindungswirkung gegenüber Dritten und vor allem die fehlende gerichtliche Durchsetzbarkeit[317]. Die Verhaltensregeln werden dadurch zu einem stumpfen Schwert. Aufgrund der offenen Formulierung der Richtlinienvorschrift bleibt es jedoch den Mitgliedsstaaten unbenommen, den Schutzstandard zu verschärfen und den Verhaltensregelungen durch nationale Rechtsvorschrift Bindungswirkung zu verleihen[318].

Ob die Wirtschaft von den Möglichkeiten, die Art. 27 eröffnen will, Gebrauch macht, bleibt ihr selbst überlassen. Die Mindestanforderungen für die Umsetzung in nationales Recht lassen sich wie folgt zusammenfassen:

- Förderung der Ausarbeitung von Verhaltensregeln durch den Gesetzgeber

- Verbände und Vereinigungen können den zuständigen nationalen Behörden ihre Entwürfe für national anwendbare Verhaltensregeln unterbreiten

- die zuständige nationale Kontrollbehörde wird verpflichtet, die Vereinbarkeit der Verhaltensregelungen mit den nationalen Bestimmungen, die zur Umsetzung der Richtlinie erlassen wurden, zu überprüfen

- in Zweifelsfällen soll die Behörde die betroffene Person anhören.

---

[317] *Ehmann / Helfrich*, EG-Datenschutzrichtlinie, Art. 27 Rn. 9.
[318] *Ehmann / Helfrich*, EG-Datenschutzrichtlinie, Art. 27 Rn. 9.

K. Organisation der Aufsichtsbehörden im privaten Sektor (Artikel 28)

Die Existenz von zahlreichen Kontrollinstanzen für den Datenschutz in Deutschland[319] läßt eigentlich vermuten, daß die Vorgaben des Art. 28 keine weitreichenden Konsequenzen für das bundesdeutsche System haben[320]. Weit gefehlt: Eine der kontroversesten Auseinandersetzungen um den Inhalt einer Vorschrift der Richtlinie wurde geführt zu der Frage, welche Organisationsform angemessen ist, um eine völlige Unabhängigkeit der Kontrollinstanz zu erreichen[321]. Ausgangspunkt ist das Problem, wie denn der Richtliniengeber sich eine „völlige Unabhängigkeit" vorgestellt hat. Mangels einer aufschlußreichen Konkretisierung durch die Richtlinie war diese Entwicklung allerdings abzusehen.

I. Scheindebatte um „völlige Unabhängigkeit" der Kontrollinstanzen im Privatsektor

Jedenfalls für den Bereich des Datenschutzes im privaten Sektor ist die aktuelle Diskussion eine Scheindebatte, und dies aus zwei Gründen:

---

[319] Bundesbeauftragter für den Datenschutz, Datenschutzbeauftragte der Länder, Aufsichtsbehörden für den nicht-öffentlichen Bereich, betriebliche Datenschutzbeauftragte.

[320] So auch tatsächlich *Bachmeier*, RDV 1995, 49 (52) und *Weber*, CR 1995, 297 (298).

[321] Siehe *Hellermann / Wieland*, DuD 2000, 284 (285); *Bäumler*, NJW 2000, 1982 (1985); *Haslach*, DuD 1999, 466 (468 f); *Garstka*, DuD 2000, 289 (290); *Ehmann / Helfrich*, EG-Datenschutzrichtlinie, Art. 28 Rn. 3 ff; *Dammann*, in. Dammann/Simitis, EG-Datenschutzrichtlinie, Art. 28 Rn. 5 f; *Arlt*, Künftige Rechtsstellung der Kontrollstellen für den Datenschutz, in: Bäumler, Der neue Datenschutz , S. 271 ff; umfassend *von Mutius*, Neuorganisation des staatlichen Datenschutzes in Schleswig-Holstein, in: Bäumler/von Mutius, Datenschutzgesetze der Dritten Generation , S. 92 (107 ff).

1. Rechtmäßigkeitskontrolle ist systemimmanent

Zunächst kann und darf in einem demokratischen Rechtsstaat eine völlig unabhängige Kontrollinstanz nicht mit einer losgelöst neben der staatlichen Verantwortung stehenden Institution verwechselt werden. Es ist richtig, daß eine Einbindung der Kontrollstelle in die ministerielle Verwaltung europarechtswidrig ist[322]. Die sich daraus ergebende Weisungsabhängigkeit vom zuständigen Ressortminister und damit wiederum vom Ministerpräsidenten des Landes ist jedenfalls unzulässig[323]. Eine Kontrolle in Form der Fachaufsicht ist damit ebenfalls nicht richtlinienkonform[324]. Mit dem Sinn und Zweck der Richtlinie und dem deutschen Verfassungsrecht vereinbar ist dagegen das Mittel der Rechtsaufsicht[325]. Diese Aufsichtsform ist rechtsstaatlich geboten und vor allem deshalb vor dem Hintergrund der Richtlinie gerechtfertigt, weil die Richtlinie einen Rechtsschutz gegen Entscheidungen der Kontrollstelle ausdrücklich vorsieht[326]. Durch diese Rechtsweggarantie und die gerichtliche Überprüfung der Entscheidung der Kontrollstelle wird die völlige Unabhängigkeit der Stelle nicht in Frage gestellt. Das System der Richtlinie erkennt also an, daß eine Überprüfung der Rechtmäßigkeit des Handelns zulässig und sogar geboten ist. Damit wäre es meines Erachtens ein Verstoß gegen die Richtlinie, wenn die Entscheidungen der Kontrollstelle keiner Rechtsaufsicht unterworfen wären.

---

[322] So auch *Arlt*, Künftige Rechtsstellung der Kontrollstellen für den Datenschutz, in: Bäumler, Der neue Datenschutz, S. 271 (272); *Hellermann / Wieland*, DuD 2000, 284 (285).

[323] So die wohl inzwischen herrschende Meinung in der Literatur, siehe *Simitis*, NJW 1997, 281 (287); *Hellermann / Wieland*, DuD 2000, 284 (285); *Arlt*, Künftige Rechtsstellung der Kontrollstellen für den Datenschutz, in: Bäumler, Der neue Datenschutz, S. 271 (272).

[324] *Bachmeier*, RDV 1995, 49 (52) und *Weber*, CR 1995, 297 (298) sehen dagegen überhaupt keinen Änderungsbedarf für das System deutscher Datenschutzkontrolle.

[325] *Von Mutius*, in: Bäumler/von Mutius, S. 112. Anderer Ansicht dennoch *Schild*, JurPC WebDok. 2/2000; ebenso *Dammann*, in: Dammann/Simitis, EG-Datenschutzrichtlinie, Art. 28 Rn. 5 mit Hinweis auf die Entstehungsgeschichte der Richtlinie.

[326] Art. 28 Abs. 3 am Ende.

2. Unabhängigkeit von der zu kontrollierenden Stelle als Konsens

Der zweite Grund, warum die Debatte um die „völlige Unabhängigkeit" im privaten Sektor eigentlich längst beigelegt ist, ist der Umstand, daß man sich inzwischen darauf verständigt hat, daß eine völlige Unabhängigkeit zumindest gegenüber der zu kontrollierenden Stelle bestehen muß[327]. Da die Kontrolle privatwirtschaftlicher Datenverarbeitung in Deutschland staatliche Aufsicht bedeutet, existiert keine organisatorische, monetäre oder funktionelle Verbindung zwischen Kontrolleur und Kontrolliertem. Dieses Problem entstünde nur, wenn Berufsverbände oder Vereinigungen der Wirtschaft selbst[328] ihre Mitglieder überwachen würden.

Deshalb stellt sich nur bei der Datenschutzkontrolle im öffentlichen Bereich dieses Problem, weil dort zum Beispiel auch die Datenverarbeitung in der Ministerialverwaltung überwacht wird. Wenn dies durch eine Instanz geschieht, die selbst von einem Ministerium weisungsabhängig ist, entsteht ein Interessenkonflikt, der unvereinbar ist mit Art. 28 Abs. 1.

II. Konkretisierung der Eingriffsbefugnisse der Kontrollstelle

Eine für die Wirksamkeit der staatlichen Datenschutzkontrolle eigentlich viel wichtigere Frage sind der Aufgabenkatalog und die Eingriffsbefugnisse der Kontrollstelle gegenüber den Unternehmen[329]. Artikel 28 Abs. 1 sieht zunächst vor, daß die beauftragten öffentlichen Stellen die Einhaltung der einzelstaatlichen Vorschriften in ihrem Hoheitsgebiet überwachen sollen. Neben dieser recht un-

---

[327] *Kopp*, DuD 1995, 204 (211); *Lepper/Wilde*, CR 1997, 703 (704).

[328] Zum Beispiel der Bund Deutscher Industrie (BDI), einzelne Unternehmens- oder Industrieverbände, Industrie- und Handelskammern oder die Gewerkschaften.

[329] Mit diesem Thema setzt sich *Wedler*, RDV 1999, 251 ff., umfassend auseinander, wobei bereits die geplanten Neuerungen der BDSG-Novellierung berücksichtigt werden.

bestimmten Aussage enthält Abs. 3 Konkretisierungen, die aber keinen abschließenden Charakter haben sollen[330]. Danach hat die Kontrollstelle Untersuchungsbefugnisse mit dem Recht auf Zugang zu Daten und Informationen, die mit dem Verarbeitungsvorgang in Verbindung stehen, und ein eigenes Klagerecht oder eine Anzeigebefugnis bei Rechtsverstößen. Darüber hinaus soll die Kontrollstelle wirksame Einwirkungsbefugnisse erhalten, beispielsweise zur Sperrung, Löschung oder Vernichtung von Daten oder das Recht zum vorläufigen oder endgültigen Verbot einer Verarbeitung. Des weiteren ist ihnen ein Anhörungsrecht zuzugestehen, sofern Rechtsverordnungen und Verwaltungsvorschriften bezüglich des Schutzes der Rechte und Freiheiten von Personen bei der Verarbeitung personenbezogener Daten erlassen werden[331].

Sie ist verpflichtet, Eingaben von Betroffenen zu bearbeiten, auf Antrag die Rechtmäßigkeit von Verarbeitungen zu überprüfen, regelmäßig einen Tätigkeitsbericht zu veröffentlichen und vor allem europaweit mit den übrigen Kontrollstellen kooperativ zusammenzuarbeiten. Die gegenseitige Zusammenarbeit soll dazu beitragen, die datenschutzrechtliche Abschottung der Mitgliedsstaaten voneinander zu beenden. Die Stellen sind zu gegenseitiger Amtshilfe verpflichtet.

Welche darüber hinausgehenden Befugnisse die Kontrollstelle erhält, steht im Ermessen des nationalen Gesetzgebers.

III. Exkurs: Warum keine europäische Datenschutzkontrollbehörde?

Gerade die Globalisierung des Daten- und Informationsflusses und ihre Gefahren für das Recht auf informationelle Selbstbestimmung lassen es eigentlich notwendig erscheinen, die Überwachung des Datenschutzes nicht nur national, sondern auch international zu überwachen. Der Datenschutz durch OECD und Europarat, wie es

---

[330] Art. 28 Abs. 3 der Richtlinie: „Jede Kontrollstelle verfügt *insbesondere* über...".
[331] Siehe Art. 28 Abs. 2.

ihn schon seit vielen Jahren gibt, ist eine Rechtsmaterie, die auf dem Papier existiert, aber aufgrund mangelnder Kontrolle und Durchsetzbarkeit praktisch wirkungslos ist[332]. Die fortschreitende Entwicklung der Informationstechnologie, insbesondere des Internet, hat im Bereich des Marken-, Urheber- und Patentrechts zur Ausarbeitung internationaler Vereinbarungen geführt, die auch auf europäischer Ebene zu reger Gesetzgebungstätigkeit geführt haben[333]. Auch im Bereich des Wettbewerbsrechts ist die Europäisierung bereits weit fortgeschritten: Jeder größere Firmenzusammenschluß in der EG muß von der Europäischen Kommission[334] genehmigt werden[335]. Die Datenschutzgruppe nach Art. 29 der Richtlinie ist zwar das erste Organ der EG, das europaweit Fragen des Datenschutzes behandelt. Empfehlungen und Stellungnahmen, die von dieser Gruppe ausgesprochen werden, lassen die schlichte Beratungsfunktion erkennen. Jedoch hat die Artikel 29-Gruppe noch nichts mit einer europäischen Kontrollbehörde gemein. Sie hat keine Befugnis, Entscheidungen zu treffen, die für andere Stellen oder Organe rechtlich bindend sind[336]. Die Berücksichtigung und Umsetzung ihrer Stellungnahmen sind freiwillig.

Obwohl der Datenverkehr viel unabhängiger und losgelöster von nationalen Grenzen funktioniert als beispielsweise der europäische Wettbewerb in der Automobilindustrie (der von vielen Standortfakto-

---

[332] Deshalb schlägt auch *Hobert*, S. 213, eine supranationale Instanz zur Überwachung der Einhaltung international verbindlicher Datenschutzregelungen vor, zum Beispiel auf Ebene der EU. Doch auch eine Institution auf der Ebene der OECD oder der WTO hält er für denkbar.

[333] WIPO Treaty und TRIPS Agreement auf internationaler Ebene, und als Beispiel auf europäischer Ebene der Entwurf für eine „Richtlinie zum Urheberrecht und verwandten Rechten in der Informationsgesellschaft", Entwurf vom Mai 1999, online verfügbar unter <http://www.wipo.org> bzw. <http://www.eropa.eu.int/comm/internal_market/de/intprop/intprop/docs/index.htm>

[334] Generaldirektion IV, Wettbewerbskommissariat.

[335] Siehe dazu Art. 83 EGV n. F. in Verbindung mit der Fusionskontrollverordnung von 1989, EWG-Verordnung Nr. 4064/89, Amtsbl. EG 1989 Nr. L 395 in der Fassung vom 30.06.1997, Amtsbl. EG 1997, Nr. L 180, S. 1.

[336] *Klug*, RDV 2000, 212 (213); *Dammann*, in: Dammann/Simitis, EG-Datenschutzrichtlinie, Art. 30 Rn. 4; *Ehmann/Helfrich*, EG-Datenschutzrichtlinie, Art. 30 Rn. 10.

ren für die Produktionsstätten abhängt), ist die gemeinschaftsweite Überwachung des Wettbewerbs seit Jahrzehnten Realität, während der grenzüberschreitende Datenaustausch zwar durch die Datenschutzrichtlinie europaweit geregelt, aber nicht europaweit überwacht ist[337].

Hinweis: Die Artikel 29 bis 34 der EG-Datenschutzrichtlinie verpflichten nicht die Mitgliedsstaaten der Gemeinschaft zur inhaltlichen Umsetzung, sondern haben die Aufgabe, die „Artikel 29 Datenschutzgruppe" einzusetzen. Des weiteren enthalten diese Artikel Verpflichtungen für die Europäische Kommission, so daß sie im Rahmen dieser Untersuchung nur periphäre Bedeutung haben.

L. Unmittelbare horizontale Direktwirkung der EG-Datenschutzrichtlinie nach Ablauf der Umsetzungsfrist?

Die Frist zur Umsetzung der EG-Datenschutzrichtlinie lief am 24. Oktober 1998 ab, ohne daß der bundesdeutsche Gesetzgeber tätig geworden war. Trotz der inzwischen erfolgten Umsetzung durch ein novelliertes BDSG stellt sich die Frage, ob zugunsten der Betroffenen die Richtlinie unmittelbare Wirkung entfalten kann. Denn auch nach der Berücksichtigung der europarechtlichen Vorgaben durch den Bundesgesetzgeber ist die Richtlinie nicht zu einem Stück Gesetzgebung geworden, das ausgedient hat. *Ehmann* und *Helfrich* haben richtigerweise darauf hingewiesen, daß die Richtlinie auch nach ihrer Umsetzung ihre Bedeutung behalten wird[338]. Wenn ein bestehendes Datenschutzsystem wie das deutsche, das Begriffe und Vorstellungen kennt, die über mehr als 20 Jahre gewachsen sind, reformiert wird,

---

[337] An dieser Stelle sei noch angemerkt, daß der Schutz von Daten juristischer Personen des Privatrechts (also von Firmengeheimnissen) indirekt durch das europäische Wettbewerbsrecht reguliert wird. Die Ausspähung von Firmengeheimnissen ist als Verschaffung eines rechtswidrigen Wettbewerbsvorteils unzulässig.

[338] *Ehmann/Helfrich*, EG-Datenschutzrichtlinie, Vorwort, S. V.

so besteht die Gefahr, die neuen Regelungen immer im Lichte der alten Regelungen zu interpretieren und somit die Intentionen der Richtlinie in den Hintergrund zu rücken. Diese Problematik wird vor allem dann akut, wenn dieselben Begriffe der Richtlinie und des BDSG 90 unterschiedliche Bedeutungen haben[339].

Das deutsche BDSG beinhaltet zahlreiche unbestimmte Rechtsbegriffe und Interessenabwägungen. Die „Buchstaben und der Geist der Richtlinie"[340] müssen auch in Zukunft dazu benutzt werden, das neue BDSG stets unter Berücksichtigung der Richtlinie zu lesen. Wichtig ist in diesem Zusammenhang die Abgrenzung zwischen der Direktwirkung der Richtlinie und einer richtlinienkonformen Auslegung des BDSG. Nach der Rechtsprechung des EuGH sind Richtlinien unter bestimmten Voraussetzungen ausnahmsweise direkt in den Mitgliedsstaaten wirksam[341]. Diese Notwendigkeit besteht dann, wenn der nationale Gesetzgeber es unterläßt, die Richtlinie umzusetzen. Die Direktwirkung ist quasi ein Druckmittel des EuGH, um die nationale Umsetzung zu forcieren. Dagegen ist eine richtlinienkonforme Auslegung des nationalen Rechts erforderlich 1. vor Ablauf der Umsetzungsfrist, um die bestehenden Regelungen bereits auf die bevorstehende Änderung hin auszurichten und 2. nach der Umsetzung der Richtlinie. In diesem Stadium kann es bei Unklarheiten über die neue Regelung hilfreich sein, das neue Recht im Lichte der Richtlinie zu interpretieren.

Eine Richtlinie hat nach der Rechtsprechung des EuGH unmittelbare Wirkung, wenn

- die Frist zur Umsetzung der Richtlinie verstrichen ist,

- der nationale Gesetzgeber vor Ablauf der Frist nicht tätig geworden ist,

---

[339] Deutlich wird dies beispielsweise beim Verarbeitungsbegriff, der unterschiedlich definiert wird.

[340] *Ehmann / Helfrich*, EG-Datenschutzrichtlinie, Vorwort, S. V.

[341] *EuGH* Rs. 8/81, Slg. 1982, 53 Rn. 21 ff. – Becker (ständige Rechtsprechung); *EuGH* Rs. C-91/92, Slg. 1994, I-3325 - Faccini Dori; *EuGH* Rs. 80/86, Slg. 1987, 3969 (3985 ff.) – Kolpinghuis Nijmegen; *EuGH* C-54/96, NJW 1997, 3365 (3367) – Dorsch Consult Ingenieurgesellschaft mbH/Bundesbaugesellschaft Berlin mbH. Siehe zum Ganzen auch *Haslach*, DuD 1998, 693 ff.

- die Richtlinie inhaltlich hinreichend bestimmt und unbedingt ist, um im Einzelfall Anwendung finden zu können und

- die direkte Wirkung nicht zu Lasten von Privaten geht[342].

Damit hat der EuGH praktisch die Unterscheidung zwischen Richtlinie und Verordnung aufgeweicht, jedoch im Sinne einer möglichst effektiven Wirkungskraft gemeinschaftsrechtlicher Normen („effet utile").

Subsumiert man die vier genannten Voraussetzungen unter den Fall der EG-Datenschutzrichtlinie, so stellt man fest, daß seit dem 24. Oktober 1998 die ersten beiden Punkte erfüllt sind (Dies galt jedenfalls bis zum Inkrafttreten des BDSG 2001). Und obwohl es sich um eine Rahmenrichtlinie handelt, sind die Vorschriften (zum Beispiel die Legaldefinitionen) inhaltlich auch hinreichend bestimmt, so daß auch Punkt 3 zumindest partiell erfüllt ist. Speziell für den nicht-öffentlichen Bereich ist jedoch der letzte Punkt problematisch: Wenn es um den Umgang mit personenbezogenen Daten durch Privatpersonen oder private Unternehmen geht, müßte die Richtlinie neben der vertikalen auch eine horizontale Direktwirkung entfalten können. Nach der gefestigten Rechtsprechung des EuGH ist dies jedoch nicht möglich[343]. Dieser Meinung schließt sich auch die Literatur an[344]. Begründet wird dies damit, daß der Staat keine Vorteile aus einer Nichtumsetzung von Richtlinien ziehen soll. Deshalb ist eine Direktwirkung zu seinen Lasten möglich und sinnvoll. Stehen sich aber zwei Private gegenüber, so soll der Einzelne durch eine Richtlinie nicht unmittelbar belastet werden. Andersherum gesagt bedeutet dies, daß die private, datenverarbeitende Stelle vor der Umsetzung der Richtlinie aus dieser keine Verpflichtungen hat. Nimmt

---

[342] *Herdegen*, § 9 Rn. 183, unter Hinweis auf *EuGH* Rs. 8/81, Slg. 1982, 53, Rn. 21 ff. Bockor.

[343] Marshall I – *EuGH*, Rs. 152/84, Slg. 1986, 723 (749 ff.); *EuGH* Rs. C-91/92, Slg. 1994, I-3325 (3347 ff.) – Faccini Dori.

[344] *Haslach*, DuD 1998, 693 (695 f.) speziell zur EG-Datenschutzrichtlinie; allgemein zu Richtlinien *Classen*, EuZW 1993, 83 (84); *Hetmeier*, in: Lenz, EGV-Kommentar, Art. 189 Rn. 13; so im Ergebnis wohl auch *Herdegen*, § 9 Rn. 185.

man einmal dieses Ergebnis, so entfaltete die Richtlinie im privaten Bereich bis zu ihrer endgültigen Umsetzung keine direkte Wirkung.

Man mag an der Ansicht des EuGH zweifeln, denn die Datenschutzrichtlinie hat gerade im privaten Bereich eine enorme Bedeutung. In seiner Empfehlung an den EuGH hat sich Generalanwalt Lenz im Fall *Faccini Dori*[345] für eine unmittelbare Wirkung von Richtlinien zwischen Privaten ausgesprochen. Der EuGH hat diesen Schritt dennoch nicht getan, vor allem um die Grenze zum Rechtsinstitut der Verordnung nicht endgültig aufzuheben. Dennoch spräche das vom EuGH selbst aufgestellte Gebot des „effet utile" und dessen konsequente Anwendung für die Möglichkeit einer umfassenden Drittwirkung[346]. Man könnte allerdings auch argumentieren, daß dies zur Folge hätte, daß sich der nationale Gesetzgeber in eine passive Rolle zurückzieht: Wozu noch eine Richtlinie umsetzen, wenn sie doch schon von allein volle Wirkung entfaltet? Nur noch ein Vertragsverletzungsverfahren gemäß Art. 226 EGV n. F. wäre als Ultima ratio ein Druckmittel der Europäischen Kommission, um die Implementierung von Richtlinien in den Rechtsordnungen der Mitgliedstaaten durchzusetzen.

---

[345] *EuGH*, Rs. C-91/92, Slg. 1994, I-3325.
[346] So zum Beispiel *Herdegen*, § 9 Rn. 185.

Teil 3:

Die Rechtslage nach dem BDSG 90 – Materiellrechtliche Defizite des bisherigen Datenschutzrechts im nicht-öffentlichen Bereich

A. Überblick

Die Untersuchung der Frage, ob die gesetzlichen Grundlagen eines bestimmten Rechtsgebiets einer Novellierung oder sogar einer Reform bedürfen, ist nur dann sinnvoll, wenn man sich auch den Status quo vor Augen führt[347]. Das deutsche Datenschutzrecht ist nicht in einem fest umrissenen Gesetzeswerk kodifiziert, obwohl dies durch die Existenz von Landesdatenschutzgesetzen und dem Bundesdatenschutzgesetz eigentlich zu vermuten wäre. Es haben sich im Laufe der Jahre in zahlreichen Spezialgesetzen bereichsspezifische Regelungen niedergeschlagen, die es fast unmöglich machen, einen Überblick über „Das Datenschutzrecht" zu erhalten.

Kausal für diese Entwicklung war das Volkszählungsurteil des BVerfG[348], in dem das Gericht die Forderung aufstellte, daß staatliche Eingriffe in das allgemeine Persönlichkeitsrecht aus Art. 2 Abs. 1 i.V.m. Art. 1 Abs. 1 GG nur aufgrund einer den rechtsstaatlichen Anforderungen des Grundgesetzes entsprechenden Ermächtigungsgrundlage zulässig sind. Diese Arbeit beschränkt sich allerdings auf den nicht-öffentlichen Bereich, so daß auf die zahlreichen Regelungen vor allem im Sozialrecht und im Öffentlichen Dienstrecht nicht einzugehen ist.

Dennoch: Sich mit dem nicht-öffentlichen Bereich des deutschen Datenschutzrechts zu befassen, birgt für sich genommen schon einige

---

[347] Zumal es in allen Mitgliedsstaaten der Europäischen Union aufgrund der Richtlinie im Idealfall zu einer kritischen Betrachtung dessen kommen wird, was bislang an Regelungen zum Datenschutz im privaten Bereich existiert. Bereits Erreichtes muß also auch wieder in Frage gestellt werden können, siehe *Brühann*, DuD 1996, 66 (68).

[348] *BVerfGE* 65, 1 ff.

Schwierigkeiten, weil in vielen Fällen die Zuordnung einer datenschutzrechtlichen Norm in den öffentlichen oder privaten Sektor
nicht eindeutig ist[349]. Aus der Sicht der privaten Unternehmen bedeutet dies, daß es einiger Anstrengung bedarf, um sich über all die
Normen des Datenschutzrechts klar zu werden und zu erkennen,
welche im konkreten Fall zu beachten sind und welche nicht.

Die Landesdatenschutzgesetze enthalten aus Kompetenzgründen keine materiellen Vorschriften zum nicht-öffentlichen Bereich. Als Beispiel sei das Landesdatenschutzgesetz Schleswig-Holstein genannt:
Gemäß § 1 LDSG S-H 2000 dient dieses Gesetz der Wahrung des
Rechts auf informationelle Selbstbestimmung (ausschließlich) gegenüber öffentlichen Stellen.

Der Bund hat von seiner konkurrierenden Gesetzgebungszuständig-
keit Gebrauch gemacht gemäß Art. 74 Nr. 11 GG für den Bereich der
Wirtschaft, gemäß Art. 74 Nr. 1 GG für den Bereich des Zivilrechts
und gemäß Art. 74 Nr. 12 für das Arbeitsrecht[350]. Sofern jedoch die
Regelungen des Bundes lückenhaft sind, haben die Länder weiterhin
die Kompetenz zur Gesetzgebung.

Weitere Gesetzesmaterialien zum Datenschutz im nicht-öffentlichen
Bereich sind enthalten im TKG und im IuKDG. Auch deren Vorgaben
sind zu berücksichtigen, um einen vollständigen Überblick über den
Datenschutz im Privatsektor zu bekommen. Selbst das BGB enthält
bei genauerem Hinsehen Vorschriften, die zwar auf den ersten Blick
nicht zum Datenschutzrecht gehören, aber im Grunde den Zweck
haben, personenbezogene Daten zu schützen. Das Recht am eigenen
Bild und der Schutz vor Mißbrauch wird aus § 823 Abs. 1 BGB
hergeleitet: Das allgemeine Persönlichkeitsrecht ist als sonstiges
Recht im Sinne von § 823 Abs. 1 BGB anerkannt[351]. Der Schutz der
Privatsphäre ist vom BVerfG und vom BGH insbesondere bei
Personen des öffentlichen Lebens immer wieder auf diese Norm

---

[349] Noch komplizierter wird die Situation dann, wenn im Grenzbereich zwischen
öffentlicher und privater Tätigkeit Daten verarbeitet werden.

[350] *Tinnefeld / Ehmann*, S. 41.

[351] Das allgemeine Persönlichkeitsrecht im Sinne des BGB ist jedoch zu unterscheiden von dem durch die Rechtsprechung des BVerfG geprägten Recht,
Pieroth / Schlink, Rn. 378.

gestützt worden, jeweils in Verbindung mit § 253 BGB bezüglich eines Schadensersatzanspruchs[352].

Im folgenden soll nun das Datenschutzrecht zum Privatsektor, wie es im BDSG 90 enthalten ist, dargestellt werden und der Änderungsbedarf insbesondere am Maßstab der Richtlinie und der technologischen Entwicklungen jeweils konkret aufgezeigt werden.

B. Die Vorschriften des BDSG 90[353]

I. Anwendungsbereich (§ 1 Abs. 2 BDSG 90)

1. Sachlich

Der sachliche Anwendungsbereich ist geregelt in § 1 Abs. 2 BDSG 90: Neben öffentlichen Stellen des Bundes und öffentlichen Stellen der Länder (sofern der Datenschutz nicht durch Landesgesetz geregelt ist) gilt das Gesetz für nicht-öffentliche Stellen, soweit sie die Daten in oder aus Dateien geschäftsmäßig oder für berufliche oder gewerbliche Zwecke verarbeiten oder nutzen.

Gemäß § 2 Abs. 4 BDSG 90 sind nicht-öffentliche Stellen natürliche und juristische Personen, Gesellschaften und andere Personenvereinigungen des privaten Rechts, soweit sie nicht unter die Absätze 1 bis 3 fallen. In den genannten Absätzen sind öffentliche Stellen des Bundes (Abs. 1) und der Länder (Abs. 2) legal definiert sowie geregelt, daß Vereinigungen des privaten Rechts von öffentlichen Stellen des Bundes und der Länder, die Aufgaben der öffentlichen Verwaltung wahrnehmen, als öffentliche Stellen gelten, ungeachtet der Beteiligung von nicht-öffentlichen Stellen (Abs. 3).

Nicht-öffentliche Stellen im Sinne des § 2 Abs. 4 BDSG 90 sind Gegenstand dieser Untersuchung. Dazu zählen neben Selbständigen wie Rechtsanwälten, Handwerkern, Kaufleuten, Ärzten und Steuer-

---

[352] *BVerfGE* 34, 269 (280 ff.); *BGH* NJW 1996, 984; NJW 1971, 698; NJW 1985, 1617; *BGHZ* 128, 1.
[353] In der Fassung vom 20.12.1990, BGBl. I S. 2954.

beratern auch juristische Personen des Privatrechts, zum Beispiel Stiftungen, Idealvereine, wirtschaftliche Vereine und Kapitalgesellschaften[354]. Weiterhin fallen auch nicht-rechtsfähige Gesellschaften und Personenvereinigungen des Privatrechts unter den Begriff der nicht-öffentlichen Stelle, also die Gesellschaft bürgerlichen Rechts, Offene Handelsgesellschaften, Kommanditgesellschaften sowie Gewerkschaften und Arbeitgeberverbände.

Damit diese eben genannten Stellen unter den Anwendungsbereich des BDSG fallen, müssen sie Daten geschäftsmäßig oder für berufliche oder gewerbliche Zwecke verarbeiten oder nutzen. Die Richtlinie ist nach Art. 3 Abs. 2, 2. Spiegelstrich nicht anwendbar bei ausschließlich persönlichen oder familiären Tätigkeiten. Dies entspricht der Regelung des BDSG 90, obwohl hier eine positive und dort eine negative Definition benutzt wird[355].

2. Räumlich

Bezüglich des räumlichen Anwendungsbereichs kann festgestellt werden, daß nach dem Sinn und Zweck des BDSG alle nicht-öffentlichen Stellen im Sinne von § 2 Abs. 4 BDSG 90, die personenbezogene Daten im Inland verwenden, erfaßt sind[356]. Ist eine ausländische Stelle (z.B. eine französische Firma) in der Bundesrepublik Deutschland tätig, dann fällt ihre Tätigkeit unter das BDSG, auch wenn der Geschäftssitz dieser Stelle im Ausland liegt[357].

---

[354] Siehe dazu das Schaubild in *Tinnefeld/Ehmann*, S. 346.

[355] *Kopp*, RDV 1993, 1 (5). Da die Richtlinie nicht zwischen privatem und öffentlichem Bereich unterscheidet, sind im deutschen Recht bestehende Abgrenzungen zwischen öffentlichen und privaten Stellen für die Richtlinienumsetzung nicht von Bedeutung.

[356] *Tinnefeld/Ehmann*, S. 74.

[357] *Simitis*, Festschrift für Coing, S. 365; *Dammann*, in: S/D/M/R, BDSG 1977, § 2 Rn. 69. Nach einer anderen in der Literatur vertretenen Ansicht ist die Anwendbarkeit des BDSG auf solche Stellen zu beschränken, die ihren Sitz oder gewöhnlichen Aufenthaltsort in Deutschland haben, siehe *Ellger*, S. 609, 620.

3. Einschränkungen

Gemäß § 1 Abs. 3 BDSG 90 ist das Gesetz auf zwei Gruppen von Dateien nur eingeschränkt anwendbar: Aus verarbeitungstechnischen Gründen nur vorübergehend erstellte Dateien, die anschließend automatisch wieder gelöscht werden, werden nur durch die §§ 5 und 9 BDSG 90 reguliert. Weiterhin müssen bei manuellen Dateien, die personenbezogene Daten enthalten, nur die §§ 5, 9, 39 und 40 BDSG 90 beachtet werden, sofern die Dateien nicht zur Übermittlung an Dritte bestimmt sind. Darunter fallen interne Dateien, die beispielsweise Firmengeheimnisse oder Finanzplanungen enthalten[358]. Problematisch ist in diesem Fall die Grenze zur Arbeitnehmerdatenverarbeitung: Auch wenn personenbezogene Daten des Arbeitnehmers nicht an Dritte übermittelt werden dürfen, so ist das Herausnehmen dieser Fälle aus dem BDSG bedenklich. Auch der Umgang mit internen Firmendaten kann das Persönlichkeitsrecht des Arbeitnehmers beeinträchtigen.

Diese Einschränkung des Anwendungsbereichs ist dringend revisionsbedürftig, da Art. 3 Abs. 1 der Richtlinie eine solche Einschränkung nicht vorsieht[359].

II. Zweck des Gesetzes (§ 1 Abs. 1 BDSG 90)

Gemäß § 1 Abs. 1 BDSG 90 ist es Zweck dieses Gesetzes,

„den einzelnen davor zu schützen, daß er durch den Umgang mit seinen personenbezogenen Daten in seinem Persönlichkeitsrecht beeinträchtigt wird."

Daraus folgt zum einen, daß es ausschließlich um den Schutz natürlicher Personen und deren Daten geht und nicht um juristische Personen, was bereits dem Konzept der Datenschutzrichtlinie entspricht. Der Datenschutz ist eine spezielle Ausprägung des allgemeinen Persönlichkeitsrechts aus Art. 2 Abs. 1 i.V.m. Art. 1 Abs. 1 GG[360], so

---

[358] *Auernhammer*, BDSG 90, § 1 Rn. 19.
[359] *Brühann/Zerdick*, CR 1996, 429 (431).
[360] *Tinnefeld/Ehmann*, S. 156.

daß bereits zu Recht in der Zwecksetzung des Gesetzes auf das Persönlichkeitsrecht hingewiesen wird. Zum anderen werden Daten vom BDSG 90 ohne Berücksichtigung einer bestimmten Qualität geschützt. Auf diesen Umstand wurde bereits im Zusammenhang mit Art. 8 Abs. 1 und der Behandlung sogenannter sensitiver Daten hingewiesen.

Im historischen Verlauf des Datenschutzrechts in Deutschland war die Formulierung des § 1 Abs. 1 BDSG 90 eine Neuerung: Im BDSG 77, dem ersten bundesdeutschen Datenschutzgesetz, wurde noch die Beeinträchtigung schutzwürdiger Belange der Betroffenen durch Mißbrauch personenbezogener Daten aufgrund deren Verarbeitung als Anknüpfungspunkt des Gesetzes genannt[361]. Der Schutz des Persönlichkeitsrechts wurde dadurch zeitlich vorverlagert, um eine Beeinträchtigung schon durch das Verbot rechtswidriger Datenverarbeitung zu verhindern. Der unbestimmte Rechtsbegriff der „schutzwürdigen Belange" wurde im Anschluß an das Volkszählungsurteil[362] gestrichen und durch das sich mehr und mehr präzisierende Persönlichkeitsrecht ersetzt[363].

Der Grundsatz der Rechtmäßigkeit des Umgangs mit personenbezogenen Daten ist in den Vordergrund getreten. Die Verhinderung vorwerfbaren Verhaltens ist, wie es das BVerfG gefordert hat, nicht mehr der alleinige und wesentliche Gegenstand des Datenschutzes[364].

Rechtlich ungenau war die neue Formulierung des Gesetzeszweckes jedoch insofern, als daß der Zweck als Schutz vor (jeglicher) Beeinträchtigung des Persönlichkeitsrechts formuliert wurde. Dies ist nicht der Fall und war auch vom BVerfG so nicht verstanden worden. Das allgemeine Persönlichkeitsrecht aus Art. 2 Abs. 1 i.V.m. Art. 1 Abs. 1 GG unterliegt verfassungsrechtlichen Grundrechtsschranken[365]. Welche Schranken tatsächlich gelten, ist durch Rechtsprechung und Literatur nicht abschließend geklärt: Es wird überwiegend

---

[361] § 1 Abs. 1 BDSG 77.
[362] *BVerfGE* 65, 1.
[363] *Tinnefeld / Ehmann*, S. 156.
[364] *Büllesbach*, NJW 1991, 2593 (2595).
[365] *Jarass / Pieroth*, Art. 2 Rn. 43 unter Hinweis auf *BVerfGE* 65, 1 (43 f.); 79, 256 (269); 97, 228 (269); *Pieroth / Schlink* Rn. 382.

vertreten, die Schranken aus der allgemeinen Handlungsfreiheit (Art. 2 Abs. 1 GG) als verfassungsmittelbare Schranke heranzuziehen[366]. Auch die Anwendung verfassungsimmanenter Schranken[367], also Grundrechte anderer und andere mit Verfassungsrang ausgestattete Rechtsgüter, wird als zulässig erachtet (kollidierendes Verfassungsrecht)[368].

Jedenfalls ist bei Beeinträchtigungen des allgemeinen Persönlichkeitsrechts auch der Verhältnismäßigkeitsgrundsatz zu beachten[369]. Nur bei einer unverhältnismäßigen und unangemessenen Beeinträchtigung[370] ist das Persönlichkeitsrecht verletzt. Eine Abwägung widerstreitender Interessen kann also durchaus zu dem Ergebnis führen, daß die Beeinträchtigung hinzunehmen ist. Diese Überlegung ist bei der Betrachtung des BDSG stets im Auge zu behalten.

Trotz des Umstandes, daß gemäß Art. 1 Abs. 3 GG die Grundrechte und damit auch das richterrechtlich entwickelte, allgemeine Persönlichkeitsrecht unmittelbar nur die staatliche Gewalt binden, ist es allgemein anerkannt, daß die Grundrechte im Wege mittelbarer Drittwirkung auch auf die Privatrechtsordnung ausstrahlen[371]. Werden also Datenschutzregelungen aus der Perspektive zwischen Privatrechtssubjekten betrachtet, so bedeutet dies nicht, daß die verfassungsrechtlichen Grundrechtsgarantien weniger Bedeutung finden dürfen. Die in den Grundrechten zum Ausdruck kommende Wertordnung wirkt hinein in alle Bereiche des Rechts[372]. Die Grundrechtspositionen zweier Privatrechtssubjekte sind im Wege prakti-

---

[366] So das *BVerfG* in E 65, 1 (44); 78, 77 (85); 79, 256 (269); so im Ergebnis auch *Jarass/Pieroth*, Art. 2 Rn. 36, *Pieroth/Schlink* Rn. 382.

[367] Analog beispielsweise zu dem Schrankenverständnis bei Art. 4 Abs. 1 GG.

[368] *BVerwGE* 74, 115 (118); *Jarass/Pieroth*, Vorbemerkung 37 – 41 vor Art. 1; *Jarass*, NJW 1989, 857 (862). Dabei kommen als „Grundrechte anderer" insbesondere die Pressefreiheit, die Berufsfreiheit oder das Persönlichkeitsrecht eines anderen in Betracht.

[369] *Jarass/Pieroth*, Art. 2 Rn. 44 unter Hinweis auf *BVerfGE* 65, 1 (44); 78, 77 (85); 84, 239 (280).

[370] Dies entspricht der Verhältnismäßigkeit im engeren Sinn.

[371] *Jarass*, NJW 1989, 857 (859); *BVerfGE* 73, 261 (268); 7, 198 (205); 42, 143 (148).

[372] *Büllesbach*, NJW 1991, 2593 (2595).

scher Konkordanz, also gegenseitiger Abstimmung und mindestmöglicher Beschneidung, in Einklang zu bringen[373]. Im Bereich des Datenschutzes im nicht-öffentlichen Bereich stehen sich in einer Vielzahl der Fälle das allgemeine Persönlichkeitsrecht aus Art. 2 Abs. 1 i.V.m. Art. 1 Abs. 1 GG des Betroffenen einerseits und die Berufsfreiheit und (unter Umständen) das Recht am eingerichteten und ausgeübten Gewerbebetrieb aus Art. 12 Abs. 1 bzw. Art. 14 Abs. 1 GG der datenverarbeitenden privaten Stelle andererseits gegenüber.

III. Weitere Vorschriften des Ersten Abschnitts: Allgemeine Bestimmungen (§§ 3 bis 11 BDSG 90)

Der entscheidende Teil des BDSG 90 für den nicht-öffentlichen Bereich (*Dritter Abschnitt*) regelt in seinen Unterabschnitten die Rechtsgrundlagen der Datenverarbeitung, die Rechte des Betroffenen, die Rechtsstellung des Beauftragten für den Datenschutz sowie die Kontrollaufgaben der zuständigen Aufsichtsbehörde. Neben den §§ 27 bis 38 BDSG 90 sind aber auch die *Allgemeinen Bestimmungen* des *Ersten Abschnitts* anwendbar, die mit Ausnahme des § 7 BDSG 90 sowohl für öffentliche als auch für nicht-öffentliche Stellen Geltung beanspruchen. Zunächst ist auf diese Normen und die des *Vierten* und *Fünften Abschnitts* einzugehen, weil sie allgemeine Grundlagen des deutschen Datenschutzrechts enthalten, ohne die eine Bestandsaufnahme des nicht-öffentlichen Sektors unvollständig wäre.

Der Abschnitt 1 des BDSG 90 behandelt als „Allgemeiner Teil" praktisch vor die Klammer gezogene Regelungen, die sowohl für den Abschnitt 2 (Datenverarbeitung öffentlicher Stellen) als auch für den Abschnitt 3 (Datenverarbeitung nicht-öffentlicher Stellen und öffentlich-rechtlicher Wettbewerbsunternehmen) gelten. Aus diesem Grunde sind diese Vorschriften zur Darstellung der Rechtslage im nicht-öffentlichen Bereich unbedingt zu untersuchen.

---

[373] *Jarass*, NJW 1989, 857 (859); Abwägung der widerstreitenden Interessen- und Grundrechtspositionen.

1. Begriffsbestimmungen des § 3 BDSG 90

§ 3 BDSG 90 enthält zahlreiche wichtige Begriffsbestimmungen, die als systematisches Grundgerüst des bisherigen Datenschutzkonzeptes anzusehen sind. Die Vorschrift enthält Definitionen folgender Begriffe:

- personenbezogene Daten (§ 3 Abs. 1)
- Datei, mit der Abgrenzung zum Aktenbegriff (§ 3 Abs. 2)
- Akte (§ 3 Abs. 3)
- Erheben von Daten (§ 3 Abs. 4)
- Verarbeiten von Daten durch Speichern, Verändern, Übermitteln, Sperren und Löschen von Daten (§ 3 Abs. 5)
- Nutzen von Daten (§ 3 Abs. 6)
- Anonymisierung (§ 3 Abs. 7)
- Speichernde Stelle (§ 3 Abs. 8)
- Begriff des Dritten (§ 3 Abs. 9)

a) Personenbezogene Daten

Personenbezogene Daten werden durch das BDSG 90 definiert als „Einzelangaben über persönliche oder sachliche Verhältnisse einer bestimmten oder bestimmbaren Person (Betroffener)". Ist dieses Kriterium nicht erfüllt, so ist beim Umgang mit Informationen das BDSG nicht anwendbar. Die Definition ist auch ein praktisch wichtiges Abgrenzungskriterium zu anonymisierten Daten im Sinne von § 3 Abs. 7 BDSG 90. Letztere können nur mit unverhältnismäßig großem Aufwand (oder gar nicht) einer Person zugeordnet werden. Sie stellen daher keine Beeinträchtigung des Persönlichkeitsrechts dar, weil sie zwar für andere Personen verwertbar sind, aber eben ohne Informationen über die Person, zu der sie gehören[374].

---

374 Auch solche Informationen können für Marktforschungsinstitute und Marketingstrategen wichtig sein: Wer als Hersteller weiß, daß ein bestimmtes Produkt (zum Beispiel ein bestimmter CD-Player) vor allem von der Altersgruppe der 15- bis 25jährigen gekauft wird, kann seine Werbestrategie entsprechend ausrichten und damit Kosten einsparen und ökonomischer handeln.

Relevant ist also die Abgrenzung zwischen Daten über eine bestimmbare Person und anonymisierten Daten, also solchen Daten, bei denen die Person nicht mehr bestimmbar ist. Dies ist ausschlaggebend für die Frage der Anwendbarkeit des BDSG. „Bestimmbar" ist die Person, wenn die Verknüpfung von Person und Daten mittels eines elektronischen Vorgangs (Ver- und Entschlüsselung) oder zumindest durch Hilfsmittel, über die die verarbeitende Stelle verfügt, vorgenommen werden kann[375]. Mit Hilfe moderner Technik können so Daten und Name der zugehörigen Person aus Sicherheitsgründen getrennt aufbewahrt und nur bei Bedarf zusammengeführt werden[376]. Diese Trennung ist noch keine Anonymisierung, weil ohne erheblichen Aufwand eine Zusammenführung von Daten und dem Namen der zugehörigen Person möglich ist.

Unter „Angaben" ist im Sinne eines umfassenden Persönlichkeitsschutzes jede Information zu verstehen, die in irgendeinem Zusammenhang zu der Person des Betroffenen steht[377]. Dazu gehören schriftlich vorliegende Angaben über den Betroffenen, aber auch Bilder und Tondaten, wie zum Beispiel Inhalte von Telefongesprächen[378]. Das BDSG 90 erfaßt bereits Bild- und Tondaten[379], so daß es insofern dem Inhalt der Richtlinie entspricht.

Auch Videoaufnahmen, zum Beispiel von Überwachungskameras in einem Kaufhaus, müssen unter den Begriff „Angaben" subsumiert werden können. Solche Videoaufnahmen enthalten Informationen darüber, wann sich der Betroffene wo aufgehalten hat, wie er sich verhalten hat, seine Kleidung, sein Aussehen und ähnliches. Die Frage der Abgrenzung zwischen persönlichen und sachlichen Verhältnissen im Sinne von § 3 Abs. 1 BDSG 90 ist unerheblich, weil beide Bereiche die Definition erfüllen. Im Ergebnis entspricht diese Definition der Richtlinie (Art. 2 lit. a).

---

[375] *Schaffland / Wiltfang*, BDSG, § 3 Rn. 17; *Gola / Schomerus*, BDSG, § 3, Erläuterung 2.8.

[376] *Tinnefeld / Ehmann*, S. 183.

[377] *Dammann*, in: S/D/G/M/W, BDSG, § 3 Rn. 5; *Gola / Schomerus*, BDSG, § 3 Erläuterung 2.2.

[378] *Dammann*, in: S/D/G/M/W, BDSG, § 3 Rn. 4; eine umfassende Auflistung enthält *Schaffland/Wiltfang*, BDSG, § 3 Rn. 5.

[379] *Tinnefeld / Ehmann*, S. 183.

b)   Datei und Aktenbegriff

Das Gesetz unterscheidet in § 3 Abs. 2 Nr. 1 und 2 BDSG 90 zwischen automatisierten und nicht-automatisierten Dateien. Letztere werden zum besseren Verständnis auch als manuelle Dateien bezeichnet. Daran wird deutlich, daß sich das Datenschutzrecht nicht nur an durch elektronische Datenverarbeitung möglicher automatisierter Bearbeitung orientiert, sondern auch „klassische", konventionelle Datensammlungen reguliert. Als eine „Sammlung personenbezogener Daten, die durch automatisierte Verfahren nach bestimmten Merkmalen ausgewertet werden kann" ist die Datei sehr weit definiert. Der Dateibegriff des BDSG 90 hat somit einen weiten Anwendungsbereich[380].

Werden Daten manuell verarbeitet, so ist die Sammlung dieser Daten gemäß der Richtlinie eine Datei. Das bisher bei nicht-automatisierten Dateien benutzte Kriterium des gleichartigen Aufbaus[381] muß aus dem Gesetz gestrichen werden[382]. Es entspricht nicht der Legaldefinition in Art. 2 lit. c der Richtlinie.

Eine Privilegierung von manuellen und temporären Dateien, wie sie bisher in § 1 Abs. 3 Nr. 1 und 2 BDSG 90 enthalten ist, darf nicht weiter aufrechterhalten werden[383]. Sie ist in der Richtlinie nicht vorgesehen. Der Datenschutz darf bei automatisierter Verarbeitung keinen anderen Voraussetzungen unterliegen als bei nicht-automatisierter (also manueller) Verarbeitung. Das Umgehungsrisiko ist ausdrücklich in Erwägungsgrund 27 angesprochen. Daher ist die getrennte Nennung von automatisierten und nicht-automatisierten Dateien überflüssig.

Eine Besonderheit speziell des deutschen Datenschutzrechtes ist die Differenzierung zwischen Datei und Akte. Während im öffentlichen Sektor sowohl Dateien als auch Akten vom Anwendungsbereich des BDSG 90 erfaßt werden, beschränkt sich die Anwendbarkeit des

---

[380] *Büllesbach,* NJW 1991, 2593 (2596).
[381] Siehe § 3 Abs. 2 Nr. 2 BDSG 90.
[382] *Brühann/Zerdick,* CR 1996, 429 (430).
[383] *Brühann/Zerdick,* CR 1996, 429 (431).

Gesetzes im privaten Sektor auf Dateien[384]. Fraglich ist daher der sachliche Grund für die rechtliche Differenzierung zwischen Datei und Akte.

Die Definition der Akte in § 3 Abs. 3 BDSG 90 als „jede sonstige amtlichen oder dienstlichen Zwecken dienende Unterlage" ist speziell auf den öffentlichen Bereich zugeschnitten und macht dem Wortlaut nach im privaten Bereich keinen Sinn. In einem privatwirtschaftlichen Unternehmen kann eine Unterlage nicht amtlichen oder dienstlichen Zwecken dienen, von den Fällen beliehener Unternehmen einmal abgesehen. Es wird daher vertreten, der Aktenbegriff im Privatsektor sei analog zu formulieren als jede sonstige geschäftsmäßige oder beruflichen bzw. gewerblichen Zwecken dienende Unterlage[385].

Diese Unterscheidung Datei/Akte und ihre selbst für Fachleute häufig schwierige Abgrenzung ist meines Erachtens eines der Beispiele dafür, wie bürgerfern und unpraktikabel das Datenschutzrecht mitunter gestaltet ist. Das Anliegen, dem Bürger Rechte an die Hand zu geben, um selbst gegen Beeinträchtigungen seines Persönlichkeitsrechts durch rechtswidrigen Umgang mit seinen persönlichen Daten vorzugehen, schlägt fehl, wenn der Gesetzgeber nicht in der Lage ist, für den Einzelnen klar verständliche Regelungen zu schaffen. Dies ist umso wichtiger in einem Bereich, in dem es um die Durchsetzung von höchstpersönlichen Rechten geht.

Aus den §§ 1 Abs. 2 Nr. 3 und 27 Abs. 1 und 2 BDSG 90 ergab sich bisher der Ausschluß von Akten im privaten Bereich. Dieser generelle Ausschluß muß aufgegeben werden[386]. Sofern die Akten den Tatbestandsmerkmalen einer Datei im Sinne von Art. 2 lit. c entsprechen, ist die Richtlinie auf sie anwendbar. Es muß sich also um eine strukturierte Sammlung handeln, die nach bestimmten Kriterien zugänglich ist. Aus Art. 3 Abs. 1 ergibt sich in diesem Zusammenhang, daß dann, wenn in solchen Akten personenbezogene Daten enthalten sind, die später in Dateien gespeichert werden können,

---

[384] Siehe auch § 27 Abs. 2 BDSG 90.
[385] So etwa *Tinnefeld/Ehmann*, S. 194.
[386] *Weichert*, DuD 1997, 716 (717).

bereits die Verarbeitung in der Akte den Anforderungen der Richtlinie entsprechen muß[387]. Die pauschale Abgrenzung von Datei und Akte im privaten Bereich ist also aufzuheben und eine Differenzierung in das BDSG aufzunehmen, die an die Kriterien anknüpft, die in Art. 2 lit. c und in Erwägungsgrund 27 genannt sind. Hier bilden die Erwägungsgründe eine wichtige materiell-rechtliche Ergänzung des eigentlichen Richtlinientextes.

Die geographische Aufteilung von Daten auf verschiedenen Datenträgern[388] hat keinen Einfluß auf die Behandlung dieser Daten als eine Gesamtdatei, siehe Art. 2 lit. c am Ende. Ist diese Sammlung nach Inhalt und Zweck als eine Einheit anzusehen, handelt es sich um *eine* Datei[389]. Da nach dem BDSG 90 eine Sammlung personenbezogener Daten, die durch automatisierte Verfahren ausgewertet werden kann, eine Datei darstellt, zwingt der Aspekt der räumlichen Trennung der Daten nicht zu einer Änderung der Definition: Aufgrund der Tatsache, daß es heutzutage keinen Unterschied mehr macht, ob Daten von der eigenen Festplatte gelesen werden oder von einem Server des firmeninternen Netzwerks, der sich vielleicht im Ausland befinden mag, abgerufen werden, kann bereits nach der Definition im BDSG 90 eine räumliche Trennung nicht dazu führen, die Existenz zweier Dateien anzunehmen[390]. Eine automatisierte Auswertung ist in beiden Fällen problemlos möglich.

c) Erhebung von Daten

Die Datenverarbeitung als Phase des Umgangs mit personenbezogenen Daten war bereits im BDSG 77 enthalten[391]. Gesondert geregelt werden seit 1990 die Datenerhebung und die Datennutzung, siehe § 3 Abs. 4 und 5 BDSG 90. Dies war eine direkte Folge des Volks-

---

[387] *Gounalakis/Mand*, CR 1007, 491 (495).
[388] Zum Beispiel auf verschiedenen Servern oder Festplatten innerhalb desselben Netzwerks eines Unternehmens.
[389] So auch *Dammann*, in: Dammann/Simitis, EG-Datenschutzrichtlinie, Art. 2 Rn. 10.
[390] In diesem Sinne wohl auch *Dammann*, in: S/D/G/M/W, BDSG, § 3 Rn. 66.
[391] Siehe zum Beispiel § 22 Abs. 1 BDSG 77.

zählungsurteils[392]. „Erheben" ist das Beschaffen von Daten über den Betroffenen selbst, also die Abfrage von Informationen direkt bei der Person ohne Umweg über Dritte[393]. Nach dem Wortlaut des § 1 Abs. 2 Nr. 3 BDSG 90 ist die Phase der Datenerhebung im privaten Sektor nur dann durch das Gesetz geschützt, wenn die Daten anschließend dateimäßig verarbeitet werden. Da allerdings der Verarbeitungsbegriff sehr weit gefaßt ist, wird jeder Erhebung eine Verarbeitung folgen und somit auch die Erhebungsphase in praktisch allen Fällen durch das BDSG 90 reguliert.

Die Datenerhebung beim Betroffenen ist die entscheidende Phase des gesamten Datenverarbeitungsprozesses: Haben die Informationen erst einmal den Machtbereich des Betroffenen verlassen, so sind seine Kontrollmöglichkeiten bereits faktisch erheblich eingeschränkt. Durch eine Nutzung oder Weiterleitung der Daten wird die Beeinträchtigung des Persönlichkeitsrechts zwar noch intensiviert, jedoch in einem weit geringeren Maße als bei der Erhebung.

Abschließend ist zu sagen, daß nur eine wissentliche und willentliche Erhebung die Definition erfüllt, eine nur zufällig durch die private Stelle erlangte Information genügt nicht[394]. Gleiches gilt, wenn zum Beispiel dem Unternehmen eine Information unaufgefordert mitgeteilt wird.

Problematisch an der bisherigen Formulierung im BDSG 90 ist der Umstand, daß die Erhebung nach Art. 2 lit. b ein Teil der Verarbeitung ist, also unterschiedliche Rechtmäßigkeitsvoraussetzungen nicht vorgesehen sind. Dies ist im BDSG 90 anders. Es wäre daher angemessen, schon bei den Begriffsbestimmungen im BDSG deutlich zu machen, daß die Erhebung eine Möglichkeit der Verarbeitung ist[395].

---

[392] *Tinnefeld/Ehmann*, S. 195.

[393] Siehe § 3 Abs. 4 BDSG 90.

[394] *Tinnefeld/Ehmann*, S. 196.

[395] *Weichert*, DuD 1997, 716 (717), fordert die Aufnahme einer *einheitlichen* Datenerhebungsregelung auch für den privaten Bereich. Die derzeitige Differenzierung im deutschen Recht wird auch noch einmal im materiellrechtlichen Abschnitt deutlich.

d) Verarbeitung: Speichern, Verändern, Übermitteln, Sperren
und Löschen von Daten

Die Verarbeitung im Sinne von § 3 Abs. 5 BDSG 90 umfaßt fünf
Phasen des Umgangs mit personenbezogenen Daten, nämlich das
Speichern, Verändern, Übermitteln, Sperren und Löschen von Da-
ten[396].

Die Speicherung von Daten ist ähnlich definiert, wie sie auch im
täglichen Sprachgebrauch verstanden wird, nämlich gemäß § 3 Abs. 5
Nr. 1 BDSG 90 als das Erfassen, Aufnehmen oder Aufbewahren
personenbezogener Daten auf einem Datenträger zum Zwecke der
Weiterverarbeitung oder Nutzung[397].

Das Verändern von Daten als deren inhaltliche Umgestaltung (siehe
§ 3 Abs. 5 Nr. 2 BDSG 90) umfaßt vor allem Manipulationen
(Änderung der Altersangabe einer Person) und Veränderungen der
Bezugsgröße (zum Beispiel, wenn die Zahl „40" in einer Kundenliste
nicht mehr dem Alter des Kunden, sondern der Summe der bisher
gekauften Artikel zugeordnet ist). Erfaßt ist jede Maßnahme, bei der
ein neuer Aussagewert entsteht, indem der Informationsgehalt einer
Nachricht verändert wird[398].

Der Übermittlungsbegriff in § 3 Abs. 5 Nr. 3 BDSG 90 wurde 1990
geändert: Als Übermittlung gilt die Bekanntgabe gespeicherter oder
durch Datenverarbeitung gewonnener personenbezogener Daten an
einen Dritten (Empfänger) in der Weise, daß die Daten durch die
speichernde Stelle an den Empfänger weitergegeben werden, oder der
Empfänger von der speichernden Stelle zur Einsicht oder zum Abruf
bereitgehaltene Daten einsieht oder abruft. Daraus folgt: Es kommt

---

[396] Um den Überblick nicht zu verlieren: Umgang mit personenbezogenen Daten
ist möglich durch Erhebung oder Verwendung; unter Verwendung versteht
man die Verarbeitung und die Nutzung. Die Verarbeitung wiederum ist möglich durch die fünf eben genannten Handlungen.
[397] Folgend der gesetzlichen Systematik von automatisierten und nicht-automatisierten Dateien können Papier, Disketten, Festplatten, CD-ROM, CD, Vi-
deotape, Tonband, Kassette und sonstige Speichermedien als Datenträger
gelten, siehe dazu *Dammann*, in: S/D/G/M/W, BDSG, § 3 Rn. 124; *Schaff-
land/Wiltfang*, BDSG, § 3 Rn. 24.
[398] *Auernhammer*, BDSG 90, § 3 Rn. 32; *Tinnefeld/Ehmann*, S. 200.

nicht mehr auf die potentielle Möglichkeit eines Abrufes der Informationen an, sondern darauf, daß *tatsächlich konkret* eine Datenübermittlung stattfindet, entweder durch Übermittlung oder durch Abruf[399]. Das Gefährdungspotential für persönliche Daten ist bei ihrem (vielfachen) Transfer zu verschiedenen Orten und verschiedenen Firmen und Unternehmen recht hoch. Wo und wie häufig Daten des Betroffenen gespeichert sind, kann dieser dann nicht mehr nachvollziehen.

Gemäß § 3 Abs. 5 Nr. 4 BDSG 90 ist „Sperren" das Kennzeichnen gespeicherter personenbezogener Daten, um ihre weitere Verarbeitung oder Nutzung einzuschränken. Das Sperren ist damit vom Löschen der Daten zu unterscheiden (siehe § 3 Abs. 5 Nr. 6 BDSG 90), welches das Unkenntlichmachen von Daten bedeutet. In dem einen Fall sind die Daten anschließend noch existent, es wird lediglich der Zugang oder Zugriff verweigert. Das Löschen bewirkt dagegen das endgültige Zerstören, so daß ein Zugriff tatsächlich objektiv unmöglich wird. Die Daten dürfen nicht mehr rekonstruierbar sein[400].

Der durch Art. 2 lit. b der Richtlinie vorgegebene Verarbeitungsbegriff stimmt nicht mit der Definition in § 3 Abs. 5 BDSG 90 überein. Daraus folgt, daß das Gesetz die Stadien der Erhebung, Verarbeitung und Nutzung nicht mehr unterschiedlich behandeln darf, sondern sie vielmehr gleich zu behandeln sind[401]. Dies hat insbesondere im privaten Bereich Auswirkungen auf die Sonderregelung zur Erhebung, die bisher nach Treu und Glauben und auf rechtmäßige Weise erfolgen mußte[402]. Nunmehr muß sich jede Ver-

---

[399] *Büllesbach*, NJW 1991, 2593 (2596); *Dammann*, in: S/D/G/M/W, BDSG, § 3 Rn. 149, 150; *Schaffland/Wiltfang*, BDSG, § 3 Rn. 39, 40.

[400] Dies kann geschehen durch Zerstören des Datenträgers (zum Beispiel verbrennen oder zerkleinern). Im Zusammenhang mit Personalcomputern und Terminals ist unstreitig, daß die Eingabe von „Delete"-Befehlen oder ähnlichem nicht zum Löschen ausreicht, da diese mit „Delete" beseitigten Dateien ohne großen Aufwand wieder hergestellt werden können, siehe *Tinnefeld/Ehmann*, S. 205.

[401] Vgl. *Brühann*, DuD 1996, 66 (68); kritisch zum E-BDSG auch LfD *Bäumler*, Stellungnahme zum E-BDSG vom 06.07.1999, online unter <http://www.datenschutzzentrum.de>.

[402] *Bruhann/Zerdick*, CR 1996, 429 (430).

arbeitung im Sinne der Richtlinie nach den Rechtmäßigkeitsvoraussetzungen von Kapitel II richten[403]. Möglicherweise nicht in Übereinstimmung mit dem BDSG 90 ist die Tatsache, daß die Richtlinie keine Privilegierung unternehmens- und organisationsinterner Datenweitergabe enthält, wie dies noch in den ersten Entwürfen der Fall war[404]. Der Verarbeitungsbegriff soll auch unternehmens- und organisationsinterne Abläufe und die dabei verarbeiteten personenbezogenen Daten umfassen. Nach § 1 Abs. 3 Nr. 2 BDSG 90 unterliegen Daten, die nicht zur Übermittlung an Dritte bestimmt sind (also ausschließlich internen Zwecken dienen), nur dem Datengeheimnis und den Grundsätzen der Datensicherheit (§§ 5 und 9 BDSG 90). Diese Privilegierung wurde bislang damit begründet, daß durch diese Daten keine Gefahr für das Persönlichkeitsrecht bestünde und nicht ohne Einschränkung in den Innenbereich der speichernden Stelle eingegriffen werden sollte[405]. Diese Regelung ist nicht mit der Richtlinie vereinbar: Eine Ausnahme (und damit ein schwächerer Schutz) für unternehmens- und organisationsinterne Daten ist dort nicht vorgesehen.

Nicht ausdrücklich im bisherigen BDSG 90 enthalten sind die Vorgänge der Organisation, Kombination und Verknüpfung von personenbezogenen Daten. Es ist fraglich, ob man daraus schließen muß, daß der Gesetzeswortlaut zu ändern ist, denn eine weite Interpretation des Verarbeitungsbegriffs würde eigentlich ausreichen. So scheint auch *Dammann*[406] der Ansicht zu sein, daß diese Vorgänge bisher im BDSG „nicht eigens genannt" sind, aber wohl doch dem Begriff der Verarbeitung oder der Nutzung unterfallen. Anders dagegen sieht dies wohl *Kloepfer*[407], der hier eine Anpassung des BDSG 90 fordert. Eine richtlinienkonforme Auslegung des BDSG 90 scheint zwar im Ergebnis auszureichen; eine ausdrückliche Übernahme dieses weiten Verarbeitungsbegriffs inklusive der beispielhaft

---

[403] So auch *Dammann*, in: Dammann/Simitis, EG-Datenschutzrichtlinie, Art. 2 Rn. 5.

[404] *Ehmann/Helfrich*, EG-Datenschutzrichtlinie, Art. 2 Rn. 30.

[405] *Auernhammer*, BDSG 90, § 1 Rn. 18, 19.

[406] *Dammann*, in: Dammann/Simitis, EG-Datenschutzrichtlinie, Art. 2 Rn. 6.

[407] *Kloepfer*, Gutachten D, S. 107.

genannten Verarbeitungsmodi entspricht allerdings eher dem Gebot der Normenklarheit und Bestimmtheit, wie sie auch vom EuGH gefordert wird[408].

e) Nutzung von Daten

Der Begriff der Datennutzung ist im BDSG 90 negativ definiert als jede Verwendung personenbezogener Daten, soweit es nicht um Verarbeitung geht. Damit handelt es sich um einen Auffangtatbestand[409].

In die Phase der Nutzung fällt zum einen die Verwendung des Inhaltes der Daten für Entscheidungen der speichernden Stelle (ein Unternehmen entscheidet aufgrund persönlicher Daten über einen Mitarbeiter, diesen aufgrund einer Verfehlung zu entlassen), aber auch die Evaluation von verarbeiteten Daten[410].

Darüber hinaus ist der Nutzungsbegriff auch erfüllt bei der Weitergabe von Informationen innerhalb der speichernden Stelle, weil dies keine Verarbeitung darstellt: Eine Übermittlung setzt die Weitergabe an einen Dritten voraus. In der Richtlinie ist die Nutzung (dort „Benutzung" genannt) nicht ausdrücklich definiert, sondern lediglich als Möglichkeit der Verarbeitung in Art. 2 lit. b aufgelistet. Hier besteht also ein Widerspruch zwischen BDSG 90 und der Richtlinie, denn hier stehen Verarbeitung und Nutzung nebeneinander, dort ist die Nutzung eine Möglichkeit der Verarbeitung.

f) Anonymisierung

Die Anonymisierung ist nach der Legaldefinition in § 3 Abs. 7 BDSG 90 das Verändern personenbezogener Daten derart, daß die Einzelangaben über persönliche oder sachliche Verhältnisse nicht mehr

---

[408] *EuGH* Rs. C-59/89 (Blei), Slg. 1991, I-2607 (2633 f.).

[409] *Auernhammer*, BDSG 90, § 3 Rn. 44; *Tinnefeld/Ehmann*, S. 205; so im Ergebnis auch *Schaffland/Wiltfang*, BDSG 90, § 3 Rn. 106; *Gola/Schomerus*, BDSG 90, § 3 Erläuterung 13.2.

[410] *Tinnefeld/Ehmann*, S. 205. Beispielsweise wertet ein privates Marktforschungsunternehmen die Umfrageergebnisse aus und zieht Schlußfolgerungen für ein bestimmtes Produktmarketing.

oder nur mit einem unverhältnismäßig großen Aufwand an Zeit, Kosten und Arbeitskraft einer bestimmten oder bestimmbaren Person zugeordnet werden können[411]. Durch die Anonymisierung wird das Bindeglied zwischen einer Person und den zugehörigen Informationen zerschnitten[412]. Im nicht-öffentlichen Bereich ist die Anonymisierung zum Beispiel relevant bei der geschäftsmäßigen Datenspeicherung zum Zwecke der Übermittlung, siehe § 30 Abs. 1 BDSG 90.

Mangels einer Definition in der Richtlinie ist hier keine Änderung erforderlich.

g) Speichernde Stelle und die Abgrenzung zu „Dritten"

(1) Bedeutung der „speichernden Stelle" im System des BDSG 90

Der Begriff der speichernden Stelle ist ein weiterer zentraler Begriff des alten BDSG 90. Nach § 3 Abs. 8 BDSG 90 ist die „speichernde Stelle" jede Person oder Stelle, die personenbezogene Daten entweder für sich selbst (also zum eigenen Gebrauch) speichert oder durch andere im Auftrag speichern läßt. Die Miteinbeziehung der letztgenannten Gruppe soll verhindern, daß datenverarbeitende Stellen sich ihrer Verantwortung durch einen Transfer der Verarbeitung an einen Subunternehmer entziehen können[413]. Dritter im Sinne von § 3 Abs. 9

---

[411] Die Bedeutung der Differenzierung zwischen anonymisierten und personenbezogenen Daten wurde bereits oben im Zusammenhang mit dem Anwendungsbereich erläutert.

[412] Siehe dazu *Schaffland/Wiltfang*, BDSG 90, § 3 Rn. 15. Aufgrund der Tatsache, daß anonymisierte Daten das Persönlichkeitsrecht nicht mehr beeinträchtigen können, sind sie vom BDSG 90 nicht erfaßt. Allerdings ist zu berücksichtigen, daß die elektronische, computergestützte Trennung von Daten und Person in den seltensten Fällen irreversibel ist. Man spricht davon, daß eine faktische oder relative Anonymisierung eintritt, aber keine absolute, *Tinnefeld/Ehmann*, S. 187. Das einzig effektive Kriterium zur Feststellung einer wirksamen Anonymisierung ist die Kosten-Nutzen-Relation: Mit welchem technischen (und damit finanziellen) Aufwand ist es möglich, die Informationen wieder der richtigen Bezugsperson zuzuordnen, siehe *Tinnefeld/Ehmann*, S. 187; *Schaffland/Wiltfang*, BDSG 90, § 3 Rn. 107. Sind die Kosten für diese sogenannte „Reidentifizierung" höher als für eine Neubeschaffung der Daten, ist die Anonymisierung praktisch wirksam.

[413] Siehe *Dammann*, in: S/D/G/M/W, BDSG, § 3 Rn. 223.

BDSG 90 ist jede Person oder Stelle außerhalb der speichernden Stelle. Relevant ist diese Unterscheidung für die Anforderungen an die Rechtmäßigkeit der jeweiligen Verarbeitung. Wie bereits oben erwähnt, ist eine Datenübermittlung nur gegeben, wenn die Daten an einen Dritten weitergeleitet werden. Innerhalb der speichernden Stelle wird eine Weiterleitung der Daten nicht als Übermittlung bezeichnet.

Die Definition des Dritten ist dahingehend zu ändern, daß Auftragsverarbeiter aus Mitgliedsstaaten der EU nicht als Dritte behandelt werden dürfen, weil sonst eine Diskriminierung ausländischer Stellen vorliegen würde.

Rechtlich selbständige Unternehmen, die in einem Konzern zusammengeschlossen sind (zum Beispiel Mercedes-Benz als Unternehmen im Daimler-Chrysler-Konzern), werden nach dem deutschen Datenschutzrecht als eigenständige speichernde Stellen angesehen[414]. Dies bedeutet, daß der Datentransfer innerhalb eines Unternehmens rechtlich anders zu beurteilen ist als der Transfer von einem Unternehmen zum anderen. Das BDSG ignoriert damit die Existenz einer wirtschaftlichen Einheit und differenziert danach, ob es sich um eine oder mehrere juristische Personen des Privatrechts handelt[415].

Die Übermittlung von Daten innerhalb einer speichernden Stelle ist per definitionem unabhängig von der räumlichen Entfernung von Sender und Empfänger der Daten. Firmeninterne Übermittlungswege werden somit stets als sicherer eingestuft als der Transfer an einen Dritten. Nach dieser Schutzkonzeption ist es unerheblich, ob ein Firmenmitarbeiter an seinem Arbeitsplatz im Büro tätig wird oder ob er von zu Hause aus per Internet oder Intranet seiner Beschäftigung nachgeht und dabei personenbezogene Daten verarbeitet[416].

---

[414] *Dammann*, in: S/D/G/M/W, BDSG, § 3 Rn. 228.
[415] *Dammann*, in: S/D/G/M/W, BDSG, § 3 Rn. 228; ebenso *Schaffland/Wiltfang*, BDSG, § 3 Rn. 86.
[416] Nicht ganz eindeutig in diesem Punkt *Schaffland/Wiltfang*, BDSG, § 3 Rn. 80.

Daß die Richtlinienvorgabe bezüglich des Begriffs der speichernden Stelle zu einer Änderung des deutschen BDSG 90 führen muß, ist unbestritten[417]. Bislang existiert der Begriff der speichernden Stelle, so daß die Person besondere datenschutzrechtliche Pflichten auferlegt bekommt, die einen technischen Vorgang ausführt (nämlich die Speicherung). Dagegen nimmt die Richtlinie die Person in die Pflicht, die entscheidet, wie und aus welchem Grund die Datenverarbeitung stattfindet. Den Verantwortlichen für die Verarbeitung treffen Verpflichtungen hinsichtlich der Datenqualität, der technischen Sicherheit, der Meldung bei der Kontrollstelle, und er muß die Voraussetzungen befolgen, unter denen eine Verarbeitung rechtmäßig ist[418].

(2) Divergenzen zwischen „speichernder Stelle" und dem „für die Verarbeitung Verantwortlichen"

Fraglich ist allerdings, ob in der Praxis zwischen speichernder Stelle im Sinne des BDSG 90 und dem für die Verarbeitung Verantwortlichen im Sinne der Richtlinie ein Unterschied besteht. Nur dann ist tatsächlich eine Veränderung des Gesetzestextes erforderlich. Tatsächlich kann in einer Vielzahl von Fällen die Speicherung und die Entscheidung über Inhalt und Zweck derselben auseinanderfallen: Erteilt eine Firma einem Dienstleistungsunternehmen den Auftrag, bestimmte Kundendaten zu verwalten, so legt der Auftraggeber die Zwecke fest, wegen denen die Speicherung erfolgt; aber tatsächlich gespeichert sind die Daten bei dem Dienstleistungsunternehmen. Speichernde Stelle im Sinne von § 3 Abs. 8 BDSG 90 ist allerdings auch derjenige, der personenbezogene Daten im Auftrag speichern läßt. Daher macht in dieser Konstellation die Richtlinie keinen Unterschied. Wenn aber kein Auftrag vorliegt, der technische Speicherungsvorgang und die Zweckbestimmung aber dennoch auseinanderfallen, kommt das BDSG zu einem anderen Ergebnis als die Richtlinie. Dies gilt auch für die Fälle, in denen mehrere unter-

---

Brühann/Zerdick, CR 1996, 429 (430); *Kloepfer*, S. 108; *Dammann*, in: Dammann/Simitis, EG-Datenschutzrichtlinie, Art. 2 Rn. 13, sieht zwar keine grundsätzlichen Konflikte zwischen BDSG und Richtlinie, erkennt aber dennoch die eher funktionale Konzeption der Definition in der Richtlinie.

Art. 6 Abs. 2; 17 Abs. 1; 18 Abs. 1 der Richtlinie.

schiedliche Stellen über Zweck und Mittel der Verarbeitung entscheiden[419]. Diese sind dann alle nebeneinander als für die Verarbeitung Verantwortliche einzustufen.

Es ist nicht notwendig, die Rechte des Betroffenen, die bislang gegenüber der speichernden Stelle bestehen, auf den Verantwortlichen für die Verarbeitung zu *übertragen*, sondern diese Rechte müßten ausgedehnt werden und somit *auch* gegenüber dem Verantwortlichen gelten. Dies erfordert den geringsten gesetzgeberischen Aufwand und schützt den Betroffenen umfassend. Dazu muß die Definition des für die Verarbeitung Verantwortlichen in das BDSG übernommen und die Vorschrift des § 6 Abs. 2 BDSG 90 ergänzt werden[420].

Die Bedeutung des Begriffs „Empfänger" nach dem bisherigen BDSG 90 ist aufzugeben[421]. Nach § 3 Abs. 5 Nr. 3 BDSG 90 ist der Empfänger ein Dritter, der personenbezogene Daten übermittelt bekommt. Häufig sind deshalb Dritter und Empfänger durch das Gesetz gleichgestellt[422]. Aufgrund der Tatsache, daß der Betroffene von dem für die Verarbeitung Verantwortlichen Auskunft über alle Empfänger erhalten kann, schließt dies zum Beispiel auch den Auftragsdatenverarbeiter mit ein. Da gemäß § 3 Abs. 9 BDSG 90 der Auftragsverarbeiter aber kein Dritter ist, würde ohne eine Gesetzesänderung der Betroffene keine Informationen über diese Person bekommen können[423]: Artikel 10 lit. c, 1. Spiegelstrich sieht nämlich vor, daß der Betroffene Informationen über den Empfänger seiner Daten verlangen kann. Diese Regelung muß auch gelten, wenn Auftragsverarbeiter Daten übermittelt bekommen.

---

[419] *Dammann*, in. Dammann/Simitis, EG-Datenschutzrichtlinie, Art. 2 Rn. 13.

[420] So auch *Kloepfer*, Gutachten D, S. 109, verweisend auf *Runge* DuD 1996, 261 (265).

[421] *Brühann/Zerdick*, CR 1996, 429 (431); *Weber*, CR 1995, 297 (300).

[422] Siehe *Brühann/Zerdick*, CR 1996, 429 (431); *Weber*, CR 1995, 297 (300); *Dammann*, in: S/D/G/M/W, BDSG, § 3 Rn. 225, unter Hinweis auf die §§ 18 Abs. 2 Nr. 5, 19 Abs. 1 Nr. 1, 34 Abs. 1 Nr. 1, 37 Abs. 2 Nr. 5.

[423] Denn wenn der Auftragsverarbeiter kein Dritter ist, Dritte aber nach dem BDSG 90 einem Empfänger gleichgestellt sind, kann Art. 10 für den Auftragsverarbeiter nicht gelten.

2. Zulässigkeit der Datenverarbeitung und Datennutzung gemäß § 4 BDSG 90

a) Zulässigkeitstatbestände

Das Kernstück der Datenschutzsystematik des BDSG 90 bildet (insoweit anknüpfend an das BDSG 77[424]) die Regelung des § 4 Abs. 1 BDSG 90. Danach ist die Verarbeitung und Nutzung personenbezogener Daten nur zulässig, wenn

- die Verarbeitung und Nutzung durch das BDSG erlaubt oder angeordnet sind, oder

- die Verarbeitung und Nutzung durch andere Rechtsvorschriften erlaubt oder angeordnet sind, oder

- der Betroffene in die Verarbeitung und Nutzung eingewilligt hat.

Rechtstechnisch stellt dies ein präventives Verbot mit Erlaubnisvorbehalt dar, ergänzt durch die mögliche Einwilligung des Betroffenen als „Ermächtigungsgrundlage".

Die Datenerhebung ist in § 4 BDSG 90 nicht genannt und deshalb auch nicht generell verboten[425]. Die Zulässigkeit der Datenerhebung im Privatsektor ist geregelt in § 28 Abs. 1 S. 2 und § 29 Abs. 1 S. 2 BDSG 90: Sowohl bei der Datenerhebung für eigene Zwecke als auch der geschäftsmäßigen Erhebung zum Zwecke der Übermittlung muß die Erhebung nach Treu und Glauben und auf rechtmäßige Weise vonstatten gehen. Die Zulässigkeitsregelung und die Schaffung einer gesetzlichen Grundlage für die Erhebung war eine Folge des Volks-

---

[424] Neu ist gegenüber dem BDSG 77 nur die Gleichbehandlung von Verarbeitung und Nutzung, siehe dazu *Walz*, in: S/D/G/M/W, BDSG, § 4 Rn. 1. Es wäre eigentlich nur konsequent und hilfreich zur Vereinfachung des Gesetzes, neben Verarbeitung und Nutzung auch die Erhebung gleich zu behandeln, oder alternativ einen Verarbeitungsbegriff einzufügen, der per definitionem Nutzung und Erhebung mit einschließt.

[425] *Kloepfer*, Gutachten D, S. 60; siehe auch *Walz*, in: S/D/G/M/W, BDSG, § 4 Rn. 4; *Schaffland / Wiltfang*, BDSG, § 4 Rn. 1a nimmt bereits bezug auf den Änderungsbedarf aufgrund der Richtlinie; *Gola / Schomerus*, BDSG, § 4 Rn. 1.

zählungsurteils[426]. Daß auch die Datenschutzrichtlinie eine ähnliche Forderung aufstellt, wurde bereits gezeigt[427].

Weder in § 4 noch in den §§ 28 und 29 BDSG 90 ist jedoch die Zulässigkeit der Datenerhebung durch Einwilligung des Betroffenen ausdrücklich geregelt. Nach überwiegender Ansicht wird hier auf die Grundregel des § 4 BDSG 90 zurückgegriffen, so daß auch die Datenerhebung nach Einwilligung des Betroffenen möglich ist[428].

Die Zulässigkeitstatbestände des BDSG, auf die § 4 Abs. 1 BDSG 90 verweist, sind für den nicht-öffentlichen Bereich im Dritten Abschnitt des BDSG 90 zu finden. Sie werden im nächsten Kapitel behandelt.

Andere Rechtsvorschriften im Sinne des § 4 Abs. 1 BDSG 90 sind Gesetze, Rechtsverordnungen, autonome Satzungen von Körperschaften und Verbänden, aber auch Richterrecht, das zur Füllung von Gesetzeslücken dient[429].

Defizitär ist der Wortlaut des § 4 Abs. 1 BDSG 90 vor allem insofern, als daß die Erhebung nicht ausdrücklich unter Gesetzesvorbehalt gestellt ist[430].

---

[426] *Tinnefeld / Ehmann*, S. 210; nach *Walz*, in: S/D/G/M/W, BDSG, § 4 Rn. 4 gilt dies allerdings nur für den öffentlichen Bereich. Meines Erachtens folgt jedoch aus dem allgemeinen Gleichheitsgrundsatz aus Art. 3 Abs. 1 GG und dem Gebot der Einheitlichkeit und Widerspruchsfreiheit der Rechtsordnung, daß dies auch im privaten Bereich gilt.

[427] In Zusammenhang mit Art. 2 lit. b der Richtlinie.

[428] Man könnte auch mit dem Gesetzeswortlaut des § 28 Abs. 1 S. 2 BDSG 90 argumentieren: Eine Erhebung nach Treu und Glauben liegt mit Sicherheit immer dann vor, wenn eine Einwilligung des Betroffenen eingeholt wurde.

[429] Insbesondere die Rechtsprechung des Bundesarbeitsgerichts (BAG) ist in diesem Kontext zu nennen, siehe *Tinnefeld / Ehmann*, S. 221.

[430] Andererseits könnte man den Verarbeitungsbegriff ausdehnen, so daß er auch die Erhebung erfaßt. Dann müßte die „Erhebung" nicht extra eingefügt werden, sondern wäre per definitionem schon in der „Verarbeitung" enthalten. Gerade dies scheint aber vom Bundesgesetzgeber nicht geplant zu sein, siehe § 3 Abs. 4 E-BDSG i. d. F. vom 06.07.1999. Gegen ein generelles Verbot der Erhebung spricht sich *Gutschet*, RDV 2000, 107 (109) aus.

b)   Die Einwilligung

Der Einwilligung als antizipiertes Einverständnis kommt insgesamt eine herausragende Bedeutung zu, vor allem in Fällen ohne entsprechende gesetzliche Erlaubnis- oder Verbotsnorm. Gerade in den Bereichen der freien Wirtschaft, in denen der Verbraucher faktisch in einem Stufenverhältnis zu Banken, Wirtschaftsunternehmen oder zum Beispiel seinem Arbeitgeber steht, ist er besonders schutzwürdig. Diesem Anliegen hat der Gesetzgeber Sorge getragen, indem er in § 4 Abs. 2 BDSG 90 einige weitere formale Schutzmechanismen eingebaut hat, durch die der Betroffene Informationen über den Zweck der Speicherung, vorgesehene Übermittlungen und Folgen einer verweigerten Einwilligung erhält. Es ist zumindest die Schriftform einzuhalten, und auf der schriftlichen Erklärung soll durch Hervorhebung gesondert auf die Einwilligung hingewiesen werden. Diese Mechanismen sollen verhindern (oder es zumindest versuchen), daß der ökonomisch oder sozial überlegene Vertragspartner seine ihm innewohnende Machtposition ausnutzt, um den Verbraucher faktisch zu einem rechtsgeschäftlichen Verzicht auf seine Daten zu veranlassen[431].

Obwohl der deutsche Gesetzgeber nicht zu einer wörtlichen Übernahme der Richtliniendefinition der Einwilligung[432] verpflichtet ist, wäre dies durchaus sinnvoll. Andererseits ist im deutschen Rechtssystem das Einverständnis als Rechtsinstitut vorbekannt, so daß man auf Bekanntes zurückgreifen könnte. Dagegen spricht aber zum Beispiel der Umstand, daß im deutschen Recht durch konkludentes Handeln rechtsgeschäftlich relevante Willenserklärungen abgegeben werden dürfen. Nach den Vorstellungen des Richtliniengebers[433] kann eine Einwilligung mündlich oder schriftlich erfolgen, aber nicht aufgrund eines Verhaltens[434]. Die Gefährdung des Persönlichkeits-

---

[431] *Simitis*, in: S/D/G/M/W, BDSG 90, § 4 Rn. 20.

[432] Artikel 2 lit. h der Richtlinie.

[433] Wie sie im Richtlinientext zum Ausdruck kommen.

[434] So auch *Brühann/Zerdick*, CR 1996, 429 (432) und *Brühann*, DuD 1996, 66 (69); anders dagegen *Dammann*, in: Dammann/Simitis, EG-Datenschutzrichtlinie, Art. 2 Rn. 22; offengelassen in *Ehmann/Helfrich*, EG-Datenschutzrichtlinie, Art. 2 Rn. 28.

rechts wiegt schwerer als das Interesse an einer unbürokratischen Datenbeschaffung. Dies hätte auch zur Folge, daß der Betroffene nicht mehr kontrollieren könnte, ob er nun durch eine Geste oder ähnliches sich dazu bereit erklärt hat, Daten preiszugeben. Die Argumente, die für die Möglichkeit einer konkludenten Willenserklärung im rechtsgeschäftlichen Verkehr sprechen (z. B. schützenswerte Interessen des Empfängers), existieren im Bereich der Datenverarbeitung nicht. Eine Preisgabe von Daten kann jederzeit erfolgen und muß nicht in einem bestimmten Umfeld passieren, wohingegen eine konkludente Willenserklärung erst möglich wird durch eine besondere Situation, in der sich die Vertragspartner befinden[435].

Daß die Anforderungen an eine Einwilligung nach der Richtlinienvorgabe sehr streng sind, sieht man auch an dem Verbot einer abstrakt-generellen Einwilligung: Die Einwilligung soll stets nur für den konkreten Fall gelten, nicht für eine unbestimmte Zahl von Fällen.

Somit steht fest, daß der Gesetzgeber aus Gründen der Rechtssicherheit und Rechtsklarheit die Definition der „Einwilligung" in den Gesetzestext übernehmen sollte[436].

3. Datengeheimnis und Datensicherung

Neben dem System materieller Datenschutznormen existieren im BDSG 90 Vorschriften, die Auflagen für die technische Ausgestaltung von Datenverarbeitungssystemen beinhalten. Nicht nur die Frage, welche Daten unter welchen Voraussetzungen verarbeitet werden dürfen, bedarf einer Regelung. Personen, die bei nicht-öffentlichen Stellen beschäftigt sind, sind bei der Aufnahme ihrer Tätigkeit auch auf das Datengeheimnis zu verpflichten, das in § 5 S. 1 BDSG 90 legal definiert ist:

---

[435] So wird das Zuwinken einer Person, wie im klassischen Fall der „Trierer Weinversteigerung", zwar bei einer Versteigerung als Abgabe eines Kaufgebotes zu verstehen sein, nicht aber bei einer Begegnung auf der Straße.

[436] Ebenso *Brühann/Zerdick*, CR 1996, 429 (431), mit Hinweis auf die vom *EuGH*, Rs. 102/79 (Kommission/Belgien), Slg. 1980, 1473 geforderte Rechtsklarheit.

„Den bei der Datenverarbeitung beschäftigten Personen ist unter-
sagt, personenbezogene Daten unbefugt zu verarbeiten und zu nut-
zen."[437]

Das Datengeheimnis ist durch die Novellierung 1990 neu definiert
worden. Die Verpflichtung auf das Datengeheimnis gilt auch für Be-
schäftigte, die nur indirekt Zugang zu Datenverarbeitungsanlagen
haben, weil auch sie zumindest faktisch in der Lage sind, an im Betrieb gespeicherte Daten heranzukommen[438]. In der Praxis wird jeder
Mitarbeiter bei Beginn seiner Tätigkeit eine Verpflichtungserklärung
abgeben müssen. § 5 BDSG 90 ist bereits eine über den Wortlaut der
Richtlinie hinausgehende Regelung, die allerdings um den Tatbestand der Datenerhebung zu ergänzen ist[439].

§ 9 BDSG 90 (inklusive der zugehörigen Anlage) enthält die Verpflichtung privater Stellen, die technischen und organisatorischen
Maßnahmen zu treffen, die erforderlich sind, um die Einhaltung der
Normen des BDSG zu garantieren. Diese Verknüpfung von Datenschutz und Datensicherung[440] ist unerläßlich, um die beteiligten
speichernden Stellen zu verpflichten, technische Möglichkeiten nicht
nur zu ihrem eigenen Vorteil zu nutzen, sondern auch zum Vorteil
des Kunden.

Die Erforderlichkeit einer technischen oder organisatorischen Maßnahme ist gemäß § 9 S. 2 BDSG 90 nur gegeben, wenn ihr Aufwand
in einem angemessenen Verhältnis zu ihrem angestrebten Schutz-
zweck steht. Daraus folgt: Nicht jeder technisch machbare Schutz ist
notwendig, denn der finanzielle Aufwand ist häufig zu groß.

Die §§ 5 und 9 BDSG 90 sind zumindest insoweit zu verändern, als
daß die Erhebung ebenfalls den genannten Schutzmechanismen zu
unterstellen ist. Dieses Umsetzungserfordernis ergibt sich aus Art. 2

---

[437] Unbefugt handelt eine Person, wenn sie weder aus Gesetz, Verordnung,
Anordnung, Vertrag oder Einzelanweisung eine Erlaubnis für die von ihr
durchgeführte Verarbeitung oder Nutzung ableiten kann, siehe BT-Drs.
11/4306, S. 74.

[438] *Tinnefeld/Ehmann*, S. 231.

[439] So auch tatsächlich jetzt § 5 BDSG 2001.

[440] *Auernhammer*, BDSG 90, § 9 Rn. 2.

lit. b, also dem weiten Verarbeitungsbegriff, der Erhebung und Nutzung mit einschließt. Des weiteren ist der Katalog technischer Maßnahmen völlig veraltet, so daß es einer Anpassung an technologische Veränderungen bedarf, wie z. B. die Entstehung von Netzwerken und mobilen Speichermedien[441].

4. *Unabdingbare Rechte des Betroffenen (§ 6 BDSG 90)*

Inhaltlich war die Vorschrift über Rechte des Betroffenen, die nicht seiner Dispositionsbefugnis unterliegen, bereits im BDSG 77 enthalten. Durch das BDSG 90 wurde der Auskunftsanspruch allerdings erweitert: Er bezieht sich jetzt auch auf die Herkunft und den Empfänger der Daten und auf den Zweck der Speicherung[442]. § 6 BDSG 90 verweist bereits auf die bereichsspezifischen Normen des Privatbereichs, nämlich die §§ 34 und 35. Der Gesetzgeber hatte aber bereits 1977 die Intention, die Rechte des Betroffenen an exponierter Stelle (vor die Klammer gezogen) zu nennen[443]. Im Gegensatz zu den §§ 34 und 35 BDSG 90 wird in § 6 vor allem die Unabdingbarkeit dieser Rechte festgestellt. Insofern geht meines Erachtens das Schutzniveau des BDSG hier über die Vorgaben der Richtlinie hinaus, die in Art. 13 umfangreiche Ausnahmen und Einschränkungen der Betroffenenrechte zuläßt. § 6 BDSG 90 kann deshalb unverändert bleiben; um ihn jedoch auf die Gesamtsystematik abzustimmen, ist es erforderlich, ihn um die Betroffenenrechte zu ergänzen, die durch die Richtlinie vorgegeben werden, also die Artikel 10, 11, 12 und 14[444].

---

[441] Siehe dazu den Entwurfsvorschlag des BvD, online verfügbar unter <http://www.bvdnet.de/texte/bdsg_bvd.html>, dort § 14; kritisch zu der veralteten Fassung auch *Bäumler*, Stellungnahme zum E-BDSG vom 06.07.1999, online unter <http://www.datenschutzzentrum.de>.

[442] *Büllesbach*, NJW 1991 2593 (2597).

[443] *Auernhammer*, BDSG 90, § 6 Rn. 1.

[444] Noch weitergehend *Bäumler*, Stellungnahme zum E-BDSG vom 06.07.1999, der auch eine Einbeziehung der Anrufung der Kontrollstelle und der Schadensersatzansprüche aus §§ 7 und 8 BDSG 90 favorisiert; ebenso *Schild*, JurPC Web-Dok. 2/2000, Abs. 55.

5. Schadensersatzpflicht nicht-öffentlicher Stellen (§ 8 BDSG 90)

Anders als es die Überschrift (und die Existenz von § 7 Abs. 1 für den öffentlichen Bereich) vermuten läßt, enthält § 8 BDSG 90 *keinen* Schadensersatzanspruch des Betroffenen gegenüber einer nicht-öffentlichen Stelle aufgrund einer Verletzung des Persönlichkeitsrechts[445]. Diese Vorschrift beinhaltet lediglich eine Beweislastumkehr. Wenn also der Betroffene gegenüber einer nicht-öffentlichen Stelle geltend macht, daß er durch eine rechtswidrige Datenverarbeitung einen Anspruch auf Schadensersatz hat und er nicht beweisen kann, daß dies die Folge eines von der speichernden Stelle zu vertretenden Umstandes ist, so ist die speichernde Stelle beweispflichtig. Da keine spezielle Anspruchsgrundlage im BDSG 90 existiert, wird der Betroffene auf allgemeine Regelungen, wie zum Beispiel § 823 Abs. 1 und 2 BGB zurückgreifen müssen[446].

Fraglich ist jedoch, ob diese Anspruchsgrundlagen den Vorgaben des Art. 23 genügen. Eine Begrenzung der Schadenssumme ist weder in § 8 BDSG 90 noch in Art. 23 enthalten; insofern besteht also kein Widerspruch. Jedoch könnte die Art des ersatzfähigen Schadens nach bisherigem deutschen Recht anders beurteilt werden als nach der Richtlinie. Richtigerweise haben *Brühann* und *Zerdick*[447] festgestellt, daß beim Vorliegen eines Nichtvermögensschadens ein Ersatz nur bei schweren Beeinträchtigungen gewährt wird[448]. Daß die Argumentation mit § 7 Abs. 2 BDSG 90 geführt wird (der einen Schadensersatz für Nichtvermögensschäden durch öffentliche Stellen nur bei schweren Verletzungen des Persönlichkeitsrechts zuläßt), ist allerdings nicht überzeugend. Diese Vorschrift gilt für den öffentlichen Bereich,

---

[445] *Schaffland / Wiltfang*, BDSG, § 8 Rn. 1 und *Gola / Schomerus*, BDSG, § 8 Erläuterung 1, halten deshalb die Überschrift für irreführend.

[446] Die Vorschriften des BDSG sind Schutzvorschriften im Sinne des § 823 Abs. 2 BGB, siehe *Schaffland / Wiltfang*, BDSG, § 8 Rn. 5.

[447] *Brühann / Zerdick*, CR 1996, 429 (435).

[448] *BGH* NJW 1985, 1617; *BGH* NJW-RR 1994, 1437.

und eine Differenzierung der Haftungsmodalitäten zwischen öffentlich-rechtlichem und privatrechtlichem Bereich ist nicht selten[449].

Der Schadensbegriff der Richtlinie ist offen formuliert, so daß verschiedene Lösungsmöglichkeiten denkbar erscheinen. *Ehmann* und *Helfrich*[450] kommen zu dem Ergebnis, die Richtlinie sehe keinen ausdrücklichen Ersatz des immateriellen Schadens vor; dennoch müsse der Gesetzgeber dem Gedanken einer europaweiten Harmonisierung datenschutzrechtlicher Haftungsrisiken entsprechen und Stellung nehmen zu der Frage, wie immaterielle Schäden in Zukunft zu behandeln sind. Haftungsfragen sind für Wirtschaftsunternehmen ein wichtiges Thema, und ein Schutzgefälle innerhalb der EU widerspräche dem Grundgedanken und Anliegen der Richtlinie, nämlich gleichwertige Schutzstandards zu erreichen.

Wuermeling geht noch einen Schritt weiter und sieht in dem Schadensbegriff der Richtlinie eine Öffnung für grundsätzlich alle immateriellen Schäden[451]. Damit läge ein dringender Umsetzungsbedarf im Bereich des deutschen Schadensersatzrechts vor.

Man könnte allerdings ohne große Argumentationsschwierigkeiten auch die Ansicht vertreten, daß sowohl die gemeinschaftsrechtlichen als auch die bundesdeutschen[452] „Schadensersatzregelungen" zu immateriellen Schäden ausschließlich auf Richterrecht beruhen. So wird auch der Änderungsbedarf im deutschen Schadensrecht ausschließlich mit der davon abweichenden Rechtsprechung des EuGH begründet[453]. Daher erscheint es mir am naheliegendsten, diese Fra-

---

[449] Siehe *Maurer*, § 25 Rn. 55 ff.: Ist eine Person im öffentlichen Dienst tätig, so richtet sich der Haftungsumfang danach, ob der öffentlich Bedienstete im öffentlich-rechtlichen oder privatrechtlichen Bereich gehandelt hat.

[450] *Ehmann/Helfrich*, EG-Datenschutzrichtlinie, Art. 23 Rn. 27; so auch *Schneider*, CR 1993, 35 (39).

[451] *Wuermeling*, DSB 12/1995, 1 (4); *ders.*, NJW-CoR 1995, 111 (113).

[452] Gewährung von Schadensersatz über § 823 Abs. 1 BGB, Art. 2 Abs. 1 i.V.m. Art. 1 Abs. 1 GG, 249, 253 BGB.

[453] *Brühann/Zerdick*, CR 1996, 429 (435) unter Berufung auf *EuGH* Rs. 14/83 (von Colson und Kamman), Slg. 1984, 1891; *EuGH* Rs. C-271/91 (Marshall II); *EuGH* EuZW 1993, 706; offengelassen durch *Wuermeling*, DSB 12/1995, 1 (4).

ge auch weiterhin der Rechtsprechung zu überlassen[454]. Der Bundesgesetzgeber mag zu dieser Frage bislang auch gerade deshalb nicht
Stellung genommen haben, weil er eine Lösung der Rechtsprechung
überlassen möchte.

Das Argument, die anderen Mitgliedsstaaten hätten teilweise keine
Begrenzung des Ersatzes immaterieller Schäden in ihren Rechtsordnungen, kann dagegen nicht überzeugen: Der deutsche Gesetzgeber
ist nur zur Anpassung an europäische Vorgaben rechtlich verpflichtet, aber nicht zur Anpassung an nationale Vorschriften anderer
Mitgliedsstaaten[455].

6. *Einrichtung automatisierter Abrufverfahren*

Die Regelung des § 10 ist 1990 erstmalig in das BDSG aufgenommen
worden. Unter automatisierten Abrufverfahren versteht man die
heute alltägliche Online-Abfrage von personenbezogenen Daten, wobei ein Hauptanwendungsfall das Tele- oder Homebanking ist. Solche
Verfahren sind nach dem BDSG 90 zulässig, sofern es unter Berücksichtigung der schutzwürdigen Interessen des Betroffenen und
der Aufgaben und Geschäftszwecke der beteiligten datenverarbeitenden Stellen angemessen ist. Dies ist beim Telebanking der Fall: Der
Kunde hat ein großes Interesse daran, unabhängig von den Öffnungs-
zeiten seiner Bank Überweisungsaufträge zu erledigen und direkte
Anfragen zu stellen. Dabei ist er damit einverstanden, daß sein
Kreditinstitut seine Daten von ihm abruft, um die Beratung vornehmen zu können oder den Auftrag auszuführen.

Es geht hier jedoch nur um die Zulässigkeit des Verfahrens als solches; jeder einzelne tatsächlich durchgeführte Abruf ist rechtlich
getrennt von dem Abrufsystem zu prüfen (siehe § 10 Abs. 1 S. 2
BDSG 90).

Diese Vorschrift wird weitestgehend bestehen bleiben können.

---

[454] *Kloepfer*, Gutachten D, S. 128.
[455] In diese Richtung argumentieren *Ehmann/Helfrich*, EG-Datenschutzrichtlinie, Art. 23 Rn. 25.

130

7. Verarbeitung und Nutzung im Auftrag

Anwendbar ist die Vorschrift über die Datenverarbeitung im Auftrag nur, wenn es zu einer Trennung von Aufgabe und Auftrag kommt[456]. Das bedeutet: Nur wenn die auftraggebende Stelle weiterhin gegenüber dem Betroffenen zur Wahrnehmung einer bestimmten Funktion verpflichtet bleibt, ist § 11 BDSG 90 erfüllt. Wenn sowohl die Aufgabe als auch die Datenverarbeitung von einem anderen Unternehmen durchgeführt werden, muß sich der Betroffene an dieses andere Unternehmen wenden.

Liegt die Konstellation des § 11 BDSG 90 vor, so sind Rechte ausschließlich gegenüber dem Auftraggeber geltend zu machen. Er soll sich durch die Beauftragung eines Dritten nicht seinen Pflichten zum Datenschutz entziehen können. Inhaltlich existierte diese Regelung bereits im BDSG 77, jedoch verstreut und unübersichtlich an vielen Stellen des Gesetzes[457].

§ 11 Abs. 2 BDSG 90 enthält die Pflicht zur sorgfältigen Auswahl des Beauftragten. Ein Verstoß gegen dieses Gebot wird in der Praxis schlecht nachzuweisen sein, zumal die staatliche Aufsicht meist erst bei einer Beschwerde eines Betroffenen Hinweise auf einen solchen Fall bekommt, und der Auftraggeber sich darauf berufen wird, der Beauftragte habe sich bislang korrekt verhalten.

§ 11 Abs. 3 BDSG 90 soll eine eigenmächtige Verwendung der personenbezogenen Daten durch den Beauftragten verhindern, indem er verpflichtet wird, nur auftragsgemäß (und nicht zu anderen Zwecken) die Daten zu benutzen. Neu eingefügt wurde 1990 die Hinweispflicht des Beauftragten gegenüber dem Auftraggeber, die dann besteht, wenn das Verhalten des Auftraggebers gegen Datenschutzvorschriften verstößt.

---

[456] Sinn und Zweck der Regelung ist es, eine Einschränkung der Datenschutz- und Datensicherheitsstandards durch die Übertragung einer Datenverarbeitung auf Dritte zu verhindern, siehe *Walz*, in: S/D/G/M/W, BDSG, § 11 Rn. 1; ebenso *Schaffland / Wiltfang*, BDSG, § 11 Rn. 1.
[457] *Büllesbach*, NJW 1991, 2593 (2597).

Obwohl das BDSG 90 keine eigene Legaldefinition des Auftragsverarbeiters enthält, entspricht die Richtlinienvorgabe bereits der bestehenden deutschen Regelung, so daß hier keine Reaktion auf die Richtlinie erforderlich ist.

Nach der Konzeption des BDSG 90 ist jedoch ein Auftragsverarbeiter außerhalb der Bundesrepublik Deutschland „Dritter" im Sinne des § 3 Abs. 9 BDSG 90[458]. Dies ist unvereinbar mit dem Zweck der Richtlinie, einer Gleichbehandlung des zwischenstaatlichen[459] und des innerstaatlichen Datenverkehrs. Auftragsverarbeiter in anderen EU-Staaten sind den innerstaatlichen rechtlich gleichzustellen. Im übrigen ergibt sich bei § 11 BDSG 90 aber kein Änderungsbedarf aufgrund der Richtlinie.

8. Bislang keine strenge Zweckbindung im privaten Bereich

Das Prinzip der strengen Zweckbindung existiert bislang in § 14 Abs. 1 BDSG 90 nur für den öffentlichen Sektor[460]. Es empfiehlt sich daher, eine entsprechende Vorschrift für den privaten Sektor einzufügen oder eine gemeinsame Regelung für beide Bereiche in den Allgemeinen Teil zu schreiben[461]. Artikel 6 enthält umfangreiche

---

[458] Ein Auftragsverarbeiter innerhalb Deutschlands ist dagegen kein Dritter, so daß unterschiedliche materielle Schutzvorschriften Anwendung finden. Die Formulierung „im Geltungsbereich dieses Gesetzes" in § 3 Abs. 9 S. 2 BDSG 90 ist deshalb zu ändern in „im Geltungsbereich der Datenschutzvorschriften der Europäischen Union", so *Brühann*, DuD 1996, 66 (69). In diesem Sinne war auch § 3 Abs. 8 S. 2 E-BDSG vom 25.05.2000 formuliert.

[459] Innerhalb der Europäischen Gemeinschaft.

[460] Lediglich in § 28 Abs. 4 BDSG 90 ist eine Zweckbindung für den Empfänger von Daten normiert. Zweifelhaft ist insofern die Aussage von *Hobert*, S. 101, für die Datenverarbeitung nicht-öffentlicher Stellen existiere in § 28 Abs. 1 Nr. 1 BDSG 90 eine dem § 14 Abs. 1 BDSG 90 entsprechende Regelung. Mißverständlich auch *Bull*, RDV 1999, 148 (151), der die Zweckbindung als zentrales Element des Datenschutzrechts bezeichnet.

[461] So *Kloepfer*, Gutachten D, S. 116. Gegen eine allgemeine Zweckbindung *Bull*, ZRP 1998, 310 (314), der es für angemessener hält, nur bestimmte Formen der Zweckentfremdung ausdrücklich zu verbieten, um ein allgemeines Prinzip mit zahllosen Ausnahmen zu vermeiden. Dagegen ließe sich zumindest einwenden, daß ein allgemeines Prinzip der Zweckbindung mit der Richtlinie vereinbar ist bzw. ihr am ehesten entspricht.

Beschränkungen der Nutzbarkeit und der Möglichkeit der Erhebung mit wichtigen Änderungen speziell für den Privatsektor. *Brühann* und *Zerdick*[462] haben deshalb vorgeschlagen, den gesamten Wortlaut des Art. 6 in das BDSG zu übernehmen, zumal ein solch übersichtlicher und klar verständlicher Katalog bislang nicht existiert. Diesem Vorschlag stimme ich zu, jedoch aus folgendem Grund: Es macht meines Erachtens keinen Sinn, gerade im BDSG, das für viele Spezialregelungen als Orientierungspunkt gilt, auf eine klare Übernahme von Grundprinzipien der Richtlinie zu verzichten. Es ist der Wille des Richtliniengebers, bei der Verabschiedung zukünftiger datenschutzrechtlicher Bestimmungen durch die Institutionen der EU auf die Grundsätze der EG-Datenschutzrichtlinie Bezug zu nehmen[463]. Wenn also künftige gemeinschaftsrechtliche Maßnahmen sich an dieser Richtlinie orientieren, so sollte dies auch für die Mitgliedsstaaten gelten. Eine tatsächliche Harmonisierung nationaler Rechtsvorschriften ist anders nicht zu realisieren.

IV. Relevante Normen des Vierten und Fünften Abschnitts

Der Vierte Abschnitt des BDSG 90 enthält Vorschriften über die besondere Zweckbindung bei personenbezogenen Daten im Rahmen von Berufs- oder sonstigen Amtsgeheimnissen, über Privilegien der Datenverarbeitung in Forschungseinrichtungen und den Medien und über den Datenschutzbeauftragten der Rundfunkanstalten. Auf alle diese Bereiche soll nicht weiter eingegangen werden, weil diese Vorschriften ein *lex specialis* darstellen und den Rahmen dieser Untersuchung sprengen würden.

Der fünfte Abschnitt enthält Straf- und Bußgeldvorschriften für die Ahndung von Verstößen gegen dieses Gesetz. Wie auch unter dem

---

[462] *Brühann/Zerdick*, CR 1996, 429 (431).
[463] Siehe *Kopp*, DuD 1995, 204 (206). Aus Erwägungsgrund Nr. 14 der Richtlinie über den elektronischen Geschäftsverkehr vom 8. Juni 2000, Amtsbl. EG, Nr. L 178/1 vom 17.07.2000 ergibt sich, daß die Regelungen der EG-Datenschutzrichtlinie uneingeschränkt auf die Dienste der Informationsgesellschaft anwendbar sind.

BDSG 77, handelt es sich weiterhin um ein Antragsdelikt, § 43 Abs. 4 BDSG 90.

Aus § 13 GVG ergibt sich die Möglichkeit, in bürgerlichen Rechtsstreitigkeiten vor ein ordentliches Gericht ziehen zu können. Bei arbeitsgerichtlichen Streitigkeiten ist der Rechtsweg zu den Arbeitsgerichten eröffnet gemäß § 2 Abs. 1 ArbGG[464]. Das BDSG 90 beschränkt diese Rechtsschutzmöglichkeit nicht, so daß insoweit den Richtlinienvorgaben aus Art. 22 bereits entsprochen wird[465].

V. Der Dritte Abschnitt des BDSG: Datenverarbeitung nicht-öffentlicher Stellen (§§ 27 bis 38 BDSG 90)

1. Rechtsgrundlagen der Datenverarbeitung (§§ 27 bis 32 BDSG 90)

a) Anwendungsbereich nach § 27 BDSG 90

Gemäß § 27 Abs. 1 Nr. 1 BDSG 90 finden die Vorschriften dieses Abschnitts Anwendung, soweit nicht-öffentliche Stellen personenbezogene Daten in oder aus Dateien geschäftsmäßig oder für berufliche oder gewerbliche Zwecke verarbeiten oder nutzen. Damit wiederholt § 27 die Formulierung des § 1 Abs. 2 Nr. 3 BDSG 90[466].

Eine Besonderheit für den Datenschutz im Privatbereich ist in § 27 Abs. 2 BDSG enthalten: Im Gegensatz zum öffentlichen Bereich ist die Verarbeitung und die Nutzung personenbezogener Daten in Akten nicht vom Regelungsbereich umfaßt; es sei denn, die personenbezogenen Daten sind offensichtlich aus einer Datei entnommen worden. „Akte" ist nach § 3 Abs. 3 BDSG jede sonstige, amtlichen oder dienstlichen Zwecken dienende Unterlage, wobei auch Bild- und Tonträger dazu zählen. Diese Definition leuchtet ein, denn im Privat-

---

[464] *Tinnefeld / Ehmann*, S. 270.
[465] *Kloepfer*, Gutachten D, S. 127.
[466] § 27 Abs. 1 Nr. 2 a) und b) BDSG 90 können in diesem Zusammenhang unberücksichtigt bleiben. Nach dieser Vorschrift gilt der Abschnitt auch für öffentliche Stellen des Bundes und der Länder, soweit sie als öffentlich-rechtliche Unternehmen am Wettbewerb teilnehmen.

bereich kann eine Unterlage nicht „amtlichen oder dienstlichen Zwecken" dienen (von dem Bereich des Verwaltungsprivatrechts einmal abgesehen). Dennoch taucht auch in den Vorschriften zum nicht-öffentlichen Bereich der Begriff „Akte" auf, z. B. § 3 Abs. 2 S. 2, § 27 Abs. 2 und § 34 Abs. 2 S. 1 BDSG[467]. Sinngemäß dient eine Akte im privaten Sektor „geschäftsmäßigen, beruflichen oder gewerblichen" Zwecken[468]. Jedenfalls bleibt festzustellen, daß die Anwendung des BDSG im nicht-öffentlichen Bereich grundsätzlich auf Dateien beschränkt ist. Der Aktenbegriff sollte aus dem BDSG 90 gestrichen werden[469]; der Begriff ist durch den weiten Dateibegriff der Richtlinie (Art. 2 lit. c) obsolet geworden[470].

b) Datenverarbeitung für eigene Zwecke

In den §§ 28 und 29 BDSG 90 unterscheidet das Gesetz zwischen der Verwendung von Daten als Mittel für die Erfüllung eigener Geschäftszwecke und der Speicherung beziehungsweise Veränderung von Daten zum Zwecke der Übermittlung. Unter welchen Voraussetzungen ein Umgang mit Daten rechtmäßig ist, richtet sich also danach, ob der Vorgang eigenen oder fremden Zwecken dient. Diese Unterscheidung ist richtlinienkonform, weil dadurch keine Regelungen der Richtlinie umgangen oder außer Kraft gesetzt werden[471].

§ 28 BDSG ist anwendbar, wenn die Tätigkeit nicht primär um ihrer selbst willen ausgeübt wird, sondern ein bestimmtes Ziel damit erreicht werden soll, das im Interesse des Verarbeitenden selbst liegt.

---

[467] *Tinnefeld / Ehmann*, S. 89.

[468] *Tinnefeld / Ehmann*, S. 194.

[469] So jetzt auch die Begründung des BMI zu § 3 Abs. 2 und 3 und § 27 E-BDSG i. d. F. vom 06.07.1999; siehe dazu *Weichert*, DuD 1997, 716 (717).

[470] *Brühann*, DuD 1996, 66 (69); differenzierend zwischen strukturierten und unstrukturierten Akten *Weichert*, DuD 1997, 716 (717). Diese Ansicht entspricht dem Wortlaut der Richtlinie.

[471] Sowohl die Novellierungsvorschläge für die § 28 und 29 BDSG als auch deren endgültige Fassung im BDSG 2001 sind jedoch an Unübersichtlichkeit und Komplexität kaum noch zu überbieten. Gebote der Normenklarheit und Bürgernähe werden hier zur Farce. Schild, JurPC Web-Dok. 2/2000, Abs. 94 fordert deshalb zu Recht eine vollständige Neukonzeption in der 2. Novellierungsstufe.

Wenn dagegen die Verarbeitung den Zweck hat, die Ergebnisse einem Dritten zukommen zu lassen, ist § 29 BDSG 90 heranzuziehen. Materiell bilden die §§ 28 und 29 BDSG 90 das Kernstück der gesetzlichen Regelung und bedürfen somit einer eingehenden Betrachtung.

§ 28 BDSG 90 erfaßt seit der Gesetzesreform 1990 zusammenhängend alle Formen des Umgangs mit Daten: die Datenerhebung, die Datenverarbeitung und die Datennutzung. Die Datenerhebung als zeitlich erste Phase des Umgangs mit personenbezogenen Daten muß gemäß § 28 Abs. 1 S. 2 BDSG 90 bei der Erfüllung eigener Geschäftszwecke nach Treu und Glauben und auf rechtmäßige Weise geschehen. Sie unterliegt damit anderen Rechtmäßigkeitsvoraussetzungen als die Verarbeitung und Nutzung.

Die Verarbeitung und Nutzung personenbezogener Daten im privaten Bereich ist grundsätzlich in drei Fällen möglich: wenn eine spezialgesetzliche Regelung oder die Generalklausel des § 28 BDSG 90 dies gestattet oder wenn eine rechtswirksame Einwilligung des Betroffenen vorliegt[472]. In § 28 Abs. 1 BDSG 90 sind vier Möglichkeiten einer Legitimation aufgelistet.

(1)   Artikel 7 lit. b und die Verarbeitung aufgrund eines Vertragsverhältnisses

Nach § 28 Abs. 1 Nr. 1 BDSG 90 dürfen zulässig erhobene Daten im Rahmen der Zweckbestimmung eines Vertragsverhältnisses oder vertragsähnlichen Vertrauensverhältnisses verwendet werden. Unter Vertragsverhältnis ist jeder Vertrag zwischen der speichernden Stelle und dem Betroffenen zu verstehen, worunter neben gesetzlich geregelten Typenverträgen auch moderne Vertragsgestaltungen gehören, die kraft Privatautonomie zustande kommen[473]. Entscheidend ist hier das Merkmal einer Sonderbeziehung zwischen den Beteiligten, was

---

[472] *Tinnefeld/Ehmann*, S. 198.
[473] Nach *Schaffland/Wiltfang*, BDSG, § 28 Rn. 17 ist „jede Art von Verträgen gemeint".

auch die 2. Alternative des § 28 Abs. 1 Nr. 1 BDSG deutlich macht: daß nämlich ein vertragsähnliches Vertrauensverhältnis ausreicht[474].

Es dürfen nach § 28 Abs. 1 Nr. 1 BDSG 90 neben den sogenannten Basisdaten (Namen der Beteiligten und der Vertragsinhalt) auch all die Daten verarbeitet und genutzt werden, die für die Vertragsabwicklung relevant sind. Deshalb kann der Umfang und die Art der zulässigerweise zu speichernden Daten stark variieren, je nach der vorliegenden Vertragsart[475].

Das BDSG 90 enthält also bereits einen dem Art. 7 lit. b entsprechenden Tatbestand.

(2)   Die Interessenabwägung als zulässiges Tatbestandsmerkmal für die Rechtmäßigkeit der Datenverarbeitung

Erst wenn es zwischen der speichernden Stelle und dem Betroffenen an einem Vertragsverhältnis (oder generell an einer Sonderbeziehung) fehlt, sind die übrigen Zulässigkeitsalternativen anwendbar[476]. Da in diesen Fällen kein Vertrag und damit auch kein vertraglicher Zweck, zu dem die personenbezogenen Daten erhoben werden können, existiert, muß man auf andere Kriterien zurückgreifen: § 28 Abs. 1 Nr. 2 BDSG 90 gestattet die Datenverwendung auch, soweit dies zur Wahrung berechtigter Interessen der speichernden Stelle erforderlich ist und kein Grund zu der Annahme besteht, daß schutzwürdige, überwiegende Gegeninteressen des Betroffenen bestehen. Ein berechtigtes Interesse bedeutet, daß neben rechtlichen Interessen auch solche wirtschaftlicher oder ideeller Natur gemeint sind[477]. Es

---

[474] Dieser Begriff erinnert an das Rechtsinstitut der *culpa in contrahendo* des Zivilrechts, das für die Entstehung von Schadenersatzansprüchen ein vorvertragliches Vertrauensverhältnis voraussetzt, siehe *Palandt*, Einführung vor § 145 Rn. 18 und § 276 Rn. 24.

[475] Bei einem Darlehensvertrag dürfen Daten über die Kreditwürdigkeit und die finanzielle Lage des Vertragspartners verarbeitet werden. Bei Bargeschäften des täglichen Lebens, beispielsweise dem Kauf eines Fachbuches, wäre dies unzulässig.

[476] *Gola / Schomerus*, BDSG, § 28 Erläuterung 2.2.

[477] *Auernhammer*, BDSG 90, § 28 Rn. 18; *Simitis*, in: S/D/G/M/W, BDSG, § 28 Rn. 130 unter Hinweis auf *BGH* NJW 1984, 1886 (1887).

muß nur bei vernünftiger Betrachtungsweise objektiv gerechtfertigt sein[478]. Aufgrund der Formulierung des Gesetzes, daß keine schutzwürdigen, überwiegenden Gegeninteressen des Betroffenen entgegenstehen dürfen, handelt es sich um eine Interessenabwägung, die wegen der dahinterstehenden Grundrechtspositionen auch als Grundrechtsabwägung verstanden werden muß. Diese Vorschrift korrespondiert daher mit der Vorstellung, daß das allgemeine Persönlichkeitsrecht nicht schrankenlos gewährt wird, sondern immer in Relation zu bestehenden Gegeninteressen definiert werden kann. Es ist kein statisches Grundrecht, sondern die Weite des Schutzbereichs verändert sich. Daher kann also das Interesse des Betroffenen durchaus gegen den Gebrauch seiner Daten sprechen[479].

Auch in § 28 Abs. 1 Nr. 3 BDSG 90 ist die Zulässigkeit der Datenverarbeitung und Datennutzung geknüpft an das Ergebnis einer Interessenabwägung: Wenn die Daten aus allgemein zugänglichen Quellen entnommen werden können oder die speichernde Stelle sie veröffentlichen dürfte, dann besteht bereits nur ein vermindertes Schutzinteresse des Betroffenen. Die Informationen sind dann ohnehin der Öffentlichkeit zugänglich; deren Verarbeitung stellt im Regelfall keine Beeinträchtigung mehr dar. Sollte dennoch das schutzwürdige Interesse des Betroffenen an dem Ausschluß der Verarbeitung und Nutzung offensichtlich überwiegen, so ist das Verhalten der speichernden Stelle unzulässig[480].

Die grundrechtliche Gewährleistung der Informationsfreiheit aus Art. 5 Abs. 1 S. 1 GG hat hier besonderen Einfluß auf die Ausprägung des allgemeinen Persönlichkeitsrechts gehabt, denn der Begriff der „allgemein zugänglichen Quellen" ist aus genau dieser verfassungs-

---

[478] *Tinnefeld/Ehmann*, S. 360.

[479] Dennoch ist die Verarbeitung nach § 28 Abs. 1 Nr. 2 BDSG 90 zulässig, wenn diese Interessen nicht so stark sind, daß sie schwerer wiegen als das Verarbeitungsinteresse der speichernden Stelle. Es ist somit stets eine Interessenabwägung im Sinne einer *praktischen Konkordanz* vorzunehmen. Zu den verfassungsrechtlichen Grundlagen der praktischen Konkordanz *Hesse*, § 2 III 2 bb) Rn. 72.

[480] Nach *Brühann*, DuD 1996, 66 (69), besteht aufgrund der EG-Datenschutzrichtlinie kein Privileg mehr für Daten aus allgemein zugänglichen Quellen. Leider ist nicht erkennbar, worauf *Brühann* diese Ansicht gründet.

rechtlichen Norm entliehen worden. Deshalb kann der Begriff auch nur im verfassungsrechtlichen Zusammenhang definiert werden. Nach der Rechtsprechung des BVerfG ist eine allgemein zugängliche Quelle jede Informationsquelle, die technisch geeignet und bestimmt ist, der Allgemeinheit, d. h. einem individuell nicht bestimmbaren Personenkreis, Informationen zu verschaffen[481]. Sofern sich also die speichernde Stelle zu Recht auf ihre Informationsfreiheit berufen kann, muß das Persönlichkeitsrecht zurücktreten, es sei denn, es wiegt offensichtlich stärker als die Informationsfreiheit[482].

Problematisch ist bei dieser Art der Reglementierung der Datenverarbeitung und Datennutzung, daß weder der Betroffene selbst noch das speichernde Unternehmen ohne qualifizierten juristischen Beistand einigermaßen klare Aussagen dazu treffen kann, ob nun das eigene oder das fremde Interesse (bzw. Grundrecht) überwiegt. Dennoch ist eine Beibehaltung dieser Vorschriften durch die Existenz des Art. 7 lit. f gerechtfertigt, wonach die Verarbeitung personenbezogener Daten zulässig ist, wenn der für die Verarbeitung Verantwortliche durch die Verarbeitung ein berechtigtes Interesse verfolgt und die Grundrechte und Grundfreiheiten des Betroffenen dabei nicht überwiegen. Auch die Richtlinie selbst greift also auf Abwägungsvorschriften zurück.

(3) Die übrigen Zulässigkeitstatbestände des § 28 BDSG 90

§ 28 Abs. 1 Nr. 4 BDSG 90 enthält einen Zulässigkeitstatbestand bezüglich wissenschaftlicher Forschungsvorhaben, der in diesem Zusammenhang unbeachtet bleiben soll, da es sich praktisch um eine spezialgesetzliche Regelung handelt.

Weiterhin ergeben sich aus § 28 Abs. 2 BDSG 90 weitere Fälle, in denen die Übermittlung und Nutzung von Daten zulässig ist, nämlich wenn sie zur Wahrung berechtigter Interessen eines Dritten oder im öffentlichen Interesse erforderlich ist, oder sie in listenmäßiger oder

---

[481] *BVerfGE* 27, 71 (83 f.); 33, 52 (65); *Jarass / Pieroth*, Art. 5 Rn. 15 f. mit weiteren Nachweisen.

[482] Zum Widerspruch zwischen der Richtlinie und deutschem Verfassungsrecht *Ehmann*, RDV 1999, 12 (22).

ähnlicher Form erfolgt. Auch die ersten beiden Tatbestände knüpfen wieder an das eben im Zusammenhang mit § 28 Abs. 1 BDSG 90 Gesagte an: Die speichernde Stelle muß eine wertende Interessenabwägung vornehmen.

Die listenmäßige Übermittlung und Nutzung der in § 28 Abs. 2 Nr. 1 b BDSG 90 genannten Daten ist deshalb zulässig, weil man davon ausgeht, daß diese Daten ohnehin frei verfügbar sind und kaum jemand durch ihre Nutzung und Übermittlung in seinem Persönlichkeitsrecht beeinträchtigt ist[483]. Jedoch ist die in den letzten Jahren immens gewachsene Werbeindustrie, die regelrechte Bombardierung mit Werbematerial und die vielfache Speicherung und Nutzung gerade dieser freien Daten tatsächlich zu einer größeren Bedrohung des persönlichen Freiheitsbereichs geworden. Das „Listenprivileg", das also insbesondere für die Werbewirtschaft von großem Interesse ist, sollte daher neu durchdacht werden[484].

Es besteht eine gesetzliche Vermutung, daß der Betroffene bei bestimmten sensitiven Daten (dazu zählen u. a. gesundheitliche Verhältnisse, strafbare Handlungen, religiöse und politische Anschauungen) ein Interesse daran hat, daß diese Daten von einer Übermittlung ausgeschlossen werden[485]. Diese Vermutung kann jedoch widerlegt werden[486].

§ 28 Abs. 3 BDSG 90 hält ein effektives, unmittelbares Gegenrecht in Form eines Widerspruchsrechts des Betroffenen bereit. Datenübermittlung und Datennutzung zum Zwecke der Werbung oder Markt- und Meinungsforschung ist dann unzulässig, sofern der Betroffene genau dieser Zwecksetzung widerspricht. Sinnvoll und zum selben Ergebnis führend ist die inzwischen weitgehend bekannte „Robinson-Liste" des Deutschen Direktmarketing-Verbandes e. V[487]. Ein Großteil des Direktmarketings in Deutschland wird unter Berücksichti-

---

[483] Früher wurden diese Daten als „freie Daten" bezeichnet, siehe *Schaffland/Wiltfang*, BDSG, § 28 Rn. 141.

[484] Zum Verhältnis von Werbung und Datenschutz ausführlich *Wolff*, RDV 1999, 9 ff.; *Billig*, NJW 1998, 1286 ff.; *Wronka*, RDV 1995, 197 ff.

[485] *Auernhammer*, BDSG 90, § 28 Rn. 43.

[486] *Auernhammer*, BDSG 90, § 28 Rn. 43.

[487] Dazu *Simitis*, in: S/D/G/M/W, BDSG, § 28 Rn. 253.

gung dieser Liste durchgeführt. Dies hat zur Folge, daß dort aufge-
führte Namen und Adressen nicht mehr zu Werbezwecken ange-
schrieben werden[488]. Der Nachteil: Es besteht für die Werbewirtschaft keine rechtliche Verpflichtung, ein Direktmarketing bei Mit-
gliedern der Robinson-Liste zu unterlassen.

Dieses in § 28 Abs. 3 BDSG 90 normierte Widerspruchsrecht findet
allerdings nur in den eben genannten Fällen Anwendung. Artikel 14
der Richtlinie verlangt jedoch ein Widerspruchsrecht mit weiteren
Präzisierungen, wie zum Beispiel das auf Antrag kostenfreie Recht
bei Datenverarbeitung zu Zwecken der Direktwerbung[489]. Auch wenn
die rechtlich verbindliche Wirkung des Art. 14 auf die in Art. 7 lit. e
und f genannten Datenverarbeitungen begrenzt ist, so ist der Anwendungsbereich des Widerspruchsrechts der Richtlinie immer noch
weiter als der des Widerspruchsrechts des BDSG 90. Hier besteht
also Änderungsbedarf[490].

Wenn Daten in zulässiger Weise an eine dritte Person übermittelt
sind, unterliegen sie dort gemäß § 28 Abs. 4 BDSG 90 einer Zweckbindung. Dies bedeutet, daß sie nur zu dem Zweck benutzt werden
dürfen, der ihnen vor der Übermittlung zugedacht worden ist. Sie
sind an diesen Zweck „gebunden". Die Daten dürfen nur dann zu
anderen Zwecken eingesetzt werden, wenn dies nach § 28 Abs. 1 und
2 BDSG 90 rechtmäßig ist, zum Beispiel durch einen Vertrag zwischen Betroffenem und Datenempfänger. In diesem Zusammenhang
ist es erforderlich festzustellen, daß eine generelle Zweckbindung im
privaten Bereich im BDSG 90 nicht enthalten ist. § 14 BDSG 90 und
die dort normierte Zweckbindung gilt nur für den öffentlichen Bereich[491]. In der Literatur ist die fehlende generelle Zweckbindung im
nicht-öffentlichen Bereich einer der eklatantesten Fehler des BDSG

---

[488] *Tinnefeld / Ehmann*, S. 374.

[489] Nach Ansicht von *Bachmeier*, RDV 1995, 49 (51), hat aber Art. 14 keine Beeinträchtigungen der Werbewirtschaft zur Folge, weil § 28 Abs. 3 BDSG 90
unberührt bleibe. Zum Einfluß von Art. 14 auf § 28 BDSG 90 siehe auch
Gounalakis / Mand, CR 1997, 497 (498 f.).

[490] Im E-BDSG vom 25.05.2000 wurde dieses Widerspruchsrecht in § 35 Abs. 5
eingebaut, siehe *Christians*, Statusbericht zur BDSG-Novellierung, abgedruckt in RDV 8/2000, S. 16.

[491] *Kloepfer*, Gutachten D, S. 116.

90, zumal dies auch unvereinbar mit dem Volkszählungsurteil sei[492]. Die Vorgabe des Art. 6 Abs. 1 lit. b bringt meines Erachtens deutlich zum Ausdruck, daß Daten nur zu vorher konkret festgelegten Zwekken weiterverarbeitet werden dürfen. Eine Diskussion über die Notwendigkeit einer allgemeinen Zweckbindung ist deshalb aus europarechtlicher Sicht überflüssig.

Die Norm des § 31 BDSG 90 stellt eine spezielle Zweckbindungsregel für Daten auf, die zu Kontroll- und Sicherungszwecken gespeichert sind.

c) *Geschäftsmäßige Datenspeicherung für Zwecke der Übermittlung*

(1) *Vergleich mit der Normstruktur von § 28 BDSG 90*

Wenn auch auf den ersten Blick die Normenstruktur von §§ 28 und 29 BDSG 90 sehr ähnlich sein mag, so liegt der Hauptunterschied darin, daß im Rahmen von § 29 BDSG 90 keine vertragliche oder vertragsähnliche Sonderbeziehung zwischen dem Betroffenen und der speichernden Stelle existiert. Meist besteht gar kein Kontakt zwischen diesen Parteien, sondern die speichernde Stelle akquiriert ihre Informationen aus einer anderen Quelle. Dies beinhaltet für den Betroffenen die Gefahr, keine Handhabe gegen die Benutzung seiner persönlichen Daten zu haben.

Es gilt hier aufgrund der Verweisungsnorm des § 29 Abs. 1 S. 2 BDSG 90 dieselbe Erhebungsregelung wie bei der Datenverarbeitung für eigene Zwecke, also daß die Erhebung nach Treu und Glauben und auf rechtmäßige Weise geschehen muß[493].

---

[492] *Simitis*, in: S/D/M/R, BDSG 77, § 28 Rn. 289; *Gola/Schomerus*, BDSG, § 28 Anm. 3.2; *Simitis*, NJW 1998, 2473 (2476); anders dagegen *Ehmann*, RDV 1999, 12 (13), der die behauptete Unvereinbarkeit der Zweckbindungsregel in § 28 Abs. 4 BDSG 90 mit dem Volkszählungsurteil des *BVerfG* für nicht nachvollziehbar hält.

[493] *Tinnefeld/Ehmann*, S. 377.

(2) Zulässigkeitstatbestände des § 29 BDSG 90

§ 29 Abs. 1 S. 1 BDSG 90 enthält zwei Zulässigkeitstatbestände, die das geschäftsmäßige Speichern oder Verändern personenbezogener Daten nur nach einer positiv ausgefallenen Interessenabwägung rechtfertigen. Sie entsprechen in leicht abgewandelter Form § 28 Abs. 1 Nr. 2 und 3 BDSG 90, weshalb sich eine nähere Darstellung erübrigt. Hervorzuheben ist, daß im Rahmen von § 29 Abs. 2 BDSG 90 die Übermittlung anderen Regeln folgt als die Speicherung und die Veränderung. Zu einer Übermittlung kommt es bei einer geschäftsmäßigen Datenverarbeitung zum Beispiel dann, wenn Auskünfte an einen Kunden gegeben werden sollen[494]. Eine Übermittlung ist nur zulässig, wenn der Empfänger ein berechtigtes Interesse glaubhaft dargelegt hat oder es sich um listenmäßig zusammengefaßt Daten handelt, die zu Zwecken der Werbung oder Markt- und Meinungsforschung übermittelt werden sollen und kein schutzwürdiges Interesse des Betroffenen am Ausschluß der Übermittlung zu erkennen ist[495].

Sieht man einmal von der Möglichkeit ab, aufgrund eines berechtigten Interesses des Empfängers übermitteln zu dürfen, so scheint der rechtliche Spielraum für solche Unternehmen recht eng. Im Gegensatz zu privaten Stellen, die für eigene Zwecke Daten verarbeiten, ist den Stellen, die unter § 29 BDSG 90 fallen, eine listenmäßige Weiterleitung lediglich zu Werbezwecken und für Meinungs- und Marktforschung möglich. Die Rechtfertigung für diese Ungleichbehandlung ist die stärkere Gefährdung des Persönlichkeitsrechts bei Firmen, die geschäftsmäßig (also zum Selbstzweck) an eine große Anzahl von Empfängern solche Datenlisten versenden[496].

§ 29 Abs. 3 BDSG 90 erklärt per Verweisung die Vorschriften über das Widerspruchsrecht des Betroffenen und die Zweckbindung (§ 28 Abs. 3 und 4 BDSG 90) für anwendbar.

---

494 Eine Kreditauskunftei gibt Informationen über die Kreditwürdigkeit einer Person an einen Dritten weiter.
495 Zur Stärkung der Zweckbindung im privaten Sektor ist in § 29 Abs. 1 BDSG 2001 jetzt eine Aufzählung der Bereiche enthalten, in denen der Verarbeitungstatbestand anwendbar ist. Dazu zählen die Werbung und die Markt- oder Meinungsforschung.
496 *Tinnefeld/Ehmann*, S. 382.

(3) Sonderfall der anonymisierten Übermittlung

Wenn personenbezogene Daten in anonymisierter Form geschäftsmäßig übermittelt werden, so sind nach § 30 BDSG 90 besondere
technische Vorkehrungen zu treffen: Die Merkmale, mit deren Hilfe
Einzelangaben über persönliche oder sachliche Verhältnisse einer
bestimmten natürlichen Person zugeordnet werden können, sind vor
der Übermittlung gesondert zu speichern[497]. Diese Merkmale sind
also die Identifizierungshilfe, mit der die Rekonstruktion der Verbindung Person – Daten möglich ist. Somit ist § 30 Abs. 1 BDSG 90
kein eigenständiger Zulässigkeitstatbestand, sondern lediglich eine
Verfahrensvorschrift[498].

Zu den weiteren Verarbeitungsgrundsätzen der Richtlinie, die nicht
ausdrücklich in den §§ 28 und 29 BDSG 90 enthalten sind, ist in
diesem Zusammenhang folgendes zu sagen: Die Zulässigkeit der Verarbeitung bei der Wahrnehmung einer Aufgabe, die im öffentlichen
Interesse liegt (siehe Art. 7 lit. e), wird im privaten Sektor seltener
eine Rolle spielen. Relevant ist dieser Tatbestand aber für beliehene
Unternehmen, die Aufgaben von Trägern öffentlicher Gewalt wahrnehmen[499]. Eine Datenverarbeitung zur Wahrung lebenswichtiger
Interessen des Betroffenen (Art. 7 lit. d) ist zwar nach dem BDSG 90
nicht ausdrücklich zulässig; den bisher im BDSG enthaltenen Zuläs-
sigkeitstatbeständen liegt aber jeweils eine Interessenabwägung
widerstreitender Grundrechtspositionen zugrunde[500]. Wenn aber der
Betroffene überhaupt kein Interesse an der Geheimhaltung seiner

---

[497] Dieser Vorgang wird als File-Trennung bezeichnet.

[498] Siehe *Gola/Schomerus*, BDSG, § 30 Erläuterung 2.1. Eine Aufhebung dieser
File-Trennung ist nur in engen Grenzen möglich. Nach § 30 Abs. 2 BDSG 90
ist eine Veränderung personenbezogener Daten unter denselben Voraussetzungen möglich, die bereits in § 29 Abs. 1 S. 1 BDSG 90 genannt sind. Nähere Ausführungen sind deshalb nicht erforderlich. Das Mittel der Anonymisierung ist auch in der Richtlinie enthalten; eine Anpassung dieser Vorschrift
ist nicht erforderlich.

[499] Siehe dazu *Ehmann/Helfrich*, EG-Datenschutzrichtlinie, Art. 7 Rn. 25; *Dammann*, in: Dammann/Simitis, EG-Datenschutzrichtlinie, Art. 7 Rn. 10, 11.

[500] Eine Abwägung der Interessen von Verarbeiter und Betroffenem liegt auch
den Verarbeitungsgrundsätzen der Richtlinie zugrunde, dazu *Kopp*, DuD
1995, 204 (208).

Daten hat, deren Preisgabe (zum Beispiel im Notfall) für ihn vielmehr lebenswichtig ist, so ist diese Datenverarbeitung auch nach
geltendem Recht meines Erachtens zulässig. Dennoch empfiehlt sich
auch hier aus Gründen der Normenklarheit eine Übernahme des
Wortlauts[501].

d)   Besondere Zweckbindung und Meldepflichten

Wie bereits oben erwähnt, existiert im nicht-öffentlichen Bereich keine generelle Zweckbindung. Die besondere Zweckbindungsregel des
§ 31 BDSG 90 beruht auf der Tatsache, daß häufig zu Kontroll- oder
Sicherheitszwecken Protokolldaten gespeichert werden. Dadurch
kann jederzeit festgestellt werden, welche Person zu welchem Zeitpunkt welche Informationen oder Dateien benutzt und abgefragt
hat[502]. Diese auf den ersten Blick willkommene Transparenz des Umgangs mit Daten birgt die Gefahr in sich, daß wiederum neue Daten
gesammelt werden, die für bestimmte Personen wichtige Informationen enthalten können[503]. Um einen Mißbrauch solcher Kontrolldaten
auszuschließen, stellt § 31 BDSG 90 fest, daß solche Daten ausschließlich zu diesen Kontroll- und Sicherheitszwecken verwendet
werden dürfen.

§ 32 BDSG 90 enthält eine Pflicht zur Meldung bei der staatlichen
Aufsichtsbehörde. Jedoch beschränkt sich diese Pflicht auf die Stellen, die geschäftsmäßig zum Zwecke der Übermittlung speichern
(§ 29), zum Zwecke der anonymisierten Übermittlung speichern (§ 30)
und solche, die im Auftrag als Dienstleistungsunternehmen verarbeiten oder nutzen[504]. Dabei sind der Aufsichtsbehörde gemäß § 32
Abs. 2 und 3 BDSG 90 neben den allgemeinen Daten[505] Informationen über die Kategorien der gesammelten Daten und über die technischen Einrichtungen, mit denen die Datenverarbeitung betrieben

---

501 Ebenso *Brühann/Zerdick*, CR 1996, 429 (432, 436); *Kloepfer*, Gutachten D,
    S. 117.
502 *Tinnefeld/Ehmann*, S. 384.
503 Zum Beispiel kann der Arbeitgeber überprüfen, woran der einzelne Mitarbei-
    ter gearbeitet hat.
504 Vergleiche dazu § 11 BDSG 90.
505 Anschrift des speichernden Unternehmens usw.

wird, mitzuteilen. Hauptzweck dieser Meldepflicht ist die Ermöglichung einer sachgerechten Tätigkeit der Aufsichtsbehörde.

Die Richtlinienvorgabe des Art. 18, insbesondere von Abs. 2,
2. Spiegelstrich wird dazu führen, daß in Zukunft die Vorschriften
zur Meldepflicht und zur Bestellung eines betrieblichen Datenschutzbeauftragten miteinander verknüpft werden müssen, wenn der
Gesetzgeber von der Möglichkeit der Richtlinie Gebrauch machen
will. Die Alternative wäre eine generelle Meldepflicht, die aber durch
den Richtlinienwortlaut absichtlich vermieden wurde[506].

2. *Rechte des Betroffenen (§§ 33 bis 35 BDSG 90)*

Das Herzstück eines Gesetzeswerkes zum Schutze des Persönlichkeitsrechts sind die subjektiven Rechte, die dem Betroffenen durch
die Rechtsordnung verliehen werden. In den §§ 33 bis 35 BDSG 90
haben sich Vorgaben aus dem Volkszählungsurteil niedergeschlagen[507]. Das Auskunftsrecht des Betroffenen (§ 34) wird unterstützt
bzw. erst ermöglicht durch die Pflicht der speichernden Stelle, den
Betroffenen von der Tatsache der Speicherung und deren Inhalt zu
unterrichten. Praktisch als Folge aus dem Auskunftsanspruch er-
wächst dem Betroffenen das Recht auf die Berichtigung, Löschung
und Sperrung seiner personenbezogenen Daten, wenn diese unrichtig
sind. Die genannten Vorschriften sind im Zusammenhang mit § 6 und
§ 28 Abs. 3 BDSG 90 zu lesen, um einen Überblick über die zur
Verfügung stehenden Mittel des Betroffenen zu erlangen.

a) *Benachrichtigungspflicht*

Die Benachrichtigungspflicht der speichernden Stelle gemäß § 33
Abs. 1 BDSG 90 setzt auf der Zeitachse als erstes ein: Bei der
erstmaligen Speicherung für eigene Zwecke muß der Betroffene von
der Speicherung und der Art der Daten unterrichtet werden. Hier

---

[506] Die Alternative zur allgemeinen Meldepflicht wurde auf deutschen Wunsch
hin in den Richtlinientext aufgenommen, dazu *Bachmeier*, RDV 1995, 49
(51).

[507] *Tinnefeld/Ehmann*, S. 250.

besteht Anpassungsbedarf an die Richtlinie, weil bereits *bei Beginn der Speicherung* die Benachrichtigung erfolgen muß (Art. 11 Abs. 1) und nicht bei der Speicherung bzw. nach der erfolgten Speicherung[508].

Geschieht die Speicherung geschäftsmäßig zum Zwecke der Übermittlung, so ist der Betroffene über die erste Übermittlung zu informieren. Rechtstechnisch sind hier Pflichten normiert; diesen stehen aber die entsprechenden individuellen Rechte gegenüber. Jedoch sind diese Rechte durch den Ausnahmenkatalog des § 33 Abs. 2 BDSG 90 eingeschränkt.

Die Benachrichtigung ist die Vorstufe zum Auskunftsrecht[509]. Deshalb ist der Umfang der Informationen, die gemäß § 33 Abs. 1 BDSG 90 dem Betroffenen mitzuteilen sind, nicht sehr groß, sondern bezieht sich nur auf generelle Angaben, zum Beispiel, daß Lieferdaten oder Daten über die Bankverbindung gespeichert werden. Näheres kann der Betroffene über § 34 BDSG 90 erfahren, sofern er es möchte. Die Benachrichtigung ist in der Regel schriftlich abzufassen[510] und hat unverzüglich nach der Speicherung bzw. der Übermittlung zu erfolgen[511]. Werden neue Arten von Daten (neben den bereits vorhandenen) gespeichert, so besteht nach dem Wortlaut ebenfalls eine Pflicht zur Benachrichtigung[512]. Eine Pflicht zur Mitteilung des Verarbeitungszwecks besteht nach § 33 BDSG 90 nicht und muß deshalb eingefügt werden[513].

Der Ausnahmenkatalog des § 33 Abs. 2 BDSG 90 umfaßt zum einen Fälle, in denen der Betroffene bereits auf anderem Wege über die Speicherung oder Übermittlung informiert wurde, und zum anderen Tatbestände, bei denen aufgrund einer Interessenabwägung eine

---

508 In diesem Sinne auch *Brühann/Zerdick*, CR 1996, 429 (433); offengelassen durch *Kloepfer*, Gutachten D, S. 120.
509 *Auernhammer*, BDSG 90, § 33 Rn. 1.
510 Hierzu besteht allerdings im Gegensatz zu § 34 Abs. 3 BDSG 90 keine Pflicht.
511 *Auernhammer*, BDSG 90, § 33 Rn. 8.
512 *Tinnefeld/Ehmann*, S. 386.
513 Siehe Art. 10 lit. b und Art. 11 Abs. 1 lit. h

Benachrichtigung nicht erforderlich erscheint[514]. Der Benachrichtigungs- bzw. Informationsanspruch des Betroffenen aus Art. 11 zwingt den Gesetzgeber zu einer Ausweitung der gesetzlich normierten Informationspflichten der verarbeitenden Stelle. Dazu gehört die Mitteilung über die Zweckbestimmung der Erhebung, Verarbeitung oder Nutzung und die Identität der verarbeitenden Stelle[515].

b) Recht auf Auskunft

Das Recht auf Auskunft (§ 34 BDSG 90) baut auf die Benachrichtigungspflicht auf, was schon daran erkennbar ist, daß eine Pflicht zur Auskunftserteilung nicht besteht, wenn der Betroffene nach § 33 Abs. 2 Nr. 2 bis 6 BDSG 90 nicht zu benachrichtigen ist. Gegenstand des Auskunftsrechts sind alle zur Person des Betroffenen gespeicherten und geschützten Daten[516]. Dieses Recht ist unverzichtbarer Bestandteil eines Verfahrens, das zur Berichtigung und Löschung von unrichtigen, gespeicherten Informationen führen soll. Auch Schadensersatzansprüche können durch dieses Recht vorbereitet werden[517].

Der Betroffene kann einerseits Auskunft verlangen über alle zu seiner Person gespeicherten Daten. Dies schließt deren Herkunft und deren Empfänger ein. Zum anderen kann auch der Zweck der Speicherung erfragt werden und Informationen über die Personen und

---

[514] In der Praxis ist damit die Ausnahme von der Benachrichtigungspflicht die Regel, siehe *Gola/Schomerus*, BDSG, § 33 Erläuterung 6.1.

[515] Siehe § 33 Abs. 1 E-BDSG in der Fassung vom 06.07.1999. Die Ausnahmetatbestände in § 33 Abs. 2 Nr. 2 bis 7 BDSG 90 müssen auf ihre Übereinstimmung mit dem Ausnahmenkatalog des Art. 13 der Richtlinie hin untersucht werden. *Brühann / Zerdick*, CR 1996, 429 (433) sehen die Pauschalausnahmen des BDSG 90 kritisch, zumal nach der Richtlinie die Ausnahmen „notwendig" sein müssen. Meiner Ansicht nach ist die *„Notwendigkeit für den Schutz der betroffenen Person und der Rechte und Freiheiten anderer Personen"* gemäß Art. 13 Abs. 1 lit. g eine Vorschrift, die Interessenabwägungen zuläßt. Sie ist nicht konkret genug, um damit eine Europarechtswidrigkeit von § 33 Abs. 2 Nr. 2 BDSG 90 zu begründen.

[516] *Auernhammer*, BDSG 90, § 34 Rn. 5.

[517] *Gola / Schomerus*, BDSG, § 34 Erläuterung 1.4 unter Hinweis auf *BGH* NJW 1984, 1886.

Stellen, an die seine Daten regelmäßig übermittelt werden, sofern es
sich um eine automatisierte Verarbeitung handelt. Damit ist der
Auskunftsanspruch im Vergleich zum BDSG 77 erweitert worden[518].
In Fällen einer geschäftsmäßigen Übermittlung der Daten zu fremden Zwecken ist allerdings der Auskunftsanspruch begrenzt: Zur
Offenlegung von Herkunft und Empfänger der Daten ist die speichernde Stelle nur dann verpflichtet, wenn der Betroffene begründete
Zweifel an deren Richtigkeit hat (§ 34 Abs. 1 S. 3 BDSG 90). Grund
für diese Privilegierung ist die besondere Datenschutzbedürftigkeit
dieser Unternehmen[519]. Sie würden durch die Preisgabe dieser Informationen ihre eigenen Geschäftsbeziehungen offen legen und damit
ihre eigene Geschäftsgrundlage gefährden. Häufig ist gerade die dis-
krete Informationsweitergabe für ein Unternehmen existentiell
wichtig. Bei der (auch hier zugrunde liegenden) Grundrechtsabwägung überwiegt daher der Schutz der speichernden Stelle. Diese
rechtliche Wertung ist jedoch nicht mit der Richtlinie vereinbar und
deshalb aufzuheben. Sie stellt eine in der Richtlinie nicht vorgesehene Beschränkung der Betroffenenrechte dar[520].

Im übrigen ist die Auskunft schriftlich zu erteilen, § 34 Abs. 3 BDSG
90. Die Auskunft ist gemäß § 34 Abs. 5 S. 1 BDSG 90 unentgeltlich,
es sei denn, der Betroffene kann die Daten gegenüber einem Dritten
wirtschaftlich nutzen[521].

Ist die Auskunft aufgrund einer wirtschaftlichen Nutzbarkeit für den
Betroffenen *nicht* unentgeltlich, so hat die speichernde Stelle ihn
darauf hinzuweisen, daß er sich die benötigten und ihm zustehenden
Informationen auch durch persönliche Inaugenscheinnahme verschaffen kann, § 34 Abs. 6 BDSG 90.

---

[518] *Büllesbach*, NJW 1991, 2593 (2597).

[519] *Auernhammer*, BDSG 90, § 34 Rn. 6; dazu gehören zum Beispiel Detekteien
oder Wirtschaftsauskunfteien.

[520] *Brühann/Zerdick*, CR 1996, 429 (433); *Kloepfer*, Gutachten D, S. 121.

[521] Dazu zählen vor allem Informationen über die Bonität, um die Kreditwürdigkeit einer Person zu belegen. Diese Regelung wurde 1990 neu eingefügt,
um für die Betroffenen die finanzielle Hürde aus dem Weg zu räumen

Damit enthält das BDSG 90 bereits eine Norm, die dem Auskunftsrecht des Art. 12 entspricht. Allerdings ist der Anspruchsgegner die speichernde Stelle[522]. Dies kann sowohl der für die Verarbeitung Verantwortliche als auch der Auftragsverarbeiter im Sinne der Richtlinie sein. Der Anspruch aus Art. 12 ist jedoch nur an den für die Verarbeitung Verantwortlichen gerichtet[523]. Die Formulierung, das Auskunftsrecht sei „in angemessenen Abständen ohne unzumutbare Verzögerung" zu gewährleisten, ist nicht in § 34 BDSG 90 enthalten und deshalb neu einzufügen[524]. Dieser Zusatz ist eine Verbesserung des Betroffenenschutzes und gehört deshalb zu den Bestimmungen der Richtlinie, die notwendigerweise in das BDSG einzufügen sind.

c) Datenkorrektur, Löschung und Sperrung

Während die beiden erstgenannten Normen der Informationsbeschaffung dienen, hat § 35 BDSG 90 die Aufgabe, dem Betroffenen eine direkte Einwirkung auf den Datenbestand der speichernden Stelle zu ermöglichen. Hat der Betroffene darüber Informationen erhalten, daß die über ihn gespeicherten personenbezogenen Daten unrichtig sind, so kann er deren Berichtigung verlangen (§ 35 Abs. 1 i.V.m. § 6 BDSG 90). Dazu ist die speichernde Stelle allerdings auch ohne eine Aufforderung des Betroffenen verpflichtet[525]. Dies gilt ebenso für die Sperrung und Löschung der Daten[526].

Die Löschung personenbezogener Daten ist vom Gesetz in vier Fällen vorgesehen, und zwar

- wenn die Speicherung dieser Daten unzulässig ist,

- es sich um sensitive Daten handelt (bei denen der Betroffene stets ein Interesse an einer Geheimhaltung hat) und deren Richtigkeit von der speichernden Stelle nicht bewiesen werden kann,

---

[522] *Brühann/Zerdick*, CR 1996, 429 (433).
[523] *Schaffland/Wiltfang*, BDSG 90, Kommentar, § 34 Rn. 3.
[524] So auch *Brühann/Zerdick*, CR 1996, 429 (433); *Kloepfer*, Gutachten D, S. 121.
[525] *Tinnefeld/Ehmann*, S. 396.
[526] *Auernhammer*, BDSG 90, § 35 Rn. 3.

- bei der Verarbeitung für eigene Zwecke nach Erfüllung oder Wegfall dieses Zweckes, und

- wenn die Verarbeitung geschäftsmäßig zum Zwecke der Übermittlung stattfindet und eine Prüfung nach fünf Kalenderjahren ergibt, daß die Daten gar nicht mehr benötigt werden.

Die Sperrung von Daten ist als temporäre Einschränkung der Nutzbarkeit von Daten rechtlich eine Vorstufe der Löschung[527]. Sie erfolgt gemäß § 35 Abs. 3 BDSG 90 zum Beispiel dann, wenn die Löschung gegen gesetzliche Aufbewahrungsfristen verstoßen würde, die Löschung schutzwürdige Interessen des Betroffenen beeinträchtigt oder sie einen unverhältnismäßig großen (technischen und damit finanziellen) Aufwand bedeuten würde. Auch wenn die Unrichtigkeit der Daten vom Betroffenen behauptet wird, er dies aber nicht beweisen kann, ist die Sperrung das adäquate Mittel, um eine Verarbeitung der möglicherweise fehlerhaften Daten zu vermeiden und sie gleichzeitig für die speichernde Stelle zu erhalten. Normadressat ist bei diesen Rechten des Betroffenen stets derselbe wie bei den §§ 28 und 29 BDSG 90[528].

Im Gegensatz zur Richtlinie ist die Mitteilung an einen Dritten, daß personenbezogene Daten berichtigt wurden, gemäß § 35 Abs. 6 BDSG 90 nur *in Ausnahmefällen* notwendig; nämlich dann, wenn dies zur Wahrung der schutzwürdigen Interessen des Betroffenen erforderlich ist. Nach Art. 12 lit. c der Richtlinie ist diese Benachrichtigung *grundsätzlich* erforderlich und darf nur ausnahmsweise unterbleiben, wenn ein unverhältnismäßiger Aufwand nötig wäre. Diese Abweichung der nationalen Regelung ist erheblich für den Schutz des Betroffenen; sie ist deshalb aufzuheben[529].

An dieser Stelle hat der Gesetzgeber eine Löschungspflicht für sensible Daten eingefügt. Diese Pflicht greift ein, sofern deren Richtigkeit durch die verantwortliche Stelle nicht bewiesen werden kann[530].

---

[527] *Schaffland/Wiltfang*, BDSG, § 35 Rn. 41 ff.
[528] Nämlich die speichernde Stelle, siehe *Schaffland/Wiltfang*, BDSG, § 35 Rn. 3.
[529] *Brühann/Zerdick*, CR 1996, 429 (433).
[530] Siehe § 35 Abs. 2 S. 2 Nr. 2 BDSG 2001.

Die Pflicht zur Einfügung dieser Regelung ergibt sich unmittelbar aus Art. 8 Abs. 1, wobei im Grunde genommen eine generelle Löschungspflicht logischer wäre, denn aus Art. 8 Abs. 1 ergibt sich ein *Verarbeitungsverbot* dieser Datenkategorien. Dann macht der Wortlaut des § 35 Abs. 2 BDSG 2001 aber insgesamt keinen Sinn: Nach § 35 Abs. 2 S. 2 Nr. 1 BDSG 2001 sind personenbezogene Daten zu löschen, wenn ihre Speicherung unzulässig ist. Die Unzulässigkeit der Verarbeitung (und damit auch der Speicherung) ergibt sich für sensible Daten unmittelbar aus Art. 8 Abs. 1. Damit wäre eigentlich die Regelung des § 35 Abs. 2 S. 2 Nr. 2 BDSG 2001 überflüssig. Der Gesetzgeber scheint aber wohl die Speicherung sensibler Daten nicht als generell unzulässig anzusehen, sonst hätte er die Nr. 2 nicht eingefügt. Insgesamt wäre es wünschenswert und der besonderen Gefährdung des Persönlichkeitsschutzes durch die Verarbeitung sensibler Daten angemessen, wenn der Gesetzgeber an exponierter Stelle diese Datenkategorien einem verstärkten Schutz unterstellen würde.

3. Beauftragter für den Datenschutz und Aufsichtsbehörde (§§ 36 bis 38 BDSG 90)

Das Datenschutzkontrollsystem in Deutschland basiert im privaten Bereich auf zwei Säulen: Der Aufsichtsbehörde des jeweiligen Bundeslandes und dem betrieblichen Datenschutzbeauftragten, also einem Mitarbeiter des zu kontrollierenden Betriebs[531]. Man unterscheidet deshalb auch begrifflich zwischen Selbstkontrolle (innerhalb eines Betriebs) und Fremdkontrolle (durch eine externe Behörde)[532]. Die Selbstkontrolle ließe sich noch einmal gliedern in den betrieblichen Datenschutzbeauftragten und den Betriebsrat, der allerdings generell für den Schutz der Arbeitnehmer zuständig ist und nicht ausschließlich für den Datenschutz[533]. Andererseits ist der Aufgabenbereich des betrieblichen Datenschutzbeauftragten weiter als der des Betriebsrates, weil er vor allem auch den Umgang mit Daten von Personen kontrolliert, die nicht in dem Betrieb arbeiten, also von

---

531 Vergleiche dazu die Kommentierung in *Gola / Schomerus*, BDSG, § 36 bis 38.
532 *Tinnefeld / Ehmann*, S. 401.
533 *Tinnefeld / Ehmann*, S. 401.

Kunden, Geschäftspartnern und Lieferanten. Neben der Kontrolle der Einhaltung der Vorschriften des BDSG sollen Datenschutzbeauftragter und Aufsichtsbehörde die Anwendung aller für private Stellen relevanten datenschutzrechtlichen Vorschriften gewährleisten[534].

a) Beauftragter für den Datenschutz

Sofern nicht-öffentliche Stellen personenbezogene Daten in automatisierten Verfahren verarbeiten und damit in der Regel mindestens fünf Mitarbeiter ständig beschäftigt sind, ist innerhalb eines Monats nach Aufnahme der Tätigkeit schriftlich ein Beauftragter für den Datenschutz zu bestellen (§ 36 Abs. 1 S. 1 BDSG 90). Erfolgt die Datenverarbeitung in einem manuellen Verfahren, so gilt diese Verpflichtung erst ab zwanzig Arbeitnehmern, die diese Tätigkeit ausüben. Die Verwendung automatisierter Verfahren wird also aufgrund ihrer stärkeren Bedrohung für das Persönlichkeitsrecht des Betroffenen schon in recht kleinen Betrieben einer internen Kontrolle unterworfen. Der betriebliche Datenschutzbeauftragte ist dem Leiter oder Vorstand des jeweiligen Betriebes oder Unternehmens direkt unterstellt. Er ist in seinem Tätigkeitsbereich keinen Weisungen unterworfen und darf wegen der Erfüllung seiner Aufgaben nicht benachteiligt werden.

Dieses Datenschutzkontrollsystem ist im Zusammenhang mit einer dem deutschen System ähnlichen Vorschrift[535] der EG-Datenschutzrichtlinie von *Bainbridge*[536] heftig kritisiert worden. Es sei unwahrscheinlich, daß ein System, in dem die Kontrollperson bei dem zu kontrollierenden Betrieb beschäftigt ist, die notwendigen Garantien für eine unabhängige Erledigung der Kontrollaufgaben erbringen könne. Diese Stellungnahme aus dem englischsprachigen Rechtsraum erscheint zwar auf den ersten Blick einleuchtend; jedoch hat

---

[534] *Auernhammer*, BDSG 90, Vor § 36 Rn. 1; vgl. auch § 37 Abs. 1 und § 38 Abs. 1 BDSG 90; siehe auch *Wedler*, RDV 1999, 251 f.
[535] Art. 18 Abs. 2, 2. Spiegelstrich.
[536] *Bainbridge*, The EC Data Protection Directive, S. 51.

die Vergangenheit gezeigt, daß dieses System in Deutschland durchaus seine Berechtigung hat und funktioniert. Ein großer Vorteil ist natürlich, daß ein Mitarbeiter des zu kontrollierenden Betriebs die internen Abläufe und Organisationsstrukturen besser kennt und deshalb adäquate Lösungsmöglichkeiten vorschlagen kann, wenn eine Verletzung von datenschutzrechtlichen Vorschriften droht. Gerade technische Vorgänge der elektronischen Datenverarbeitung im internen Firmennetzwerk können durch eine Person, die selbst an diesen Abläufen beteiligt ist, am effektivsten modifiziert und angepaßt werden.

Um seine Aufgaben fachgerecht wahrzunehmen, ist eine Zusammenarbeit des betrieblichen Datenschutzbeauftragten mit der zuständigen Aufsichtsbehörde vorgesehen[537]. Vom Gesetz werden konkret drei Aufgaben vorgesehen: Die Überwachung der ordnungsgemäßen Anwendung der verwendeten Datenverarbeitungsprogramme, mit deren Hilfe personenbezogene Daten verarbeitet werden, die Schulung von Mitarbeitern des Betriebs in Fragen des Datenschutzes und die Mitwirkung bei der Auswahl der Personen, die im Betrieb personenbezogene Daten verarbeiten sollen (§ 37 Abs. 1 S. 3 Nr. 1 bis 3 BDSG 90)[538].

Die Stellung des betrieblichen Datenschutzbeauftragten ist 1990 dadurch gestärkt worden, daß ein Widerruf seiner Bestellung nur auf Verlangen der Aufsichtsbehörde oder in entsprechender Anwendung von § 626 BGB[539] zulässig ist. Geschieht die Abberufung auf Verlangen der Aufsichtsbehörde, so geschieht dies aufgrund fehlender Fachkunde und Zuverlässigkeit des Beauftragten, § 38 Abs. 5 S. 3

---

[537] Vgl. § 37 Abs. 1 S. 2 BDSG 90.

[538] Zu den neuen Aufgabenbereichen des betrieblichen Datenschutzbeauftragten in der globalen Informationsgesellschaft siehe *Kranz*, DuD 1999, 463 ff. Um dem Beauftragten für den Datenschutz überhaupt die Wahrnehmung dieser Aufgaben zu ermöglichen, hat die nicht-öffentliche Stelle ihm umfangreiche Informationen über eingesetzte Datenverarbeitungsprogramme, Art der Dateien und Art der darin gespeicherten Daten, die geschäftlichen Zwecke, die der Speicherung zugrunde liegen, die Empfänger und über zugriffsberechtigte Personen zur Verfügung zu stellen.

[539] Fristlose Kündigung aus wichtigem Grund.

154

BDSG 90. Die fristlose Kündigung aus wichtigem Grund nach § 626 BGB kann ebenso wenig die Unabhängigkeit des betrieblichen Datenschutzbeauftragten gefährden. Keiner der beiden Widerrufstatbestände eröffnet also dem kontrollierten Betrieb die Möglichkeit, sich des Beauftragten aufgrund seiner „kritischen" Tätigkeit zu entledigen.

Neben der Möglichkeit, einen Mitarbeiter durch Arbeitsvertrag als internen betrieblichen Datenschutzbeauftragten zu verpflichten, kann die nicht-öffentliche Stelle auch einen externen Beauftragten bestellen, sofern er alle Voraussetzungen erfüllt, die in § 36 BDSG 90 genannt sind[540]. Wie bereits im Zusammenhang mit der Darstellung der Richtlinie dargelegt, kann dieses System des betrieblichen Datenschutzbeauftragten beibehalten werden[541], sofern die Voraussetzungen des Art. 18 Abs. 2, 2. Spiegelstrich vorliegen und sichergestellt ist, daß die Freiheitsrechte der betroffenen Person (deren Daten verarbeitet werden) nicht beeinträchtigt sind. Die Bestellung eines betrieblichen Datenschutzbeauftragten und damit die Ausnahme von der Meldepflicht unterliegt nach der Richtlinie immer dem Vorbehalt, daß die Rechte des Betroffenen gewahrt sind. *Brühann* und *Zerdick*[542] haben richtigerweise eindringlich vor einer Unterschätzung dieser Vorschrift gewarnt, denn der letzte Satz von Art. 18 Abs. 2 enthält ausdrücklich einen Ergebniszwang: Nur wenn eine Beeinträchtigung von Freiheitsrechten tatsächlich verhindert wird, ist die Bestellung des betrieblichen Datenschutzbeauftragten richtlinienkonform. Die Institution des betrieblichen Datenschutzbeauftragten wird also in der Praxis noch stärker als bisher ergebnisorientiert arbeiten müssen. Bislang ist er vielfach auf eine Art „Alibifunktion" reduziert gewesen. Dies ist jedenfalls dann inakzeptabel, wenn die Verarbeitung personenbezogener Daten trotz seiner Bestellung Freiheitsrechte des Betroffenen beeinträchtigt.

---

[540] *Gola/Schomerus*, BDSG, § 36 Erläuterung 3.1; *Schaffland/Wiltfang*, BDSG, Rn. 47 ff.
[541] Siehe *Weber*, CR 1995, 297 (298); dazu auch *Brühann/Zerdick*, CR 1996, 429 (434).
[542] *Brühann/Zerdick*, CR 1996, 429 (434).

Es bietet sich also an, sowohl die Meldepflicht als auch den betrieblichen Datenschutzbeauftragten in den Normenkatalog aufzunehmen, und es den Unternehmen selbst zu überlassen, welche Möglichkeit sie bevorzugen[543]. Wenn sie die Meldepflicht akzeptieren, müssen sie die Vorgaben der Art. 19 bis 21 berücksichtigen. Die Voraussetzungen der Meldung nach § 32 Abs. 2 bis 5 BDSG 90 weichen nur minimal von denen der Richtlinie ab, zum Beispiel enthält das BDSG 90 nicht die Pflicht zur Mitteilung über die Kategorien von betroffenen Personen, wie sie von Art. 19 Abs. 1 lit. c gefordert wird. Hier besteht also Anpassungsbedarf.

b) Aufsichtsbehörde

Zweites Standbein der Datenschutzkontrolle in Deutschland sind die in die Verwaltungsorganisation der Bundesländer eingegliederten Datenschutzaufsichtsbehörden[544], die in der Praxis folgende Aufgaben wahrnehmen: Die wichtigste Aufgabe ist die Kontrolle des Datenschutzes, also die Überwachung der Einhaltung datenschutzrechtlicher Bestimmungen, wobei § 38 BDSG 90 zwei Formen unterscheidet: Die Anlaßaufsicht nach Abs. 1 und die anlaßunabhängige Aufsicht bei meldepflichtigen Stellen nach Abs. 2.

Bei der Anlaßaufsicht nach Absatz 1 überprüft die Behörde im Einzelfall die Ausführung des BDSG (sowie anderer Vorschriften über den Datenschutz), aber nur, wenn ihr *hinreichende Anhaltspunkte* für eine Rechtsverletzung vorliegen[545]. Absatz 1 regelt nur die Kontrolle einer Datenverarbeitung und Nutzung für eigene Zwecke im Sinne von § 28 BDSG 90.

---

543 So auch die §§ 4 d und 4 e E-BDSG vom 6. Juli 1999.

544 Zur Organisation der staatlichen Datenschutzkontrolle in der Privatwirtschaft *Gola / Schomerus*, ZRP 2000, 183 ff.; zur zukünftigen Organisation und Rechtsstellung der Datenschutzkontrolle *Arlt / Piendl*, CR 1998, 713 ff.; ebenso *Weber*, RDV 1999, 251 ff.

545 Dies wird insbesondere dann der Fall sein, wenn der Betroffene als Mitarbeiter des Unternehmens oder als Kunde an die Behörde herantritt. Aber auch dann, wenn die Behörde durch die Presse oder den Rundfunk auf Mißstände aufmerksam geworden ist, darf sie tätig werden, siehe *Tinnefeld / Ehmann*, S. 417; *Walz*, in: S/D/G/M/W, BDSG 90, § 38 Rn. 13.

Die Forderung der Richtlinie nach wirksamen Eingriffsbefugnissen ist mit dem Erfordernis „hinreichender Anhaltspunkte" aus § 38 Abs. 1 BDSG 90 nicht vereinbar, weil damit die Anforderungen an die Zulässigkeit der Kontrolltätigkeit zu hoch gesteckt sind[546].

Eine anlaßunabhängige Kontrolle ist nach dem BDSG 90 im Grundsatz unzulässig. Diese Möglichkeit würde jedoch die Effizienz und Effektivität der Aufsichtsbehörde enorm steigern, weil sie dann nicht nur auf bereits eingetretene Rechtsverletzungen und Verstöße reagieren, sondern auch präventiv handeln könnte[547]. Dies würde einen effektiven Grundrechtsschutz bedeuten. Um den europarechtlichen Vorgaben effektive Wirkungskraft zu verleihen, sollte eine anlaßunabhänige Kontrolle durch den Gesetzgeber ermöglicht werden, denn Art. 28 Abs. 1 sieht eine solche Einschränkung der Kontrollbefugnisse[548] nicht vor[549].

Daneben steht die in § 38 Abs. 2 BDSG 90 geregelte ständige Datenschutzaufsicht bei den meldepflichtigen Stellen im Sinne von § 32 Abs. 1 BDSG 90. Hier ist die Aufsicht anlaßunabhängig, die Behörde kann von sich aus tätig werden. Um diese Aufgabe wahrnehmen zu können, führt die Aufsichtsbehörde selbst das Melderegister[550].

---

546 *Brühann/Zerdick*, CR 1996, 429 (435); *Bäumler*, Stellungnahme zum E-BDSG vom 6.07.1999, Erläuterung Nr. 25, online unter <http://www.datenschutzzentrum.de>; ebenso die *Stellungnahme der DVD e. V.* zum E-BDSG vom 31.03.1999, online unter <http://www.aktiv.org/DVD>; keinen Änderungsbedarf sehen dagegen *Bachmeier*, RDV 1995, 49 (52) und *Weber*, CR 1995, 297 (298).

547 *Bäumler*, Stellungnahme zum E-BDSG vom 6.07.1999, Erläuterung Nr. 25, online unter <http://www.datenschutzzentrum.de>; ebenso die *Stellungnahme der DVD e. V.* zum E-BDSG vom 31.03.1999, online unter <http://www.aktiv.org/DVD>; *Schild*, JurPC Web-Dok 2/2000, Abs. 100; so im Ergebnis wohl auch *Kloepfer*, Gutachten D, S. 133.

548 Wie sie in § 38 BDSG 90 enthalten ist.

549 *Simitis*, NJW 1998, 2473 (2476).

550 Neben diesen explizit im Gesetz genannten Aufgaben hat die Aufsichtsbehörde in der Praxis eine nicht zu unterschätzende Beratungs- und Servicefunktion. Dies ergibt sich zum einen aus der Möglichkeit, daß sich betriebliche Datenschutzbeauftragte bei Fragen und Problemen an die Aufsichtsbehörde wenden können und sollen. Denn in der Praxis handelt es sich bei den betrieblichen Datenschutzbeauftragten nicht um speziell für diese Aufgabe ausgebildete Personen, es gibt (bis auf sehr wenige Ausnahmen) keine „Ausbildung" für diese Aufgabe. Seine eigenen Kenntnisse und Fähigkeiten muß

Es steht im Ermessen der jeweiligen Landesregierung, von den Aufsichtsbehörden eine Berichterstattung in Form eines Tätigkeitsberichts zu fordern[551]. Nunmehr legt Art. 28 Abs. 5 rechtsverbindlich fest, daß jede Kontrollstelle zur regelmäßigen Vorlage eines solchen Berichts verpflichtet wird, der zu veröffentlichen ist[552]. Dies ist in dem föderalen System der Bundesrepublik jedoch eine in der Kompetenz der Landesgesetzgeber stehende Aufgabe[553].

Die Mitarbeiter der Aufsichtsbehörden müssen eigentlich zweierlei Qualifikationen besitzen: Technische Kenntnisse über Informationstechnologien, die von Telekommunikation und PC bis zu Großrechneranlagen und dem Internet reichen, und rechtliche Kenntnisse zu den vielfältigen, bereichsspezifischen Datenschutzregelungen. Daß die zur Verfügung gestellten finanziellen Mittel der Länder in den meisten Fällen für die Bewältigung dieser Aufgaben nicht ausreichen, ist allgemein bekannt und wird regelmäßig durch die zuständigen Stellen bemängelt.

Die Befugnisse der Aufsichtsbehörden umfassen neben den für ihre Tätigkeit unentbehrlichen[554] Auskunfts- und Nachschaurechten auch die Ermächtigung zu Anordnungs- und Untersagungsverfügungen. Voraussetzung ist dabei stets, daß es sich um eine dateibezogene Datenerhebung, Verarbeitung oder Nutzung handelt[555].

---

der Beauftragte durch die Hilfe der spezialisierten Fachkräfte der Aufsichtsbehörde ergänzen.

[551] Dazu *Wedler*, CR 1992, 685.

[552] Zu den Berichten der Datenschutzaufsichtsbehörden für die Privatwirtschaft ausführlich *Wedler*, CR 1992, 685 ff.

[553] So ist auch in § 38 BDSG 2001 keine Pflicht zur Berichterstattung enthalten; diese Umsetzungsverpflichtung ist also auf die Bundesländer abgewälzt worden. Dies ist jedoch insoweit unproblematisch, als daß in allen Bundesländern bereits Tätigkeitsberichte der Landesbeauftragten für den Datenschutz existieren. Es gab bislang aber solche Tätigkeitsberichte nur für den öffentlichen Bereich. Eine allgemeine Berichtspflicht muß deshalb doch zu Änderungen führen, insbesondere im Privatsektor.

[554] *Auernhammer*, BDSG 90, § 38 Rn. 13.

[555] Allerdings sind die Tatbestandsvoraussetzungen für derartige Verfügungen sehr eng und auf das Vorliegen technischer oder organisatorischer Mängel begrenzt. Diese ungenügende Eingriffsermächtigung wird von *Bäumler*, Stellungnahme zum E-BDSG vom 6.07.1999, Erläuterung 13 und der *DVD e. V.*, Stellungnahme zum E-BDSG vom 31.03.1999, zu Recht kritisiert.

Die zu kontrollierenden Stellen haben nach § 38 Abs. 3 S. 1 BDSG 90 den Behördenmitarbeitern die erforderlichen Auskünfte zu geben. Absatz 4 eröffnet der Behörde die Möglichkeit, die Räumlichkeiten der privaten Stelle[556] zu betreten. Sie ist befugt, geschäftliche Unterlagen sowie die gespeicherten personenbezogenen Daten und die benutzten Datenverarbeitungsprogramme einzusehen. Hat die Behörde aufgrund der Wahrnehmung ihrer Rechte festgestellt, daß ein technischer oder organisatorischer Mangel im Sinne von § 9 BDSG 90[557] vorliegt, so kann sie eine Maßnahme zur Beseitigung dieses Mangels anordnen. Ist ein solcher Mangel derart schwerwiegend, daß er mit einer besonderen Gefährdung des Persönlichkeitsrechts verbunden ist, so kann die Behörde einzelne Verfahren der Datenverarbeitung untersagen. Dies kann zum Beispiel bei der Behandlung von sensitiven Daten vorkommen[558]. Allerdings ist dieses Mittel *Ultima ratio*, denn es ist erst zulässig nach dem Erlaß eines Verwaltungsaktes, der die Mängelbeseitigung anordnet. Wenn dennoch der Mangel nicht beseitigt wird, ist ein Zwangsgeld zu verhängen. Erst wenn der Adressat der Maßnahme auch nach dem Verstreichen einer angemessenen Frist nicht tätig wird, kann der Einsatz einzelner Verfahren untersagt werden.

Dieser Maßnahmenkatalog existiert in dieser Form erst seit 1990. Es sollte damit mehr Druck auf die speichernde Stelle ausgeübt werden, damit diese adäquate Datenschutz- und Datensicherungsmaßnahmen ergreift[559].

c) *Die organisationsrechtliche Ausgestaltung der Aufsichtsbehörden der Länder*

Die Befugnis der Landesregierungen nach § 38 Abs. 6 BDSG 90, die zuständigen Aufsichtsbehörden zu bestimmen, folgt unmittelbar aus dem Verfassungsgrundsatz des Art. 30 GG, wonach die Ausübung der

---

556 Zum Beispiel Büros oder das Rechenzentrum.
557 Inklusive der Anlage zu § 9 BDSG 90.
558 *Tinnefeld / Ehmann*, S. 418.
559 *Büllesbach*, NJW 1991, 2593 (2600). Im übrigen sei an dieser Stelle auf die umfassende Bearbeitung dieses Themenbereichs durch *Wind*, Die Kontrolle des Datenschutzes im nicht-öffentlichen Bereich, hingewiesen.

staatlichen Befugnisse und die Erfüllung der staatlichen Aufgaben Ländersache ist, sofern sich aus dem Grundgesetz nicht ein anderes ergibt oder es eine andere Regelung zuläßt[560]. Hier wird jetzt zwar die Regelungskompetenz des Bundes verlassen. Die Darstellung dieses Bereichs ist aber für die Analyse der allgemeinen Datenschutzvorschriften zum nicht-öffentlichen Bereich unerläßlich.

Die Struktur und Organisation der Aufsichtsbehörden für den Datenschutz im nicht-öffentlichen Bereich ist derzeit im Umbruch, nicht zuletzt aufgrund der Vorgaben des Art. 28 der EG-Datenschutzrichtlinie. Bisher haben die Länder entweder einem Ministerium diese Aufgaben übertragen, oder aber den Landesdatenschutzbeauftragten (praktisch in einer Doppelfunktion) anvertraut[561]. Die Lösung über den Landesdatenschutzbeauftragten wurde bislang in den Stadtstaaten Berlin, Bremen und Hamburg, aber auch in Niedersachsen und im Saarland praktiziert[562].

Die Übertragung der Aufgaben an eine Stelle innerhalb der Ministerialverwaltung oder an die Bezirksregierungen wurde bisher als zulässige Möglichkeit akzeptiert, zumal dies auch im Ermessen der Länder liegt[563].

---

[560] Die Organisationshoheit liegt hier unstreitig bei den Ländern. Etwas anderes ergibt sich weder aus der Bundeskompetenz zum Erlaß des BDSG (siehe oben) noch aus anderen, ungeschriebenen Gesetzgebungskompetenzen des Bundes; siehe dazu *von Mutius*, Jura 1986, 498 (499 f.): Ein enger, unlösbarer Zusammenhang der Sachbereiche, wie bei der Annexkompetenz gefordert, liegt nicht vor. Die organisationsrechtliche Ausgestaltung der Aufsichtsbehörde ist auch keine Kompetenz, die kraft Sachzusammenhangs dem Bund zusteht. Eine Bundeskompetenz kraft Natur der Sache kommt ebenfalls nicht in betracht. Damit bleibt es bei dem Grundsatz des Art. 30 GG.

[561] Dazu *Arlt/Piendl*, CR 1998, 713 (714).

[562] *Walz*, in: S/D/G/M/W, BDSG, Rn. 44; einen Überblick zur organisationsrechtlichen Ausgestaltung der Aufsichtsbehörden bietet *Gola/Schomerus*, BDSG, § 38 Erläuterung 9.1 und *Schaffland/Wiltfang*, BDSG, § 38 Anhang 1, die jedoch teilweise nicht mehr dem aktuellen Stand entsprechen.

[563] *Walz*, in: S/D/G/M/W, BDSG, § 38 Rn. 43.

4. Grenzüberschreitender Datenverkehr – ein Novum für das deutsche Recht?

Bislang existiert im BDSG 90 für den Privatsektor keine eigenständige Vorschrift zum grenzüberschreitenden Datenverkehr[564]. Obwohl das BDSG so umfassend und klar Rechte und Pflichten bestimmt wie weltweit kein zweites Datenschutzgesetz[565], ist sein national begrenzter Regelungscharakter eines seiner größten Schwächen[566].

Der Datentransfer in einen anderen Staat ist nur in § 17 BDSG 90 für den öffentlichen Bereich geregelt[567]. Im nicht-öffentlichen Bereich existiert somit gar keine spezielle Vorschrift[568]. Deshalb finden die allgemeinen Übermittlungsvorschriften des Dritten Abschnitts Anwendung, also vor allem die §§ 28 und 29 BDSG 90[569]. Erforderlich ist deshalb, die Datenverarbeitung und Übermittlung auf dem Gebiet der Europäischen Union dem nationalen Datenverkehr gleichzustellen und gleichzeitig den Datenverkehr in Drittländer[570] mit der Maßgabe der Art. 25 und 26 zu regulieren.

---

[564] *Geis*, NJW 1997, 288. Interessanterweise wurde 1990 vom Bundesrat im Vermittlungsausschuß eine eigenständige Regelung für die Zulässigkeit grenzüberschreitender Übermittlungen vorgesehen, bei der es zusätzlich zu den Voraussetzungen der §§ 28 und 29 BDSG 90 darauf ankommen sollte, daß für den Datenempfänger im Drittstaat *gleichwertige* Datenschutzregelungen gelten, siehe *Auernhammer*, BDSG 90, § 28 Rn. 45, 46 unter Bezugnahme auf BR-Drs. 379/1/90, S. 16.

[565] Zu diesem Ergebnis kommen jedenfalls *Bothe/Kilian*, S. 532.

[566] Zu den Wegen und Formen grenzüberschreitender Datenflüsse umfassend *Bothe/Kilian*, S. 6 ff, zu den datenschutzrechtlichen Aspekten des internationalen Datenverkehrs siehe *Bothe/Kilian*, S. 529 ff.

[567] *Bothe/Kilian*, S. 529; zum Verständnis und zum Inhalt insbesondere von § 17 Abs. 2 BDSG 90 siehe *Palm*, CR 1998, 65 (66 f).

[568] *Riemann*, CR 1997, 762; *Auernhammer*, BDSG, § 28 Rn. 45; *Geis*, NJW 1997, 288.

[569] *Draf*, S. 128; *Schaffland/Wiltfang*, BDSG, § 28 Rn. 127; *Riemann*, CR 1997, 762.

[570] Also solche außerhalb der Europäischen Union.

VI. Die Differenzierung zwischen öffentlichem und privatem Bereich

Ein anderer Aspekt, mit dem sich gerade der deutsche Gesetzgeber auseinandersetzen muß, ist die fehlende Differenzierung der Richtlinie zwischen Datenschutz im öffentlichen und privaten Bereich. Es ist daher fraglich, inwiefern diese fehlende Differenzierung Folgen für das Konzept des BDSG hat[571].

1. *Fehlender Wille der Richtlinie zur Gleichsetzung der Schutzintensitäten*

Eine Differenzierung der Bereiche „öffentlich" und „nicht-öffentlich" ist in der Richtlinie nicht vorgesehen[572]. Möglicherweise sind deshalb noch intensiver als bisher allgemeine Prinzipien vor die Klammer zu ziehen. *Brühann* und *Zerdick*[573] schlagen vor, den Regelungsinhalt der Art. 2, 4, 6 bis 8, 10, 11, 25 und 26 in den ersten Abschnitt des BDSG einzufügen (Allgemeine Bestimmungen). Dann ist eine Differenzierung beider Bereiche auch für die Zukunft nicht im Widerspruch zur Richtlinie. Solange jeweils den Verpflichtungen der Richtlinie entsprochen wird, muß der nationale Gesetzgeber nicht notwendigerweise von dem bisherigen System abweichen.

Andererseits muß man sich fragen, ob die endlose Diskussion, die in Deutschland zu diesem Thema geführt wird, nicht überflüssig ist. Fraglich ist hier doch die Intention der Richtlinie: Will sie wirklich eine Gleichsetzung der Schutzintensität erreichen? Eine historische Auslegung führt zu dem Ergebnis, daß der Richtliniengeber zunächst selbst eine Trennung nach öffentlichem und privatem Bereich vor-

---

571 Dazu *Wuermeling*, DSB 12/1995, 1 (2); *Kopp*, RDV 1993, 1 (4); *Laicher*, DuD 1996, 409 (400 f.); *Ehmann*, RDV 1999, 12 (14); *Wind/Siegert*, RDV 1992, 118 (119).

572 *Wind/Siegert*, RDV 1992, 118 (119).

573 *Brühann/Zerdick*, CR 1996, 429 (431); für eine Beibehaltung der Trennung zwischen öffentlichem und privatem Bereich *Ehmann*, RDV 1999, 12 (16) und *Wind/Siegert*, RDV 1992, 118 (119); anderer Ansicht *Laicher*, DuD 1996, 409.

gesehen hatte[574]. Im Gegensatz zum ersten Richtlinienentwurf hat die endgültige Fassung diese Trennung aber aufgegeben.

Daraus könnte man schließen, daß eine differenzierte Behandlung beider Bereiche gerade nicht gewollt ist. Für den Betroffenen macht es ja auch keinen Unterschied, ob seine persönlichen Daten vom Einwohnermeldeamt der Stadt bzw. Gemeinde oder von seinem Mobilfunkanbieter gespeichert und genutzt werden. Das Verhindern eines Mißbrauchs seiner Daten ist für ihn in beiden Fällen gleich wichtig.

Argumentiert man mit dem Inhalt des Erwägungsgrundes 22, so ließe sich eine unterschiedliche Ausgestaltung beider Lebensbereiche durchaus rechtfertigen. Dieser Erwägungsgrund besagt, daß es den Mitgliedsstaaten überlassen bleibt, neben den allgemeinen Regeln über die Verarbeitung besondere Bedingungen für die Datenverarbeitung in spezifischen Bereichen vorzusehen. Ein unterschiedliches Schutzniveau ist also möglich und wird von der Richtlinie ausdrücklich gestattet. Diese Aussage der Richtlinie ist aber so zu verstehen, daß die Mitgliedsstaaten im Einzelfall eine „schärfere" Datenschutzregelung vorsehen können, aber keine, die unter dem Schutzstandard der Richtlinie liegt. Damit soll es Staaten mit einem bereits existenten, sehr hohen Schutzstandard ermöglicht werden, ihre Regelungen beizubehalten.

2. Das nationale (Verfassungs-)Recht als Maßstab für eine Vereinheitlichung

Im Geltungsbereich des deutschen Grundgesetzes ist bislang die Differenzierung der Schutzintensitäten im öffentlichen und nicht-öffentlichen Bereich meist auf das Argument gestützt worden, daß nicht-öffentliche Stellen sich selbst auf Grundrechte berufen können. Dadurch stehen sich zwei Grundrechtspositionen kollidierend gegenüber. Diese Situation besteht bei öffentlichen Stellen grundsätzlich nicht, da sich der Staat nicht auf die Geltung der Grundrechte zu seinen Gunsten berufen kann.

---

[574] *Platten*, in: Bainbridge, S. 25.

Diese starre Argumentation verkennt jedoch die Veränderungen, die sich in den letzten Jahrzehnten im Bereich der Schnittstelle von öffentlichen und privaten Stellen vollzogen haben. Städte und Gemeinden, aber auch Kreise, haben in einem immer noch andauernden Entwicklungsprozeß eine umfangreiche Privatisierung einzelner Einheiten innerhalb ihrer Verwaltungsstruktur vorgenommen. Städtische und kommunale Eigenbetriebe, die als Gesellschaften mit beschränkter Haftung (GmbH) in eine private Rechtsform überführt werden, sind keine Seltenheit mehr. Insbesondere viele Bereiche der Daseinsvorsorge sind Ziel der Privatisierungstendenzen: Abfallwirtschaftsbetriebe, der öffentliche Personennahverkehr, Energieversorgungsbetriebe, Schwimmbäder, städtische Wohnungsbaugesellschaften, städtische Theater und Bühnen, Veranstaltungszentren, Kultureinrichtungen und Friedhofs- und Grünflächenbetriebe.

Aus der Sicht des hergebrachten Datenschutzrechts bedeutet diese Entwicklung, daß immer weniger Datenbestände in den Kommunen dem Regelungsbereich der „öffentlichen Stellen" unterfallen und aufgrund der privatrechtlichen Organisationsform der Eigenbetriebe dem Bereich nicht-öffentlicher Stellen zuzuordnen sind[575]. Die Privatisierung öffentlicher Aufgaben hat also zur Folge, daß die Daten, die eine GmbH als hundertprozentige Gesellschaft der Kommune verarbeitet, plötzlich einem anderen Regelungsbereich unterfallen[576].

Das Nebeneinander zweier datenschutzrechtlicher Regelungskomplexe mit unterschiedlichen Schutzintensitäten verwandelt sich damit zu einem unübersichtlichen Geflecht, weil innerhalb der kommunalen Organisationsstruktur in der Praxis Datenbestände verwendet werden, die im Rahmen *einer* Datenverarbeitung anderen Rechtsnormen unterstehen als bei einer *anderen* Datenverarbeitung. Diese fließenden Übergänge und Verschmelzungen von klassischem öffentlichem und privatem Recht erfordern eine Reaktion des Gesetzgebers im Bereich Datenschutz.

---

[575] Zu dieser Problematik siehe *Nitsch*, ZRP 1995, 361 (364).

[576] Dagegen ist die Geltung der Grundrechte im Bereich des Verwaltungsprivatrechts und bei hundertprozentigen Tochterunternehmen der Städte und Gemeinden unbestritten, siehe *BGHZ* 52, 325 (327 ff.); 91, 84 (98); *Pieroth/ Schlink*, Rn 171.

Durch dieses Nebeneinander zweier Regelungskomplexe werden personenbezogene Daten nicht besser geschützt, sondern gerade schlechter, weil die verarbeitende Person nicht wissen wird, ob ein bestimmter Vorgang nach den §§ 27 ff. BDSG 90 zu beurteilen ist oder doch nach den §§ 12 ff. BDSG 90. Dies würde eine einheitliche Datenschutzregelung rechtfertigen[577]. Natürlich ließe sich gegen diese Argumentationslinie sagen, daß dieses Problem nicht eines der Normsetzung ist, sondern der sorgfältigen Rechtsanwendung.

Jedoch läßt sich heute nicht mehr begründen, welche sachlichen Gesichtspunkte für eine zweigliedrige Regelung sprechen. Warum sollte die öffentliche Verwaltung aus Datenschutzgründen etwas nicht dürfen, was in ihren privatisierten Tochtergesellschaften alltägliche Praxis ist[578]. Ein weiteres Argument für eine Angleichung der beiden Normenkomplexe ist die verfassungsrechtliche Komponente des Datenschutzrechts: Die klassische Abwehrfunktion der Grundrechte gegenüber der Verwaltung und Einrichtungen des Staates wird realisiert durch eine unmittelbare Wirkung der Grundrechte im Staat-Bürger-Verhältnis. Im Bereich des Privatrechts ist bislang vom Bundesverfassungsgericht eine unmittelbare Wirkung der Grundrechte verneint worden. Sofern das Bundesverfassungsgericht eine Heranziehung der Grundrechte im Privatrecht für erforderlich hält, verleiht es den Grundrechten im Wege der früher so genannten „mittelbaren Drittwirkung" eine entsprechende Wirkung („Ausstrahlungswirkung der Grundrechte"). Man kann allerdings aufgrund der immer stärker werdenden Ausdehnung der praktischen Bedeutung der Grundrechte im Privatrecht – wenn auch verfassungsrechtlich nicht einwandfrei begründbar – von einer unmittelbaren Wirkung der Grundrechte im Privatrecht sprechen. Dies gilt nicht ohne Einschränkung, und bei bestimmten Grundrechten ist diese Tendenz stärker als bei anderen. Das allgemeine Persönlichkeitsrecht jedenfalls wird in der zivilgerichtlichen Praxis inzwischen so regelmäßig zur Begründung von Ansprüchen aus unerlaubter Handlung nach § 823 Abs. 1 BGB herangezogen, daß eine Differenzierung der Schutzintensität bei

---

[577] So auch *Nitsch*, ZRP 1995, 361 (364).
[578] *Nitsch*, ZRP 1995, 361 (364).

mittelbarer oder unmittelbarer Grundrechtswirkung nicht mehr erkennbar ist. Auch wenn in den erwähnten Fällen der Anwendung des allgemeinen Persönlichkeitsrechts im Zivilrecht die jeweilige Anspruchsgrundlage als Norm dazwischen geschaltet ist (z. B. § 823 Abs. 1 BGB), so ändert dies nichts an der Feststellung, daß die Grundrechtsgeltung in Teilbereichen des Zivilrechts ebenso intensiv ist wie im öffentlichen Recht. Unbestritten ist allerdings, daß diese Rechtsentwicklung keine direkte verfassungsrechtliche Basis hat, sondern richterrechtlich geprägt ist.

Das Bundesarbeitsgericht hat bereits in einer sehr frühen Entscheidung eine unmittelbare Drittwirkung von Grundrechten mit dem Bedeutungswandel der Grundrechte begründet[579]. Dieses rechts- und insbesondere verfassungsdogmatisch wenig überzeugende Argument hat das Bundesarbeitsgericht jedoch in einer sachgerechten und vernünftigen Begründung erklärt: Eine Reihe bedeutsamer Grundrechte seien Ordnungsgrundsätze für das soziale Leben, die in einem aus dem Grundrecht näher zu entwickelnden Umfang unmittelbare Bedeutung auch für den privaten Rechtsverkehr der Bürger untereinander haben. Auch das normative Bekenntnis des Grundgesetzes zum sozialen Rechtsstaat (Art. 20, 28 GG), das für die Auslegung des Grundgesetzes und anderer Gesetze von grundlegender Bedeutung sei, spreche für die unmittelbare privatrechtliche Wirkung der Grundrechte, die für den „Verkehr der Rechtsgenossen untereinander" in einer freiheitlichen und sozialen Gemeinschaft unentbehrlich seien[580].

Trotz der Tatsache, daß viele gewichtige Argumente – zum Beispiel der Wortlaut des Art. 1 Abs. 3 GG – gegen eine unmittelbare Drittwirkung sprechen und trotz der Tatsache, daß die herrschende Lehre und das Bundesverfassungsgericht sie in ständiger Rechtsprechung verneinen, lassen sich einige Anknüpfungspunkte finden, die für eine solche unmittelbare Drittwirkung sprechen[581]:

---

[579] *BAGE* 1, 185 (193 f.).
[580] *BAGE* 1, 185 (193 f.).
[581] Siehe *Pieroth / Schlink*, Rn. 176.

Art. 1 Abs. 2 GG spricht von dem Bekenntnis zu Menschenrechten als Grundlage jeder menschlichen Gemeinschaft. Entgegen der Auffassung von *Pieroth* und *Schlink*[582] ist dieses grammatikalische Argument ebenso überzeugungsstark wie das Gegenargument aus Art. 1 Abs. 3 GG. Dort ist eben der Bürger als Adressat der Grundrechte nicht erwähnt.

Ein weiteres, rechtspolitisches Argument, das insbesondere auch im Datenschutzbereich relevant ist, ist die Tatsache, daß Freiheitsbedrohungen im Sozialstaat der Gegenwart auch von gesellschaftlichen Kräften, von Konzernen, Wirtschaftsverbänden, Standesorganisationen, Gewerkschaften und Arbeitgeberverbänden ausgehen. Diese Freiheitsbedrohungen lassen sich entweder durch Wahrnehmung von Schutzpflichten durch den Staat oder durch eine unmittelbare Grundrechtsbindung der genannten privatrechtlichen Organisationen verhindern.

Ginge man demzufolge - entgegen der herrschenden Lehre und der ständigen Rechtsprechung des Bundesverfassungsgerichts - von einer unmittelbaren Drittwirkung von Grundrechten im Privatrecht aus, so wäre das grundrechtsdogmatische Argument für eine differenzierte Behandlung des Datenschutzes im öffentlichen und privaten Sektor hinfällig. Auch wenn das äußerst komplexe und vielschichtige Problem der unmittelbaren Drittwirkung in diesem Zusammenhang nicht erschöpfend behandelt werden kann, so zeigt es zumindest, daß die strikte Trennung des Datenschutzes in zwei Systeme nicht unumstößlich ist, sondern gute Argumente für eine Gleichbehandlung sprechen.

Jedenfalls ist es rechtlich zulässig, eine Differenzierung weiter zuzulassen, solange in beiden Bereichen den Vorgaben der Richtlinie entsprochen wird[583].

---

[582] *Pieroth / Schlink*, Rn. 176.

[583] *Kloepfer*, Gutachten D, S. 112, weißt darauf hin, daß eine Angleichung in qualitativer Hinsicht erstrebenswert ist, also eine Gleichwertigkeit, aber keine absolute Gleichartigkeit der Regelungen.

C. Normen außerhalb des BDSG

Die Gesetzgebung zum Datenschutz im privaten Sektor wäre unzureichend dargestellt, wenn man das Telekommunikationsgesetz und das Informations- und Kommunikationsdienstegesetz außer Acht ließe. Das IuKDG[584] ist ein Artikelgesetz[585], das neben weiteren Gesetzen vor allem das Gesetz über die Nutzung von Telediensten (TDG) und das Gesetz über den Datenschutz bei Telediensten (TDDSG) enthält.

Es stellt sich notwendigerweise die Frage, wie groß überhaupt das tatsächliche Bedürfnis nach einer Novellierung des BDSG ist, wenn ein Großteil der modernen Informationstechnologie bereits durch speziellere Gesetze normiert ist. Daher ist es erforderlich, die verschiedenen Gesetzeswerke zu beschreiben und voneinander abzugrenzen. Man kann zum leichteren Verständnis drei Ebenen unterscheiden, in denen das TKG, das TDG bzw. das TDDSG und das BDSG zur Anwendung kommen[586]. In Konkurrenz zueinander treten diese Vorschriften natürlich vor allem im Bereich des Internet, weil dort eine Telefonverbindung aufgebaut wird (TKG) und auf den Internetseiten verschiedene Dienste angeboten werden (TDG i.V.m. TDDSG). Sofern aber die Inhalte der Internetseiten nicht mehr den Regelungen des TDDSG unterfallen, so muß auf allgemeine Vorschriften zurückgegriffen werden, also das BDSG[587]. Daraus ergibt sich folgendes Schichtenmodell[588]:

• Anwendungsebene (BDSG)
• Diensteebene (TDDSG, TDG)
• Telekommunikationsebene (TKG, TDSV).

---

[584] BR-Drucks. 120/07 vom 13.06.1997.
[585] *Engel-Flechsig*, RDV 1997, 59.
[586] Diese drei Ebenen nennt auch *Bizer*, Ziele und Elemente der Datenschutzmodernisierung, online unter <http://www.modernes-datenrecht.de>.
[587] *Tinnefeld/Ehmann*, S. 149; *Engel-Flechsig*, RDV 1997, 59 (60).
[588] So auch *Bizer*, in: Roßnagel, TDDSG, § 3 Rn. 43 ff; *Dix*, in: Roßnagel, TDDSG, § 5 Rn. 22 f; *Gundermann*, in: Bäumler, E-Privacy, S. 65.

I. Das Telekommunikationsgesetz (TKG)

Alle Daten, die dem Fernmeldegeheimnis unterliegen, werden durch die §§ 85 und 89 TKG geschützt. Dies beinhaltet die Erhebung, Nutzung und Übermittlung von Daten, die sich auf natürliche *und juristische* Personen beziehen. Damit ist der Anwendungsbereich des TKG weiter als der des BDSG 90 und der EG-Datenschutzrichtlinie[589].

Gemäß § 85 Abs. 3 S. 3 TKG findet das BDSG keine Anwendung, wenn das Fernmeldegeheimnis betroffen ist. § 89 Abs. 2 TKG besagt, daß Telekommunikationsdaten nur zu vorher genau festgelegten Zwecken erhoben und genutzt werden dürfen. Es gilt eine strikte Zweckbindung.

Man unterscheidet die Bestandsdaten, die Verbindungsdaten und die Inhaltsdaten: Die Bestandsdaten beinhalten die personenbezogenen Daten, die zum Abschluß eines Vertragsverhältnisses erforderlich sind[590]. Zu den Verbindungsdaten gehören neben dem Namen des Kunden die gewählte Nummer und die Dauer und Uhrzeit des Gesprächs[591]. Die Inhaltsdaten sind der Inhalt des Gesprächs selbst, zu deren Speicherung und Nutzung der Telefonanbieter nicht ermächtigt ist. Der Telefondiensteanbieter ist lediglich befugt, die Daten zu speichern, die für die geschäftsmäßige Erbringung der Telekommunikationsdienste erforderlich sind, aber nicht mehr. Es ist ihm gestat-

---

589 Es sei an dieser Stelle angemerkt, daß auf europäischer Ebene eine Richtlinie zum Bereich der Telekommunikation existiert, auf die jedoch nicht im einzelnen eingegangen werden soll: „Richtlinie des Europäischen Parlaments und des Rates zum Schutz personenbezogener Daten und der Privatsphäre in digitalen Telekommunikationsnetzen, insbesondere im Dienste integrierenden Telekommunikationsnetz (ISDN) und digitalen Mobilfunknetzen", Nr. 97/66/EG vom 15.12.1997, Amtsbl. EG L 24/1 vom 30.01.1998. Zum Inhalt dieser Richtlinie siehe *Jacob*, in: Tinnefeld/Phillips/Heil, S. 95 f. Diese Richtlinie hat nicht die Intention, ein eigenes Datenschutzsystem zu etablieren, im Gegensatz zur Datenschutzrichtlinie, die als bereichsübergreifende Regelung zu verstehen ist.

590 Dazu *Bizer*, DuD 1998, 570 (572); *Dix*, in: Roßnagel, TDDSG, § 5 Rn. 28.

591 Zum Umgang des Diensteanbieters mit Verbindungsdaten *Bizer*, DuD 1998, 570 (574).

tet, die Bestandsdaten zu Zwecken der Werbung, Kundenberatung oder Marktforschung zu verarbeiten und zu nutzen, allerdings nur für eigene Zwecke des Unternehmens (§ 89 Abs. 7 S. 1 TKG)[592].

II. Das Informations- und Kommunikationsdienstegesetz (IuKDG)

Zur Abgrenzung gegenüber dem Anwendungsbereich des TKG läßt sich feststellen, daß das TKG die eigentliche Telekommunikation und das TDDSG die Nutzung mittels Telekommunikation übermittelter Inhalte reglementiert[593]. Beide Gesetze sind also recht klar voneinander abgrenzbar. Zum Verhältnis von TDDSG und BDSG und der sich daraus ergebenden Notwendigkeiten für eine Gesetzesänderung ist bereits oben in ausreichendem Maße Stellung genommen worden.

III. Sonstige datenschutzrechtliche Bestimmungen im privaten Bereich

Nur der Vollständigkeit halber seien an dieser Stelle weitere wichtige Normen des Datenschutzes im Privatsektor genannt, deren ausführliche Behandlung jedoch in diesem Rahmen nicht möglich ist. Das BGB enthält in § 823 Abs. 1 das Tatbestandsmerkmal „sonstiges Recht", bei dessen Verletzung ein zivilrechtlicher Schadensersatzanspruch entsteht. Der BGH hat das allgemeine Persönlichkeitsrecht als sonstiges Recht anerkannt und damit Schadensersatz auch dann zugesprochen, wenn der Schaden immateriell ist[594]. Datenschutzrecht ist damit auch Persönlichkeitsschutzrecht[595].

---

[592] *Bizer,* DuD 1000, 570 (573); vgl. auch *Königshofen,* RDV 1997, 97 (102). Umfassend zum Datenschutz durch das TKG siehe auch *Hobert,* S. 104 ff. Zu den Entwicklungen und Gefahren im Telekommunikationssektor siehe *Eberspächer,* in: Tinnefeld/Phillips/Heil, S. 147 ff.
[593] Siehe *Engel-Flechsig,* RDV 1997, 59 (61).
[594] *BGHZ* 26, 349; 30, 7 (11); *BGH* NJW 1996, 984; NJW 1971, 698.
[595] *Tinnefeld/Ehmann,* S. 78.

Der Arbeitnehmerdatenschutz, dessen Regelung in einem speziellen Gesetz seit Jahren gefordert wird, ist bislang subsidiär im BDSG und im BetrVG enthalten[596]. Das BetrVG enthält in den §§ 80 und 87 Aufgaben und Rechte des Betriebsrats. Dieser hat unter anderem auch ein Recht auf Mitbestimmung bei der Einführung und Anwendung von technischen Einrichtungen, die das Verhalten und die Leistung der Arbeitnehmer überwachen sollen[597]. Ermöglicht wird dieses Mitbestimmungsrecht durch ein Unterrichtungs- und Beratungsrecht des Betriebsrats gegenüber dem Arbeitgeber aus § 90 Abs. 1 und 2 BetrVG. Dabei ist unter datenschutzrechtlichen Aspekten insbesondere § 90 Abs. 1 Nr. 2 und 4 BetrVG von Bedeutung, wonach die Gestaltung technischer Anlagen und der Arbeitsplätze mit dem Betriebsrat abzustimmen ist. Eine übermäßige Überwachung der Arbeitnehmer soll dadurch verhindert werden. Die Zulässigkeit der Informationsbeschaffung durch den Arbeitgeber mittels Verwendung von Personalfragebögen hängt von der Zustimmung des Betriebsrats ab, § 94 Abs. 1 BetrVG[598].

---

[596] Für eine auf europäischer Ebene harmonisierte (spezielle) Regelung zum Arbeitnehmerdatenschutz plädiert *Däubler*, in: Tinnefeld/Phillips/Heil, S. 110 ff. Andererseits ist aber bereits die allgemeine EG-Datenschutzrichtlinie auch auf Arbeitsverhältnisse anwendbar. Zum Datenschutz im Arbeitsverhältnis ausführlich *Tinnefeld / Ehmann*, S. 124 ff.

[597] Siehe § 87 Abs. 1 Nr. 6 BetrVG.

[598] Zur europarechtlichen Dimension des Arbeitnehmerdatenschutzes nimmt *Däubler*, in. Tinnefeld/Phillips/Heil, S. 110 ff, ausführlich Stellung.

Teil 4:

Die Entwürfe für ein neues BDSG unter Berücksichtigung der EG-Datenschutzrichtlinie

A. Überblick

Seit der Verabschiedung der EG-Datenschutzrichtlinie im Jahr 1995 wurden circa zehn Entwürfe für ein novelliertes BDSG der Öffentlichkeit zugänglich gemacht[599]. Dabei handelt es sich um acht Referentenentwürfe aus dem BMI, einen Entwurf der Bundestagsfraktion Bündnis 90/Die Grünen und den Kabinettsbeschluß vom 14. Juni 2000. Im folgenden soll der Entwurf der Fraktion Bündnis 90/Die Grünen dargestellt werden, da es sich bei ihm um das einzige, bislang öffentlich vorgeschlagene Regelungswerk handelt, das in innovativer, zukunftsorientierter und konsequenter Weise versucht, das BDSG zu erneuern.

B. Der Gesetzentwurf der Bundestagsfraktion Bündnis 90/Die Grünen

I. Zur Entstehungsgeschichte dieses Entwurfs

Der Entwurf der Bundestagsfraktion Bündnis 90/Die Grünen[600] entstand zu einem Zeitpunkt, als sich die Gesetzgebungsmaschinerie der damaligen Regierungskoalition aus CDU/CSU und FDP nur sehr mühsam bewegte[601]. Die Fraktion von Bündnis 90/Die Grünen beauf-

---

[599] Eine Übersicht dazu ist online verfügbar unter <http://www.modernes-daten-recht.de>.

[600] BT-Drs. 13/9082 vom 14.11.1997; im folgenden als B90-E bezeichnet.

[601] Dies lag insbesondere daran, daß man in der Regierungskoalition aus CDU/CSU und FDP von einem sehr geringen Veränderungsbedarf aufgrund der Richtlinie ausging. Siehe dazu *Jaspers*, RDV 1996, 18: Frau Martina Weber, die damals zuständige Referatsleiterin im BMI, favorisiere eine Umsetzung „im unteren Bereich des durch die Richtlinie vorgegebenen Rahmens", also die sogenannte „kleine Lösung".

tragte die Deutsche Vereinigung für Datenschutz e. V. (DVD), einen BDSG-Entwurf auszuarbeiten, der sich von dem Gedanken lösen sollte, möglichst an den bestehenden Regelungsstrukturen festhalten zu wollen[602]. Die Bundestagsfraktion von Bündnis 90/Die Grünen brachte den Entwurf der DVD im November 1997 als Gesetzentwurf im Bundestag ein; er wurde jedoch – was kaum überraschend gewesen sein mag – von der Regierungskoalition abgelehnt[603]. Erstaunlich ist allerdings, daß auch nach dem Regierungswechsel 1998 kein Versuch unternommen wurde, diesen Gesetzentwurf zu realisieren[604].

II. Inhalte dieses Novellierungsvorschlags

Warum dieser Entwurf im Grunde alle Aspekte aufgreift, die bislang erörtert wurden und sie (jedenfalls ansatzweise[605]) zufriedenstellend löst, zeigt schon ein Blick auf die wichtigsten Bestrebungen des Entwurfs[606]:

- Vollständige Umsetzung der EG-Datenschutzrichtlinie

- Beibehaltung aller bewährten Vorschriften

- Anpassung an vorhandene, besondere Datenschutzgesetze wie TKG und TDDSG

- Anpassung an neue technische, sich ständig weiter entwickelnde Rahmenbedingungen

- Datenschutz durch Anwendung von Technik

- Löschung aller überflüssigen und bürokratischen Regelungen[607]

---

[602] *Weichert*, RDV 1999, 65.
[603] *Weichert*, RDV 1999, 65 (66); *Jacob*, RDV 1999, 1 (2).
[604] Die Stellungnahme des BMI zum Entwurf vom 6.07.1999 enthält keinen Hinweis darauf, daß die Überlegung angestellt wurde, den B90-E wieder in das Gesetzgebungsverfahren einzubringen, obwohl zu diesem Zeitpunkt die Fraktion von Bündnis 90 / Die Grünen bereits an der Regierung beteiligt war.
[605] So im Ergebnis *Runge*, DuD 1998, 589 (592).
[606] Nach *Weichert*, RDV 1999, 65 (67).
[607] Diesen Aspekt greift auch *Bäumler*, RDV 1999, 5 (7) auf.

- Vermeidung einer weiteren Ausdifferenzierung des Datenschutz-rechts

- Verbesserter Grundrechtsschutz.

Bezüglich der Richtlinienumsetzung tendiert der B90-E trotz des An-liegens einer vollständigen Umsetzung nicht dahin, den Richtlinien-text „abzuschreiben", sondern vielmehr die Richtlinie in den vorhan-denen Rahmen einzupassen[608]. Als Beispiele für eine konsequente Umsetzung sind zu nennen:

1. Die richtlinienkonforme Einführung eines Verarbeitungsbegriffs in § 3 Abs. 3 B90-E, der umfassend jeden Umgang mit perso-nenbezogenen Daten beinhaltet, macht die rechtliche Differenzie-rung von Erhebung, Verarbeitung und Nutzung und die damit verbundenen Abgrenzungsprobleme obsolet.

2. Die generelle Einbeziehung von Akten in den Anwendungsbereich des BDSG im Privatsektor durch § 1 Abs. 2 Nr. 2 B90-E bewirkt eine sinnvolle Vereinfachung der Materie, die an dieser Stelle insbesondere für den Betroffenen ohnehin schon schwer verständ-lich ist.

3. Gleichstellung der Verarbeitung in der Bundesrepublik Deutsch-land mit der EU-weiten Datenverarbeitung in § 1 Abs. 3 B90-E und die klare und übersichtliche Regelung von Datenübermitt-lungen in Staaten außerhalb der EU in § 8 B90-E.

4. Die Einführung eines Widerspruchsrechts im allgemeinen Teil des BDSG durch § 28 B90-E ist in der hier geplanten Form vor allem deshalb sachgerecht, weil die Formulierung sehr konkret und wenig verklausuliert ist. Die Richtlinienvorgabe des Art. 14 lit. a ist hier optimal umgesetzt. Eine weitergehende Konkretisie-rung des Gesetzestextes ist nicht erforderlich, denn dies würde den Grundrechtsschutz nicht verstärken, sondern ihn nur durch schlechte Lesbarkeit erschweren. Denn gerade derjenige, zu des-sen Gunsten eine Norm wirken soll, muß in der Lage sein, den

---

[608] *Weichert*, RDV 1999, 65 (67).

Schutzgehalt der Norm zu verstehen[609]. *Bull* sieht einen großen Vorteil des B90-E in der gut gelungenen Verteilung der materiellen Rechtsnormen in den Allgemeinen und den Besonderen Teil des Gesetzes und in der Vermeidung von zu breit angelegten Regeln, die dann wiederum durch zahlreiche Ausnahmen zurückgenommen werden müssen[610]. Letzteres sei beim Entwurf des BMI der Fall[611].

Leider ist dieser Gesetzentwurf in der datenschutzrechtlichen Diskussion fast schon wieder in Vergessenheit geraten, da seiner Realisierung durch den Gesetzgeber kaum noch Chancen eingeräumt werden können[612].

---

[609] *Bäumler*, RDV 1999, 5 (7).
[610] *Bull*, RDV 1999, 148 (153).
[611] *Bull*, RDV 1999, 148 (153).
[612] Die Erwartungen, die z. B. der Berufsverband der Datenschutzbeauftragten Deutschlands (BvD) e. V. noch im Oktober 1998 (also zu Beginn der rotgrünen Koalition) in den B90-E gesteckt hat, wurden nicht erfüllt. Man war in Fachkreisen nach dem Regierungswechsel in Bonn der festen Ansicht, dieser Entwurf werde nun realisiert. Am 29.10.1998 legte der BvD einen Vorschlag zur BDSG-Novellierung vor (online unter <http://www.bvdnet.de/ texte/bdsg_bvd.htm>), der sich stark am B90-E orientierte, *„weil dieser nach der Bundestagswahl der einzig vorliegende ist, der eine Chance hat, realisiert zu werden."* Daß das BMI letztlich auf die Vorentwürfe aus der Amtszeit Manfred Kanthers zurückgreifen würde, ahnte zu diesem Zeitpunkt wohl kaum jemand.

Teil 5:

Das BDSG 2001

Auch wenn der Gesetzentwurf des BMI, der am 14. Juni 2000 vom Bundeskabinett beschlossen wurde[613], dann von Bundestag und Bundesrat akzeptiert wurde und am 23. Mai 2001 in Kraft trat, bereits auf den ersten Blick einen wirklichen Reformwillen vermissen läßt, so wurde er dennoch von den meisten Experten begrüßt[614]. Dies liegt wohl nicht zuletzt daran, daß man lieber eine schnelle Richtlinienumsetzung erreichen wollte, als noch jahrelang auf eine Totalrevision des Datenschutzrechts zu warten, die dann auch eine Umsetzung der Richtlinie beinhalten würde[615]. Lapidar ausgedrückt: Man akzeptiert also Defizite, so lange sich wenigstens überhaupt etwas bewegt[616].

A. Inhalt und Zweck

Der Gesetzentwurf, der vom Bundeskabinett am 14. Juni 2000 beschlossen worden ist[617], dient der Anpassung des BDSG an die EG-Datenschutzrichtlinie[618]. Im wesentlichen entspricht die Entwurfsfassung vom 14. Juni 2000 dem Gesetzestext des BDSG 2001. Lediglich

---

[613] BR-Drucksache 461/00 vom 18.08.2000 und BT-Drs. 14/4329.

[614] Siehe die Presseerklärung der *Deutschen Vereinigung für Datenschutz e.V. (DVD)* vom 20. Juni 2000, online verfügbar unter <http://www.aktiv.org/ DVD> und die *Entschließung der 60. Konferenz der Datenschutzbeauftragten des Bundes und der Länder* vom 12./13. Oktober 2000.

[615] Derzeit wird zwar offiziell von einer 2. Stufe der BDSG-Reform noch in dieser Legislaturperiode ausgegangen; dies erscheint aber wenig überzeugend, wenn man sich erinnert, daß die Umsetzung der Datenschutzrichtlinie, die schließlich schon seit 1995 ansteht, erst im Jahr 2001 durchgeführt wurde.

[616] Dazu *Schild*, Stellungnahme zu dem Referentenentwurf, JurPC Web-Dok. 2/2000, Abs. 27: „*Nur unter Beachtung der politischen Erklärung, daß unverzüglich in einem zweiten Schritt das Gesetz insgesamt und ohne (...) Vorbehalte auf den Prüfstand kommt, erscheint das vorliegende Werk überhaupt noch vertretbar.*"

[617] Im folgenden als E-BDSG bezeichnet.

[618] *Christians*, Statusbericht zur Novellierung des BDSG, S. 4 und 5.

einige stilistische und minimale inhaltliche Änderungen sind vorgenommen worden.

Aus dem Statusbericht des BMI ist jedoch auch ersichtlich, daß innovative und zukunftsorientierte Instrumente und Aufgaben des Datenschutzes auch von der Bundesregierung inzwischen erkannt und akzeptiert werden[619]. Selbstdatenschutz[620] durch Verwendung digitaler Signaturen und Verschlüsselungssoftware, Transparenz der Datenflüsse und der verstärkte Einsatz datenschutzfreundlicher Technologien werden als Faktoren genannt, die Einfluß auf den weiteren Reformprozeß haben sollen[621]. Es drängt sich dabei ganz stark die Frage auf, warum nicht eine Gesetzesinitiative vorgelegt wurde, die bereits diese Gedanken berücksichtigt, zumal das BMI und damit die Bundesregierung die Anliegen der Datenschützer verstanden haben.

Im folgenden sollen schwerpunktmäßig einige Änderungen herausgegriffen werden, deren Umsetzung in besonderem Maße das bisherige Datenschutzsystem verändert hat[622]. Anschließend ist kurz auf die Neuerungen im Gesetzestext einzugehen, die über den Umsetzungsbedarf, der sich aus der Richtlinie ergibt, hinausgehen.

---

[619] *Christians*, S. 6.

[620] Unter „Selbstdatenschutz" versteht man die Nutzung schützender Verfahren durch den Betroffenen selbst. Er selbst kann z. B. durch die Verwendung von Software-Anwendungen die Preisgabe persönlicher Informationen reduzieren.

[621] *Christians*, S. 6. Für eine stärkere rechtliche Verankerung und Institutionalisierung des Selbstschutzes auch *Trute*, JZ 1998, 822 (829).

[622] Als Übersicht zur Umsetzung der einzelnen Richtlinienvorschriften siehe den Anhang „Umsetzung der EG-Datenschutzrichtlinie im nicht-öffentlichen Bereich des BDSG", Stand: 23. Mai 2001.

B. Änderungen aufgrund der EG-Datenschutzrichtlinie: Defizite gegenüber den europarechtlichen Vorgaben?

I. Änderung der wichtigsten Begrifflichkeiten und des Anwendungsbereichs

§ 1 BDSG 2001 modifiziert den Anwendungsbereich des Gesetzes für den nicht-öffentlichen Bereich dahingehend, daß nun jede automatisierte Verarbeitung personenbezogener Daten zur Anwendbarkeit des BDSG führt. Im Falle einer nicht-automatisierten (d. h. manuellen) Verarbeitung ist das BDSG nur dann anwendbar, wenn diese Daten aus einer Datei stammen. § 27 Abs. 1 BDSG 2001 wiederholt diese Feststellung noch einmal speziell für den nicht-öffentlichen Bereich. Damit ist Art. 3 Abs. 1 der Richtlinie umgesetzt[623].

Die Einschränkung des Anwendungsbereichs für Zwischendateien und Daten aus nicht-automatisierten Dateien in § 1 Abs. 3 BDSG 90 ist weggefallen, da Art. 3 Abs. 1 der Richtlinie eine solche Privilegierung nicht vorsieht.

§ 1 Abs. 5 S. 1 BDSG 2001 erklärt in Umsetzung von Art. 4 Abs. 1 lit. a das BDSG für anwendbar, wenn eine ausländische Stelle eine *Niederlassung* im Inland hat. In allen anderen Fällen ist die Datenverarbeitung einer verantwortlichen Stelle eines anderen Mitgliedsstaats der EU in der Bundesrepublik Deutschland nicht nach dem BDSG zu beurteilen, sondern nach dem Recht des jeweiligen EU-Mitgliedsstaats[624]. Wenn dagegen eine verantwortliche Stelle, die nicht in der EU oder in einem anderen Vertragsstaat des Abkommens über den Europäischen Wirtschaftsraum belegen ist, im Inland Daten erhebt, verarbeitet oder nutzt, so bleibt das BDSG anwendbar, § 1 Abs. 5 S. 5 BDSG 2001.

Als Folge aus der Definition des Anwendungsbereichs in Art. 3 Abs. 1 enthält § 3 Abs. 2 BDSG 2001 eine Umschreibung der Begriffe „automatische Verarbeitung" und „nicht-automatisierte Datei".

---

[623] *Christians*, S. 9.
[624] Zum Begriff der „Niederlassung" verweist die Entwurfs-Begründung auf § 42 Abs. 2 GewO.

Weiterhin problematisch scheint aber wohl die Frage der Einbeziehung von Akten in den Anwendungsbereich des BDSG zu sein. Das BMI[625] ist der Ansicht, daß die Definition der nicht-automatisierten Datei dazu führe, daß Akten weiterhin fast gänzlich vom sachlichen Anwendungsbereich ausgeschlossen bleiben. Dagegen hält *Brühann* die Ausnahmebestimmungen für Akten des alten BDSG 90 für hinfällig[626]. Dieser vordergründige Widerspruch löst sich allerdings auf, wenn man überlegt, ob nicht die Ausnahme die Regel sein wird. Denn der Begriff der Akte ist nicht mehr ausdrücklich im Gesetzestext enthalten, man kann Akten aber unter den Begriff der nicht-automatisierten Datei subsumieren. Danach sind Akten aber nur dann vom Anwendungsbereich erfaßt, wenn sie gleichartig aufgebaut und nach bestimmten Merkmalen zugänglich sind und ausgewertet werden können. Wenn Versicherungen oder Rechtsanwaltskanzleien umfassende Aktensammlungen verwalten, so ist doch davon auszugehen, daß diese gleichartig aufgebaut[627] sind, nach bestimmten Merkmalen zugänglich sind[628] und ausgewertet werden können[629].

Wie bereits ausgeführt, hat auch der Richtliniengeber die Akten grundsätzlich mit in den Anwendungsbereich der Richtlinie aufnehmen wollen.

Befremdlich erscheint der Wille des Gesetzgebers, an der bisherigen Trennung von Erhebung und Verarbeitung festhalten zu wollen[630], zumal dies dem einheitlichen Verarbeitungsbegriff der Richtlinie und der damit intendierten Vereinfachung rechtlicher Vorschriften widerspricht[631]. Die neue Regelung ist damit rechtswidrig, weil sie nicht richtlinienkonform ist.

---

[625] *Christians*, S. 9.

[626] *Brühann*, DuD 1996, 66 (69).

[627] Alle werden ein Deckblatt haben mit Name und Kundennummer oder ähnlichem.

[628] Alphabetisch geordnet oder nach Datum bzw. Jahr.

[629] Beispiel: Es wäre möglich, alle Kunden, die im Jahr 1994 eine Hausratsversicherung abgeschlossen haben, umgehend zu ermitteln.

[630] Siehe § 3 Abs. 3 und 4 BDSG 2001.

[631] Warum das BMI diese Tatsache als „bemerkenswert" bezeichnet, entzieht sich der Kenntnis eines objektiven Betrachters, siehe *Christians*, S. 10.

§ 3 Abs. 9 BDSG 2001 enthält schließlich eine Definition sensitiver Daten im Sinne von Art. 8 Abs. 1 der Richtlinie. Damit akzeptiert der Gesetzgeber die dem deutschen Datenschutzverständnis bislang fremde Differenzierung zwischen einfachen und besonderen Daten[632].

II. Legaldefinition der Einwilligung des Betroffenen

Die Zuweisung einer eigenen Vorschrift für die Einwilligung in § 4 a BDSG 2001 ist zwar nicht zwingend erforderlich, aber sachgerecht, um die Bedeutung der Zustimmung des Betroffenen zu verdeutlichen. Die Vorschrift berücksichtigt die Vorgaben des Art. 2 lit. h der Richtlinie in hinreichender Weise.

Die Einwilligung stellt, wenn man eine Parallele zwischen personenbezogenen Daten und dem Eigentum im Sinne von Art. 14 Abs. 1 GG ziehen will, einen potentiellen Verzicht auf die Verfügungsbefugnis über seine Daten dar. Grundsätzlich besteht ein Schriftformerfordernis. Der Forderung, über den Umsetzungsbedarf der Richtlinie hinaus eine elektronische Einwilligung rechtlich vorzusehen[633], wurde nicht entsprochen. In § 3 Abs. 7 TDDSG ist bereits eine entsprechende Regelung enthalten. Eine Übernahme wäre wünschenswert gewesen[634], um die inzwischen fast alltägliche Preisgabe von Daten über E-Mails dem konventionellen Schriftverkehr gleichzustellen. Auch hier taucht wieder die Abgrenzungsproblematik zwischen BDSG und TDDSG auf. Die fehlende Rechtseinheitlichkeit führt dazu, daß in die Verarbeitung bestimmter personenbezogener Daten elektronisch eingewilligt werden kann, bei anderen Daten dies jedoch nicht möglich ist[635].

---

[632] *Christians*, S. 10.

[633] Vorgetragen zum Beispiel von der *GDD*, Stellungnahme zum E-BDSG vom 25.05.2000.

[634] So auch *Jacob*, DuD 2000, 5 (10) und der *LfD S-H*, Stellungnahme zum BDSG-Entwurf vom 06.07.1999, zu § 4 a.

[635] Die Verwirrung läßt sich noch steigern, wenn man bedenkt, daß Daten sowohl dem BDSG als auch dem TDDSG unterfallen können. So sind Name und Adresse sowohl für die Inanspruchnahme des Teledienstes selbst als auch bei der Online-Bestellung von Waren anzugeben. Die elektronische Einwilligung in dem einen Fall ist allerdings unabhängig von der Datenver-

Aufgrund der Tatsache, daß jetzt auch im nicht-öffentlichen Bereich eine strengere Zweckbindung existiert, muß der Betroffene über den Zweck der vorgesehenen Verarbeitung, Erhebung oder Nutzung informiert werden[636]. Dazu gehört gegebenenfalls auch der Hinweis auf die Folgen einer verweigerten Einwilligung. Denn wenn die Verweigerung seiner Daten für den Betroffenen keine negativen Folgen hat, wird er vielleicht einer Verarbeitung nicht zustimmen. Dadurch wird ein Unternehmen im Idealfall gezwungen, von einem Kunden nur die für einen Vertragsabschluß notwendigen Daten abzufragen, weil eine Einwilligung in die Verarbeitung dieser Daten notwendig ist, um überhaupt das Geschäft zum Abschluß bringen zu können[637]. § 4 a Abs. 3 BDSG 2001 sieht für die Fälle einer Erhebung, Verarbeitung oder Nutzung sensitiver Daten im Sinne von § 3 Abs. 9 BDSG 2001 vor, daß sich die Einwilligung ausdrücklich auf diese Daten beziehen muß. Damit ist Art. 8 Abs. 2 lit. a der Richtlinie umgesetzt.

III. Gleichstellung des nationalen mit dem inner-europäischen Datenverkehr

Die §§ 4 b und 4 c BDSG 2001 enthalten erstmalig für den privaten Sektor spezifische Regelungen für den Datentransfer ins Ausland. Dabei unterscheidet das neue Gesetz entsprechend der Richtlinie zwischen dem Datenverkehr innerhalb der EU und dem Datenverkehr mit Staaten außerhalb der EU. § 4 b Abs. 1 BDSG 2001 stellt den innergemeinschaftlichen Datenverkehr dem inländischen gleich, indem für den privaten Sektor die §§ 28 bis 30 BDSG 2001 für anwendbar erklärt werden. Diese Harmonisierung gilt allerdings nur für solche Datenübermittlungen, die dem Anwendungsbereich der EG-Datenschutzrichtlinie unterfallen[638]. § 4 b Abs. 2 BDSG 2001

---

arbeitung in dem anderen Fall. Folglich kann der Verarbeitung eines konkreten Datums hier zugestimmt werden, dort aber nicht.

[636] Siehe § 4 a Abs. 1 S. 2 BDSG 2001.

[637] Eine Verweigerung dieser Daten hätte dann tatsächlich Nachteile für den Kunden: Wer keine Angaben über seine Vermögensverhältnisse bei einem Kreditinstitut machen möchte, bekommt auch keinen Kredit.

[638] *Christians*, S. 11.

regelt nämlich abweichend die Fälle, in denen ein Datentransfer in EU-Staaten vorliegt, dieser aber nicht in den Anwendungsbereich der Richtlinie fällt. Dies verdeutlicht, daß dem Gesetzgeber an einer exakten und wortlautgetreuen Umsetzung der europarechtlichen Vorgabe gelegen ist, nicht aber an einer darüber hinaus gehenden Vereinheitlichung der rechtlichen Schutzstandards.

Gleichzeitig gilt § 4 b Abs. 2 BDSG 2001 auch für jeglichen Datentransfer in Drittstaaten, wobei die Lesbarkeit und Verständlichkeit dieses Absatzes Anlaß zu Kritik bietet: Die Intention der Richtlinie, den Datenverkehr innerhalb der Gemeinschaft zu liberalisieren, dafür aber strengere Voraussetzungen bei einer Datenübermittlung in einen Staat außerhalb der EU zu schaffen, wird in der deutschen Regelung nicht deutlich genug zum Ausdruck gebracht. Die Differenzierung, die in Art. 1 und 25 der Richtlinie vorgenommen wurde, ist im BDSG 2001 nicht ausreichend erkennbar.

§ 4 b Abs. 3 BDSG 2001 umschreibt das in § 4 b Abs. 1 genannte Kriterium der Angemessenheit des Schutzniveaus und setzt damit Art. 25 Abs. 2 der Richtlinie fast wörtlich um. Problematisch und durch das Gesetz nicht ausreichend bestimmt ist meines Erachtens die Frage, wer oder welche Stelle ermächtigt ist, die Angemessenheit des Schutzniveaus in einem Drittstaat[639] festzulegen. Nach Aussage des BMI[640] kann die verantwortliche Stelle selbst diese Entscheidung treffen, also das Unternehmen, das personenbezogene Daten in den Drittstaat übermitteln will. Diese Aussage halte ich für nicht mit der Richtlinie vereinbar, zumal dort in Art. 25 Abs. 4 und 6 der EU-Kommission die Kompetenz zugesprochen wird, rechtsverbindlich feststellen zu können, ob ein Drittland ein angemessenes Schutzniveau besitzt oder nicht. Die praktische Konsequenz wäre, daß ein Unternehmen behaupten kann, ein (de facto unsicherer) Drittstaat hätte durchaus ein angemessenes Schutzniveau. Eine spätere, gegenteilige Entscheidung der EU-Kommission (die dann verbindlich ist) könnte einen bereits erfolgten Datentransfer nicht mehr rückgängig machen. Andererseits ist es aus Praktikabilitätsgründen nicht realisierbar, den Datenfluß in ein Land wie zum Beispiel die USA zu

---

[639] Also in einem Staat außerhalb der EU.
[640] *Christians*, S. 11.

unterbrechen, solange die EU-Kommission nicht ein angemessenes Schutzniveau anerkannt hat.

§ 4 c BDSG 2001 beinhaltet in Umsetzung von Art. 26 Ausnahmen von dem Grundsatz, daß ein Drittlandtransfer nur bei angemessenem Schutzniveau zulässig ist.

IV. Meldepflicht und Vorabkontrolle (§§ 4 d und 4 e BDSG 2001)

Die bislang in § 32 BDSG 90 für den privaten Bereich normierte spezielle Meldepflicht ist nunmehr unter anderen Voraussetzungen in den §§ 4 d und 4 e BDSG 2001 enthalten. Es besteht jetzt nach § 4 d Abs. 1 eine grundsätzliche Pflicht zur Meldung *jeder* automatisierten Verarbeitung bei der zuständigen Aufsichtsbehörde, jedoch existieren in den Absätzen 2 und 3 weitreichende Ausnahmetatbestände. Dieses Regel-Ausnahme-Prinzip setzt Art. 18 Abs. 1 und 2 der Richtlinie um.

Die Möglichkeit einer Umgehung der Meldepflicht aufgrund der Bestellung eines Beauftragten für den Datenschutz[641] entspricht einer speziell auf deutschen Wunsch in die Richtlinie eingefügten Regelung[642]. Die Umsetzung der Richtlinie ist an dieser Stelle jedoch ungenügend, da Art. 18 Abs. 2 a. E. verlangt, daß tatsächlich sichergestellt ist, daß die Rechte und Freiheiten der betroffenen Person geschützt werden. Zeigt sich also, daß dies im konkreten Einzelfall nicht geschieht, dann muß die Meldepflicht wieder aufleben, obwohl ein betrieblicher Datenschutzbeauftragter bestellt ist. Die Institution eines betrieblichen Datenschutzbeauftragten ist für sich genommen noch keine Garantie für den Schutz der Betroffenenrechte. Der generelle Wegfall der Meldepflicht bei der Bestellung eines betrieblichen Datenschutzbeauftragten gemäß § 4 d Abs. 2 BDSG 2001 ist nicht richtlinienkonform.

---

641 Der Begriff „Beauftragter für den Datenschutz" meint hier nach dem bekannten Verständnis die behördlichen und die betrieblichen Datenschutzbeauftragten, nicht aber z. B. die Landesdatenschutzbeauftragten. Letztere sind „Aufsichtsbehörde" im Sinne von Art. 28 und § 38 BDSG 2001.
642 Art. 18 Abs. 2, 2. Spiegelstrich.

§ 4 d Abs. 3 BDSG 2001 enthält in Umsetzung von Art. 18 Abs. 2, 1. Spiegelstrich für Datenverarbeitungen, wie sie typischerweise von selbständig Berufstätigen vorgenommen werden, eine weitere Ausnahme von der Meldepflicht. Die Richtlinie läßt an dieser Stelle den Mitgliedsstaaten einen gewissen Gestaltungsspielraum, weil es dem nationalen Gesetzgeber frei steht, die konkreten Verarbeitungskategorien festzulegen, bei denen eine Beeinträchtigung der Rechte und Pflichten des Betroffenen unwahrscheinlich ist. Die Meldepflicht entfällt bei einer Verarbeitung für eigene Zwecke, wenn höchstens vier Arbeitnehmer mit der Verarbeitung personenbezogener Daten beschäftigt sind, eine Einwilligung des Betroffenen vorliegt oder die Verarbeitung der Zweckbestimmung eines Vertragsverhältnisses oder vertragsähnlichen Vertrauensverhältnisses mit dem Betroffenen dient.

Dies schließt aber beispielsweise auch kleine Internetfirmen mit ein, bei denen nur vier datenverarbeitende Mitarbeiter beschäftigt sind, die aber aufgrund heutiger Computertechnik überdurchschnittlich große Datenmengen bearbeiten. Solange aber diese Datenverarbeitung im großen Stil nicht geschäftsmäßig (d. h. für die kommerzielle Nutzung gegenüber Dritten) geschieht und die Daten nicht an andere übermittelt werden, besteht auch in diesen Fällen kein erhöhtes Risiko für die Betroffenen. Diese (auch aufgrund von Art. 18 Abs. 2 der Richtlinie notwendige) Feststellung enthält § 4 d Abs. 4 BDSG 2001. In dem neuen § 4 e BDSG 2001 sind die Angaben aufgelistet, die im Rahmen einer Meldung bei der zuständigen Aufsichtsbehörde vorzulegen sind.

§ 4 d Abs. 5 und 6 BDSG 2001 enthalten in Umsetzung von Art. 20 Abs. 1 eine Pflicht zur Kontrollprüfung bei Verarbeitungen, die besondere Risiken für die Rechte und Freiheiten der Betroffenen aufweisen (Vorabkontrolle). Dies gilt insbesondere, wenn Daten im Sinne von § 3 Abs. 9 BDSG 2001 verarbeitet werden und die Datenverarbeitung dazu dient, die Persönlichkeit des Betroffenen zu bewerten, einschließlich seiner Fähigkeiten, seiner Leistung oder seines Verhaltens. Bemerkenswert ist, daß das BDSG 2001 (ebenso wie der Kabinettsbeschluß vom 14. Juni 2000) im Gegensatz zu den Vorentwürfen die Kritik bezüglich des Verhältnisses von Meldepflicht und

Vorabkontrolle berücksichtigt hat[643]. Damit ist jetzt also der Fall möglich, daß eine Meldepflicht nach § 4 d Abs. 2 oder 3 BDSG 2001 entfällt, eine Vorabkontrolle aber dennoch stattfinden muß, weil die konkrete Datenverarbeitung besondere Risiken für den Betroffenen aufweist. Der *LfD S-H* hatte in seiner Stellungnahme darauf hingewiesen, daß die Vorabkontrolle von der Bestellung eines betrieblichen Datenschutzbeauftragten unabhängig sein muß[644].

Bei unvoreingenommener Betrachtung des Wortlauts von Art. 20 Abs. 1 und 2 der Richtlinie muß man aber konstatieren, daß eine Verknüpfung von Meldung und Vorabprüfung, wie sie in den Vorentwürfen vom Gesetzgeber geplant war, durchaus europarechtskonform ist. Nach Art. 20 Abs. 2 nimmt die Kontrollstelle solche Vorabprüfungen *nach Empfang der Meldung* vor. Damit ist jedenfalls im Grundsatz eine Anknüpfung der Vorabkontrolle an eine Meldung nicht gänzlich irrational. Das Verhältnis von Art. 18 und 20 ist jedoch bei einer Umsetzung speziell in das deutsche Recht komplizierter, weil der Bundesgesetzgeber von der Möglichkeit des Art. 18 Abs. 2, 2. Spiegelstrich Gebrauch machen will, also die Vorabkontrolle nicht an die Meldung geknüpft werden kann, denn die Bestellung eines betrieblichen Datenschutzbeauftragten läßt die Meldepflicht entfallen.

In der jetzigen Formulierung ist die Ausgestaltung von Meldung und Vorabkontrolle jedenfalls nach jeder Ansicht richtlinienkonform[645].

---

[643] Bislang ging der Gesetzgeber davon aus, daß eine Vorabkontrolle nur durchzuführen sei, wenn eine Meldepflicht tatsächlich besteht, siehe § 4 d Abs. 2 bis 5 E-BDSG i. d. F. vom 06.07.1999; siehe insbesondere die Formulierung in Abs. 5.

[644] *LfD S-H*, Stellungnahme zum Entwurf vom 06.07.1999, Erläuterung 8.

[645] Für *Jacob*, DuD 2000, 5 (7) bietet sich schon im Rahmen des Entwurfs vom 06.07.1999 in diesem Punkt kein Anlaß zur Kritik. Der von *Schild*, JurPC Web-Dok. 2/2000, Abs. 46, geäußerten Kritik wurde durch den Kabinettsentwurf entsprochen. Gleiches gilt für die Stellungnahme des *LfD S-H*, dort Erläuterung 8.

V. Besondere Behandlung sensitiver Daten

Neben der Definition sensitiver Daten in § 3 Abs. 9 BDSG 2001 enthält der Gesetzentwurf in Umsetzung von Art. 8 materielle Regelungen für diese besonderen Datenkategorien. Die §§ 29 Abs. 5 und 30 Abs. 5 BDSG 2001 erklären jeweils nur § 28 Abs. 6 bis 9 BDSG 2001 für entsprechend anwendbar, so daß eine Analyse der Absätze 6 bis 9 des § 28 BDSG 2001 hier ausreicht.

Die Problematik bei der Einfügung eines generellen Verbots der Verarbeitung sensitiver Daten liegt darin, daß bereits bisher ein gesetzliches Verbot mit Erlaubnisvorbehalt für alle personenbezogenen Daten galt, § 4 Abs. 1 BDSG 90. Der Erlaubnistatbestand des § 28 BDSG 90 mußte also um die speziellen Tatbestände ergänzt werden, die in Art. 8 Abs. 2 enthalten sind. Die Unübersichtlichkeit der Gesamtregelung wird vor allem deshalb noch erhöht, weil sich die bisherigen Erlaubnistatbestände zum Teil mit denen, die speziell für die Verarbeitung sensitiver Daten gelten, decken[646]. In beiden Fällen liegt eine Interessenabwägung zwischen dem individuellen Persönlichkeitsrecht und anderen Individual- oder Gemeinschaftsinteressen vor.

§ 28 Abs. 6 BDSG 2001 setzt Art. 8 Abs. 2 lit. c und e der Richtlinie um. Damit können z. B. Gesundheitsdaten des Betroffenen für eigene Geschäftszwecke verarbeitet werden, wenn dies zum Schutz lebenswichtiger Interessen des Betroffenen erforderlich ist und eine Einwilligung aus rechtlichen oder physischen Gründen nicht möglich ist. Auch von der Ausnahmeregelung des Art. 8 Abs. 2 lit. d macht das neue Gesetz Gebrauch, indem es in § 28 Abs. 9 BDSG 2001 die (in der Praxis unbedingt notwendige) Erlaubnis für politische, philosophische, religiöse oder gewerkschaftliche Organisationen vorsieht, besondere Arten personenbezogener Daten verarbeiten zu dürfen, sofern dies für die Tätigkeit der Organisation erforderlich ist. Der zulässige Rahmen der europarechtlichen Vorgabe wird auch hier eingehalten.

---

[646] *Christians*, S. 10, weist auf das durch die Richtlinienumsetzung entstehende doppelte Verarbeitungsverbot hin, das zwar eine Überregulierung darstellt, nach seiner Ansicht aber zwingend aufgrund der Richtlinienvorgabe ist.

VI. Automatisierte Einzelentscheidungen

Die neu eingefügte Vorschrift des § 6 a BDSG 2001 normiert in Umsetzung von Art. 15 der Richtlinie die Pflicht der verantwortlichen Stelle, eine Entscheidung, die für den Betroffenen eine rechtliche Folge hat oder ihn erheblich beeinträchtigt, nicht nur aufgrund einer automatisierten Verarbeitung personenbezogener Daten zu treffen, wenn die Daten der Bewertung einzelner Persönlichkeitsmerkmale dienen. Damit wird „blindes Vertrauen" in die Richtigkeit und Menschlichkeit automatisierter Vorgänge verhindert; ein wirklicher datenschutzrechtlicher Gewinn durch diese Regelung wird aber zum Teil bezweifelt[647].

VII. Anspruch auf Auskunft und Benachrichtigung

Der Anspruch auf Benachrichtigung („*Right of Information*"[648]) gemäß § 33 BDSG 2001 wurde aufgrund der Vorgaben des Art. 11 Abs. 1 der Richtlinie verbessert. Nunmehr sind dem Betroffenen auch die Zweckbestimmung der Erhebung, Verarbeitung oder Nutzung und die Identität der verantwortlichen Stelle mitzuteilen, § 33 Abs. 1 S. 1 BDSG 2001, und gegebenenfalls auch die Kategorien von Empfängern, an die Daten übermittelt werden. Auffällig ist, daß bei einer geschäftsmäßigen Speicherung für Zwecke der Übermittlung die Benachrichtigungspflicht in ungerechtfertigter Weise beschränkt ist[649]: Über die Zweckbestimmung und die Identität der verantwortlichen Stelle muß der Betroffene nicht informiert werden. Diese Beschränkung findet sich nicht in Art. 11 der Richtlinie. Dort ist vielmehr geregelt, daß im Fall einer beabsichtigten Weitergabe der

---

647 *Jacob*, DuD 2000, 5 (7); allerdings ist die durch *von Mutius*, VerwArch 67 (1976), 116 ff., im Zusammenhang mit den Formerfordernissen bei solchen automatisierten Entscheidungen bemängelte, unzureichende Berücksichtigung der Belange des Bürgers weitgehend beseitigt.

648 Die englischsprachige Fassung „*Information to be given to the data subject*" bringt im Grunde genommen besser die Eigenschaft eines Informationsrechts zum Ausdruck.

649 So auch *Schild*, JurPC Web-Dok. 38/1998, Abs. 113.

Daten an Dritte, spätestens bei der ersten Übermittlung, dem Betroffenen vom für die Verarbeitung Verantwortlichen die genannten Informationen vorzulegen sind.

Die Ausnahmen von der Pflicht zur Benachrichtigung in § 33 Abs. 2 BDSG 2001 sind weiterhin sehr umfangreich und nicht mit dem Erfordernis der „Notwendigkeit" in Art. 13 Abs. 1 der Richtlinie vereinbar[650]. Zwar ist durch das BMI der Versuch unternommen worden, die pauschalen Formulierungen ein wenig zu konkretisieren. Im Ergebnis konnte dies allerdings nicht zur Richtlinienkonformität führen. Als Beispiel sei § 33 Abs. 2 Nr. 8 b BDSG 2001 genannt: Danach ist die verantwortliche Stelle zur Benachrichtigung über eine Datenverarbeitung gegenüber dem Betroffenen nicht verpflichtet, wenn die Daten geschäftsmäßig zum Zwecke der Übermittlung gespeichert sind, es sich um listenmäßig oder sonst zusammengefaßte Daten handelt und eine Benachrichtigung wegen der Vielzahl der betroffenen Fälle unverhältnismäßig ist. Also hat der Verbraucher gerade dann, wenn besonders viele Daten in Listenform an fremde Firmen oder Privatpersonen weitergegeben werden, noch nicht einmal die Chance, davon in Kenntnis gesetzt zu werden.

Gerechtfertigt sind Ausnahmen von der Benachrichtigungspflicht nur in den Fällen des Art. 13 Abs. 1. Vorliegend kann nur Art. 13 Abs. 1 lit. g der Richtlinie einschlägig sein, wonach Beschränkungen möglich sind, sofern dies für den Schutz der betroffenen Person und der Rechte und Freiheiten anderer Personen notwendig ist. Der Sinn und Zweck der Richtlinie würden völlig ad absurdum geführt, wenn man die finanziellen Interessen des Unternehmens in die Interessenabwägung in dieser Form integriert: „Je mehr Daten eine verantwortliche Stelle verarbeitet, desto besser können die Betroffenenrechte beschränkt werden." Dies kann und soll nicht die Intention der Richtlinie sein.

§ 34 BDSG 2001 enthält einige umsetzungsbedingte Änderungen, die sich aus Art. 12 ergeben. Unvollständig ist die Umsetzung allerdings aufgrund der fehlenden Einfügung der Pflicht zur Auskunft in „angemessenen Abständen" und „ohne zumutbare Verzögerung". Eine

---

650 Zur Problematik *Brühann/Zerdick*, CR 1996, 429 (433).

wichtige Änderung wurde an § 34 Abs. 1 S. 3 und § 34 Abs. 2 BDSG 2001 vorgenommen: Das Erfordernis, der Betroffene müßte „begründete Zweifel" an der Richtigkeit der Daten geltend machen, war zu streichen.

Die geplante Einschränkung der Auskunftspflicht aus Interesse an der Wahrung des Betriebs- und Geschäftsgeheimnisses[651] wurde von *Schild*[652] als unverhältnismäßige Einschränkung der Betroffenenrechte bezeichnet. Jedenfalls kann diese Beschränkung nicht direkt auf den Ausnahmenkatalog des Art. 13 gestützt werden. Der Begriff „andere Personen" in Art. 13 Abs. 1 lit. g ist bei einem systematischen Verständnis der Richtlinie nicht in dem Sinne zu verstehen, daß darunter auch die verarbeitende Stelle selbst fällt. Vielmehr ist damit gemeint, daß andere natürliche Personen durch die Gewährung eines Auskunftsrechts nicht benachteiligt werden dürfen, wenn zum Beispiel mit der Auskunft auch Informationen über sie preisgegeben werden. Das BMI ist dagegen der Ansicht, daß der Schutz der „Rechte und Freiheiten anderer Personen" auch das Geschäftgeheimnis umfasse[653]. Damit sinkt das neue BDSG durch die Beschränkung des Auskunftsrechts bei Beeinträchtigungen des Betriebs- oder Geschäftsgeheimnisses in diesem Punkt unter die Mindestanforderungen der Richtlinie. Der Ausnahmenkatalog des Art. 13 ist abschließend, so daß die Mitgliedsstaaten keine weitergehenden Ausnahmen erlassen dürfen. Hier liegt somit ein weiterer Richtlinienverstoß vor.

VIII. Widerspruchsrecht und Datennutzung zu Werbezwecken

Die Richtlinie verlangt in Art. 14 kein allgemeines Widerspruchsrecht des Betroffenen, so daß der Verzicht auf ein solches allgemeines

---

[651] Siehe § 34 Abs. 1 S. 3 und Abs. 2 S. 2 BDSG 2001.

[652] *Schild*, JurPC Web-Dok 2/2000, Abs. 96; ebenso der *LfD S-H*, Stellungnahme zum Entwurf zur Novellierung des BDSG (Stand 06.07.1999) vom 02.08. 1999.

[653] Siehe die Begründung zu § 34 Abs. 1 E-BDSG in der Synopse vom 25.05. 2000.

Recht im Grunde richtlinienkonform wäre[654]; dennoch enthält der Gesetzentwurf in § 35 Abs. 5 BDSG 2001 das Recht, bei der verantwortlichen Stelle einer (rechtmäßigen[655]) Erhebung, Verarbeitung oder Nutzung zu widersprechen. Der Katalog der Betroffenenrechte wird hiermit zufriedenstellend komplettiert. Kritisch anzumerken ist allerdings, daß es an einer Informationspflicht über das Widerspruchsrecht fehlt und daß der Betroffene nicht darüber informiert wird, welche Folgen sein Widerspruch haben kann[656].

Eingeschränkt wird das Widerspruchsrecht durch die Einführung einer speziellen Prüfung: Nur wenn das schutzwürdige Interesse des Betroffenen wegen seiner besonderen persönlichen Situation das Interesse der verantwortlichen Stelle an dieser Erhebung, Verarbeitung oder Nutzung überwiegt, ist der Widerspruch zulässig. Diese Einschränkung ist zwar richtlinienkonform, weil ein allgemeines Widerspruchsrecht ohnehin nicht gefordert wird, aber dennoch in dieser Form nur eine halbherzige Verbesserung.

Das Widerspruchsrecht in Fällen der Datennutzung zu Zwecken der Werbung und Markt- oder Meinungsforschung nach Art. 14 S. 1 lit. b bestand schon in § 28 Abs. 3 BDSG 90, so daß vor allem die Einfügung der Unterrichtungspflicht über dieses Recht erforderlich war[657]. Diese Pflicht ist nun in § 28 Abs. 4 S. 2 BDSG 2001 normiert[658].

Mangelhaft ist die fehlende Anpassung von § 6 Abs. 1 BDSG 2001. Zu den dort aufgelisteten unabdingbaren Rechten des Betroffenen muß auch der Widerspruch gegen die Verarbeitung aus § 28 Abs. 4 BDSG 2001 gehören[659].

---

[654] Artikel 14 S. 1 lit. a fordert *zumindest* in den Fällen von Art. 7 lit. e und f ein Recht auf Widerspruch, also kein allgemeingültiges Widerspruchsrecht.

[655] So auch *Christians*, S. 16 und Erwägungsgrund 45 der Richtlinie.

[656] *Schild*, JurPC Web-Dok. 08/1998, Abs. 122.

[657] Dies ist eine Umsetzung von Art. 14 S. 2.

[658] Siehe dazu die Begründung des BMI in der Synopse vom 25.05.2000.

[659] So auch der *LfD S-H*, Stellungnahme zum BDSG-Entwurf vom 06.07.1999, Erläuterung 11, wobei er auch die Nennung der Anrufung der Kontrollstelle und des Anspruchs auf Schadensersatz in § 6 Abs. 1 E-BDSG fordert; ebenso *Schild*, JurPC Web-Dok. 2/2000, Abs. 55.

IX. Organisation und Aufgaben der Aufsichtsbehörden

1. *Organisation*

§ 38 Abs. 6 BDSG 2001 überläßt, in Beibehaltung der bisherigen Rechtslage und unter Berücksichtigung der Organisationshoheit der Länder, den Bundesländern die organisationsrechtliche Ausgestaltung der Aufsichtsbehörden im privaten Bereich[660]. Damit obliegt es den Ländern, die Vorgaben des Art. 28 der Richtlinie umzusetzen[661]. Deshalb muß an dieser Stelle im Wege eines Exkurses, der aber zur Vervollständigung der Materie notwendig ist, auf die landesgesetzlichen Vorschriften eingegangen werden.

Bislang haben die Länder die Aufsichtsbehörden innerhalb der Ministerialverwaltung oder beim LfD angesiedelt. Wie bereits im Zusammenhang mit der Richtlinie gezeigt wurde, ist die Inkorporierung in die Ministerialverwaltung nicht mehr mit den europarechtlichen Vorgaben vereinbar[662]. Jedenfalls hat das Land Schleswig-Holstein zum 1. Juli 2000 durch das neue LDSG die Zuständigkeit vom Innenministerium abgezogen und eine Anstalt des öffentlichen Rechts, das *„Unabhängige Landeszentrum für Datenschutz"* gegründet, das nunmehr die Funktionen der Aufsichtsbehörde wahrnimmt und lediglich einer Rechtsaufsicht unterliegt[663]. Eine Weisungsgebunden-

---

[660] Diese Sichtweise scheint sich jedoch erst seit dem BMI-Entwurf vom 25.05.2000 durchgesetzt zu haben, denn im Entwurf vom 06.07.1999 war noch in § 38 Abs. 1 S. 2 E-BDSG vorgesehen, daß die Aufsichtsbehörde in Ausübung ihrer Rechte unabhängig und nur dem Gesetz unterworfen ist und der Rechtsaufsicht der Landesregierung oder der zuständigen obersten Landesbehörde untersteht. Diese Formulierung stellte einen unzulässigen Eingriff in die Organisationshoheit der Länder dar, siehe *LfD S-H*, Stellungnahme zum BDSG-Entwurf vom 06.07.1999, Erläuterung 24.

[661] So jedenfalls die Ansicht des BMI, siehe *Christians*, S. 16.

[662] Vergleiche *von Mutius*, in: Bäumler/von Mutius (Hrsg.), S. 92 ff; anderer Ansicht jedoch *Lepper / Wilde*, CR 1997, 703 (704): Die Aufsichtsbehörden seien schon jetzt unabhängig von der zu kontrollierenden Privatwirtschaft, und dies sei allein maßgeblich.

[663] Als erster hatte *von Mutius*, in: Bäumler/von Mutius (Hrsg.), S. 92 ff. diese Möglichkeit in die Diskussion eingebracht. Zur rechtlichen Ausgestaltung des „Unabhängigen Landeszentrums für Datenschutz" in Schleswig-Holstein siehe *Gola / Schomerus*, ZRP 2000, 183 (184).

heit der Aufsichtsbehörde, wie sie bislang bei der Einbettung in die Ministerialverwaltung Realität war, darf es nicht mehr geben[664]. Der Verzicht auf eine Rechtsaufsicht dagegen, der sich nach dem Wortlaut der Richtlinie durchaus vertreten läßt, würde allerdings meines Erachtens zu weit führen. Dies wäre ein Verstoß gegen das Rechtsstaatsprinzip, das als allgemeiner Rechtsgrundsatz aus Art. 20 Abs. 3 GG und anderen Verfassungsnormen hergeleitet wird[665]. Es ist eines der elementaren Prinzipien des Grundgesetzes[666].

Fraglich ist nur, ob eine gemeinschaftsrechtliche Richtlinienvorschrift nicht Geltungsvorrang oder zumindest Anwendungsvorrang vor einem Verfassungsprinzip eines Mitgliedsstaates hat. Wenn dies so wäre, sind Diskussionen über die Verfassungsmäßigkeit einer völlig unabhängigen Aufsichtsbehörde überflüssig, ebenso wie die Interpretation des Begriffs der „völligen Unabhängigkeit" im Lichte des deutschen Verfassungsrechts. Eine Harmonisierung europäischer Rechtsnormen kann niemals effektiv sein, wenn jeder Mitgliedsstaat die gemeinschaftsrechtlichen Vorgaben stets interpretiert und manipuliert, bis sie in sein nationales Rechtsverständnis hineinpassen. Nach Ansicht des EuGH setzt sich deshalb jede Form des Gemeinschaftsrechts uneingeschränkt gegen anderslautendes nationales Recht durch[667].

Jedoch habe ich bereits im Rahmen von Art. 28 darauf hingewiesen, daß eine Rechtsaufsicht mit der Systematik der Richtlinie durchaus vereinbar ist mit der Folge, daß eine Konfliktsituation zwischen nationalem und Europarecht nicht besteht. Gemäß Art. 28 Abs. 3 a. E. steht gegen beschwerende Entscheidungen der Kontrollstelle der Rechtsweg offen. Damit ist eine Kontrolle der aufsichtsbehördlichen Entscheidungen (ausschließlich) im Hinblick auf die Rechtmäßigkeit durch die Gerichte möglich, wobei kein vernünftiger sach-

---

[664] Dazu *von Mutius*, in: Bäumler/von Mutius (Hrsg.), S. 109; Arlt/Piendl, CR 1998, 714 (716).

[665] *BVerfGE* 7, 89 (92 f); 52, 131 (144 f).

[666] *BVerfGE* 20, 323 (331).

[667] Costa v. ENEL, Slg. 1964, 1251 (1269 ff). Dazu *Oppermann* § 6 Rn. 634, 615; *EuGHE* 1968, 373 – Rs. 34/67; *EuGHE* 1978, 629 ff. – Rs. 106/77 („Simmenthal"); Herdegen § 11 Rn. 228.

licher Grund erkennbar ist, warum eine Überprüfung nicht auch durch eine Verwaltungsbehörde vorgenommen werden darf. Vergleichbar ist die Situation mit dem verwaltungsgerichtlichen Vorverfahren, dem Widerspruchsverfahren nach § 68 VwGO. Die Kontrollstellen im Sinne von Art. 28 sind in Anbetracht der Regelung in Art. 28 Abs. 3 a. E. nicht völlig unabhängig, sondern einer Rechtmäßigkeitskontrolle durch die Gerichte unterworfen. Die Definition einer „völligen Unabhängigkeit" wird also durch die Richtlinie selbst eingeschränkt. Damit ist die Kontrolle aufsichtsbehördlicher Entscheidungen durch eine Rechtsaufsicht im privaten Sektor richtlinienkonform.

Neben dem „Kieler Modell"[668], also der Einrichtung einer Anstalt des öffentlichen Rechts, kann auch das „Berliner Modell"[669] als richtlinienkonform bezeichnet werden[670]. In Berlin ist der LfD seit 1995 Aufsichtsbehörde für die Datenschutzkontrolle im nicht-öffentlichen Bereich, hat also eine Doppelfunktion. Die Tatsache, daß der LfD in Berlin selbst bereits seit 1978 oberste Landesbehörde ist[671], trägt dazu bei, daß ausreichende rechtliche Garantien bestehen, die die Voraussetzung einer „völligen Unabhängigkeit" im Sinne von Art. 28 Abs. 1 der Richtlinie erfüllen.

2. Unzureichende Kompetenzen und Ermächtigungsgrundlagen für die Aufsichtsbehörden

a) Anordnungsbefugnis bleibt auf technisch-organisatorische Mängel beschränkt

Wie bereits im Zusammenhang mit der Darstellung der Richtlinienvorgaben angesprochen, sind die Eingriffsbefugnisse der Aufsichtsbehörden im privaten Bereich unzureichend; dieses Defizit wurde durch das neue BDSG 2001 nicht behoben.

---

[668] Siehe *Bäumler*, DuD 2000, 20 (21).
[669] Dazu *Garstka*, DuD 2000, 289.
[670] So auch *Simitis*, NJW 1997, 281 (287).
[671] Siehe *Garstka*, DuD 2000, 289.

Ungenügend ist der neue Gesetzestext hinsichtlich des Aufgabenkatalogs: Die Aufsichtsbehörden haben lediglich die Berechtigung
bekommen, bei Verstößen gegen das BDSG oder andere Vorschriften
über den Datenschutz, den Betroffenen und auch die für die Ver-
folgung oder Ahndung zuständigen Stellen hierüber zu informieren.
Bei schwerwiegenden Verstößen darf sie die zuständige Gewerbe-
aufsichtsbehörde zur Durchführung gewerberechtlicher Maßnahmen
unterrichten (§ 38 Abs. 1 S. 5 BDSG 2001). Positiv zu vermerken ist
die Streichung des Erfordernisses „hinreichender Anhaltspunkte" für
die Verletzung datenschutzrechtlicher Vorschriften durch eine private Stelle. Damit ist die Aufgabentrennung zwischen anlaßabhängigen
und anlaßunabhängigen Kontrollmaßnahmen weggefallen. Doch ist
die Möglichkeit der Erforschung materieller Rechtsverstöße nur sinnvoll, wenn anschließend ihre Ahndung oder Untersagung möglich ist.
Die Anordnungsbefugnis zur Untersagung bestimmter einzelner Verarbeitungen beschränkt sich aber weiterhin auf technisch-organi-
satorische Mängel, § 38 Abs. 5 BDSG 2001. Materiell-rechtlichen
Datenschutzverstößen kann somit weiterhin nicht effektiv genug
begegnet werden[672]. Positiv zu vermerken ist die Einführung einer
Strafantragsberechtigung der Aufsichtsbehörde, § 44 Abs. 2 BDSG
2001[673].

Art. 28 Abs. 3, 2. Spiegelstrich der Richtlinie fordert wirksame
Eingriffsbefugnisse, wobei die Befugnis zur Sperrung, Löschung oder
Vernichtung von Daten und die Anordnung eines vorläufigen oder
endgültigen Verbots einer Verarbeitung als Beispiele genannt sind.
Fraglich ist, ob die fehlende Berücksichtigung dieser Vorgabe zur
Nonkonformität des BDSG 2001 mit der Richtlinie führt. Der Wort-
laut von Art. 28 Abs. 3, 2. Spiegelstrich[674] macht deutlich, daß die
dort genannten Einwirkungsbefugnisse nicht kumulativ, sondern

[672] *LfD S-H*, Stellungnahme zum BDSG-Entwurf vom 06.07.1999, Erläuterung
25, ähnlich *Schild*, JurPC Web-Dok. 38/1998, Abs. 126.
[673] Siehe *Christians*, S. 16. Diese Strafantragsberechtigung könnte als Umsetzung von Art. 28 Abs. 3, 3. Spiegelstrich der Richtlinie zu verstehen sein, der
ein Klagerecht oder eine Anzeigebefugnis der Aufsichtsbehörde bei Verstößen
gegen einzelstaatliches Recht fordert.
[674] Vor allem der Gebrauch des Wortes „beispielsweise" und der Verknüpfung
der konkret aufgelisteten Befugnisse mit „oder".

vielmehr alternativ vorliegen können[675]. Historisch läßt sich dies damit erklären, daß die unterschiedlichen Beispiele auf die in verschiedenen Mitgliedsstaaten der EU bereits bekannten Modelle Bezug nehmen[676]. Rechtsverbindliche Wirkung hat die Richtlinie in diesem Punkt letztlich also nur insofern, als daß *wirksame Einwirkungsbefugnisse* für die Aufsichtsbehörde existent sein müssen, welcher Art auch immer. Das BMI vertritt anscheinend die Ansicht, im BDSG 2001 ein ausreichendes Kontingent an Kontrollbefugnissen geschaffen zu haben. „Wirksam" sind Einwirkungsbefugnisse zur Durchsetzung rechtlicher Vorschriften, wenn sie in der Rechtsanwendungspraxis sicherstellen können, daß die gesetzlichen Vorgaben eingehalten werden. Die vorhandenen Befugnisse sind jedenfalls nicht gänzlich ungeeignet, und für die Zukunft kann man nur eine Prognose wagen, ob effektive Schutzmechanismen geschaffen wurden. Die Tatsache, daß sich an der vor allem von Praktikern[677] kritisierten beschränkten Anordnungsbefugnis wenig geändert hat, läßt hier wohl leichten Pessimismus angebracht sein. Jedenfalls ist ein eindeutiger Richtlinienverstoß an dieser Stelle nicht feststellbar.

b)   Entscheidung der EU-Kommission zu den „Safe Harbor Principles"

Die Kooperation auf internationaler Ebene, also von Datenschutzaufsichtsbehörden verschiedener Mitgliedsstaaten und die Vermittlerrolle der Aufsichtsbehörden zwischen Betroffenen und Unternehmen im Rahmen der „Safe Harbor"-Vereinbarung mit den USA, bedarf einer Legitimation durch den nationalen Gesetzgeber. Die Aufsichtsbehörden in der Bundesrepublik Deutschland sehen sich durch das Aufbrechen der bestehenden, auf einen nationalen Wirkungskreis beschränkten Kontrollsysteme mit einer Situation konfrontiert, die sie überfordert. Es erscheint daher dringend erforderlich, den Aufsichtsbehörden durch den Bundesgesetzgeber eine

---

[675] *Dammann*, in: Dammann/Simitis, EG-Datenschutzrichtlinie, Art. 28 Rn. 10; *Weber*, CR 1996, 297 (298); *Simitis*, NJW 1997, 281 (286).

[676] *Weber*, CR 1996, 297 (298).

[677] *LfD S-H*, Stellungnahme zum BDSG-Entwurf vom 06.07.1999, Erläuterung 25; ebenso *DVD e.V.*, Stellungnahme zum BMI Entwurf, Stand: 31.03.1999.

detaillierte Aufgabenzuweisung an die Hand zu geben, mit Hilfe derer sie in der Lage sind, verantwortlich und kompetent die europäische und internationale Dimension ihrer Tätigkeit zu überblicken.

Artikel 3 Abs. 1 lit. a der Entscheidung der EU-Kommission zu der „Safe Harbor"-Vereinbarung mit den USA[678] sieht beispielsweise vor, daß die nationalen Behörden der Mitgliedsstaaten eine Datenübermittlung an eine US-Organisation aussetzen dürfen, wenn sie die jeweilige Organisation davon in angemessener Weise unterrichtet haben und der Organisation Gelegenheit zur Stellungnahme gegeben haben. Dies bedeutet, daß die deutschen Aufsichtsbehörden für den nicht-öffentlichen Bereich mit dem US-amerikanischen Unternehmen in Kontakt treten müssen, um es über die Aussetzung der Datenübermittlung zu unterrichten und ihm eine Stellungnahme zu ermöglichen.

Vergeblich sucht man in dem Kabinettsentwurf und im BDSG 2001 eine Norm, die es den Aufsichtsbehörden gestattet, diese grenzüberschreitenden Aufgaben wahrzunehmen. Die einzige Neuerung in diesem Zusammenhang ist die Pflicht der Aufsichtsbehörde zur Leistung von Amtshilfe gegenüber den Aufsichtsbehörden anderer Mitgliedsstaaten der EU, § 38 Abs. 1 S. 4 BDSG 2001. Dies ist allerdings auch eine sich bereits unmittelbar aus Art. 28 Abs. 6 S. 1 und 2 der Richtlinie ergebende Umsetzungsverpflichtung.

Dieser Fall macht deutlich, daß es zur Harmonisierung des Datenschutzes in Europa einer direkten Abstimmung von Kommissionsentscheidungen und nationalen Gesetzen bedarf[679]. Ansonsten ent-

---

[678] *Entscheidung der Kommission vom 27. Juli 2000 gemäß der Richtlinie 95/46/EG des Europäischen Parlaments und des Rates über die Angemessenheit des von den Grundsätzen des „sicheren Hafens" und der diesbezüglichen „Häufig gestellten Fragen" (FAQ) gewährleisteten Schutzes, vorgelegt vom US-Handelsministerium der USA*, online verfügbar unter <http://www.europa.eu.int/comm/internal_market/de/media/dataprot/index.htm>.

[679] Eine unmittelbare Wirkung der EU-Kommissionsentscheidung und eine Ausübung der dort genannten Befugnisse durch die Aufsichtsbehörden der Bundesländer wäre verfassungswidrig, weil es dem Grundsatz vom Vorbehalt des Gesetzes widerspräche. Zur Wirkung von EU-Kommissionsentscheidungen im Sinne von Art. 249 Abs. 4 EGV n. F. siehe *Herdegen*, § 9 Rn. 186, unter Bezugnahme auf *EuGH*, Rs. 9/70, Slg. 1970, 825 Rn. 5 ff. („Leberpfennig").

stünde bei jeder Entscheidung der EU-Kommission die mißliche Situation, daß kurzfristig alle derzeit 16 Mitgliedsstaaten der Union ihre Datenschutzregelungen ergänzen müßten. Ideal geeignet für eine stufenlose Harmonisierung dieser Datenschutzaspekte wäre eine flexible Ausgestaltung des BDSG-Textes. Dies könnte dahingehend realisiert werden, daß die Aufsichtsbehörden einen abschließenden Katalog von Eingriffsbefugnissen erhalten, vorbehaltlich zukünftiger Entscheidungen der EU-Kommission, zum Beispiel über die Anerkennung eines angemessenen Schutzniveaus in einem Drittstaat. Es wäre ein unhaltbarer Zustand, wenn bei jeder neuen Vereinbarung mit einem Staat außerhalb der EU die Rolle der nationalen Aufsichtsbehörden wieder anders gestaltet werden würde. In welcher Weise ein Übereinkommen mit einem Drittstaat getroffen wird, hängt jeweils von dem System ab, mit Hilfe dessen in dem Staat personenbezogene Daten geschützt werden[680].

Festzuhalten ist, daß auch in Zukunft die EU-Kommission mit Drittstaaten Vereinbarungen treffen wird, um einen Datentransfer in diese Länder zu ermöglichen. Nicht nur die USA sind ein wichtiger Handelspartner der EU-Staaten. Wird im Rahmen solcher Vereinbarungen auf die Befugnisse nationaler Datenschutzaufsichtsbehörden Bezug genommen, so stellt sich jedenfalls nach deutschem Verfassungsrecht die Frage nach dem Vorbehalt des Gesetzes. Werden neue Befugnisse vereinbart, muß der Bundesgesetzgeber jeweils das Gesetz nachbessern oder aber eine flexible Regelung einbauen, die auch zukünftige Eingriffsbefugnisse mit abdeckt. Hier könnte man an ein Pendant zur polizeilichen Generalklausel denken:

(1) *Die Aufsichtsbehörden im nicht-öffentlichen Bereich sind befugt, solche Maßnahmen zu ergreifen, die zur Abwehr einer Gefahr für das allgemeine Persönlichkeitsrecht durch die Verarbeitung personenbezogener Daten erforderlich sind.*

---

[680] Hat ein Drittstaat ein Datenschutzgesetz, so wird die internationale Vereinbarung mit der EU einfacher zu handhaben sein als beispielsweise das Abkommen mit den USA. Letztere haben kein allgemeines Datenschutzgesetz, sondern setzen auf das Prinzip der Selbstregulierung.

(2) *Sie haben neben den Befugnissen, die sich aus diesem Gesetz ergeben (Spezialermächtigungen), insbesondere die Aufgabe, die durch die Europäische Kommission mit Staaten außerhalb der EU ausgehandelten Vereinbarungen anzuwenden und ihre Einhaltung zu überprüfen. Sie treffen die zur Einhaltung dieser Vereinbarungen notwendigen Entscheidungen.*

(3) *Sie sind befugt, im Streitfalle zwischen dem Betroffenen und der datenverarbeitenden Stelle des Drittlandes zu vermitteln und ein Verfahren zur Streitschlichtung zwischen den Parteien zu führen.*

Der Absatz (2) berücksichtigt auch die Tatsache, daß die EU-Kommission in der Entscheidung zur „Safe Harbor"-Vereinbarung feststellt, daß die Mitgliedsstaaten (also ihre Aufsichtsbehörden) die Kommission darüber zu unterrichten haben, wenn eine US-Organisation den Safe Harbor-Grundsätzen zuwider handelt. Damit haben die USA nämlich im konkreten Fall kein angemessenes Schutzniveau im Sinne von Art. 25 Abs. 1 der Richtlinie, so daß die datenübermittelnde Stelle in der EU gegen europäisches Recht verstößt.

Wenn man allerdings unter Berücksichtigung der zwischen Bund und Ländern aufgeteilten Gesetzgebungskompetenz die Möglichkeit in Betracht zieht, daß diese Fragen zur internationalen Zusammenarbeit der Aufsichtsbehörden miteinander und mit Unternehmen in Drittstaaten durch Landesgesetz geregelt werden können, sollte die Kompetenzaufteilung zwischen Bund und Ländern in diesem Punkt näher beleuchtet werden. Das schleswig-holsteinische LDSG 2000 enthält in § 43 Abs. 1 die Aufgabe des Unabhängigen Landeszentrums für Datenschutz, die Bürger insbesondere über die ihnen bei der Verarbeitung ihrer Daten zustehenden Rechte zu informieren und zu beraten (Serviceaufgaben).

Es wäre allerdings mit dem Vorbehalt des Gesetzes und dem Bestimmtheitsgrundsatz für staatliche Ermächtigungsgrundlagen unvereinbar, hierin eine Ermächtigung zu erblicken, die die Behörde berechtigt, Entscheidungen zu treffen, die für eine natürliche oder juristische Person in einem Drittstaat belastende Wirkung hat.

Neben der Kooperation von Datenschutzaufsichtsbehörden und der Aussetzung einer Datenübermittlung in die USA enthält aber insbesondere das Papier „FAQ 5"[681] die Grundlagen für ein Verfahren, in dem Datenschutzbehörden der Mitgliedsstaaten der EU als Streitschlichter zwischen EU-Bürgern und US-Unternehmen auftreten. Ein Verfahren zur Streitschlichtung zwischen einem EU-Bürger und einem US-amerikanischen, datenverarbeitenden Unternehmen muß zu einer für beide Parteien rechtsverbindlichen Entscheidung führen, denn das US-Unternehmen muß sich verpflichten, den Empfehlungen der Datenschutzbehörden, die in einem informellen Gremium zusammenarbeiten, zu folgen[682]. Wenn dies nicht geschieht, muß das Gremium aus EU-Datenschutzbehörden die Angelegenheit an die US-Federal-Trade-Commission (US-FTC) weiterleiten. Dabei handelt es sich um eine Wettbewerbsbehörde, die dann in der Lage ist, das Verhalten des Unternehmens nach wettbewerbsrechtlichen Gesichtspunkten zu reglementieren[683]. Eine Mißachtung der Entscheidung der EU-Datenschutzbehörden hat also nachteilige Folgen, so daß der Schiedsspruch dieses EU-Gremiums einen belastenden Eingriff darstellt. Wenn aber eine bundesdeutsche Datenschutzbehörde an einer Entscheidung mitwirkt, die negative Folgen für ein Unternehmen außerhalb der EU hat, so bedarf dies einer Legitimation durch den deutschen Gesetzgeber[684].

Noch einmal sei erwähnt, daß diese europarechtlich begründeten Eingriffsbefugnisse keine Entsprechung im BDSG 2001 haben; die Vorschrift zur Amtshilfe ist unzureichend. Man könnte auch erwägen, diese Tätigkeit deutscher Datenschutzbehörden mit der Kooperation im Rahmen der Artikel-29-Datenschutzgruppe zu vergleichen, denn auch dort existiert keine gesetzliche Ermächtigung zur Zusammenarbeit. Andererseits hat die Artikel-29-Gruppe nur Beratungsfunk-

---

[681] Frequently Asked Questions 5, Bestandteil der „Safe Harbor"-Vereinbarung, online verfügbar unter <http://www.europa.eu.int/comm/internal_market/de/media/dataprot/news/safeharbor.htm>.

[682] FAQ 5, S. 3.

[683] Dazu FAQ 5, S. 3: „Jede Unterlassung der Zusammenarbeit und jeder Verstoß gegen die Grundsätze des sicheren Hafens können als Irreführung gemäß Abschnitt 5 des US-FTC-Acts oder anderen vergleichbaren Gesetzen rechtlich verfolgt werden."

[684] Jedoch ist auch in der Stellungnahme des Bundesrates vom 29.09.2000, BR-Drs. 461/00, keine Anmerkung zu dieser Problematik enthalten.

tion für die EU-Kommission, also keine Eingriffsbefugnisse. Es bleibt also bei der Feststellung einer fehlenden Rechtsgrundlage für die genannten Tätigkeiten der Aufsichtsbehörden im Privatbereich.

X. Verhaltensregeln zur Förderung der Durchführung datenschutzrechtlicher Regelungen

In Umsetzung der Richtlinienvorgaben aus Art. 27 enthält der neu eingefügte § 38 a BDSG 2001 für Berufsverbände und andere Vereinigungen die Möglichkeit, bereichsspezifisch entwickelte Verhaltensregeln der Aufsichtsbehörde vorzulegen und faktisch eine Unbedenklichkeitsbescheinigung zu erhalten[685]. Die Praxis wird zeigen, ob dieses Instrument sinnvoll ist und ob es von den Verbänden angewandt wird[686].

XI. Zweckbindung

Enttäuschend ist die fehlende Entschlußkraft des Gesetzgebers, eine klar formulierte, allgemeine Regelung der Zweckbindung für den privaten Bereich einzufügen. Zu der erhofften Übernahme des Wortlauts von Art. 6 kommt es nicht. Vielmehr wird der Versuch unternommen, an mehreren Stellen im Gesetz die Zweckbindung zu regeln[687]. Damit ist im Ergebnis der Inhalt von Art. 6 Abs. 1 lit. b hinreichend umgesetzt, aber nicht in einer der Rechts- und Normenklarheit dienenden Weise. *Simitis* sieht die Reduktion der Verarbeitung personenbezogener Daten auf das Unvermeidbare als einen der drei Eckwerte

---

[685] Siehe dazu auch die Begründung des BMI in der Synopse vom 25.05.2000, S. 83.

[686] *Bull*, ZRP 1998, 310 (313), ist der Ansicht, daß schon jetzt „die Selbstregulierung bestimmter Bereiche der Datenverarbeitung durch die beteiligten Kreise und ihre Organisationen eine wichtige Rolle" spielt. Gerade deshalb befürwortet er die gesetzliche Verankerung dieser Idee in § 38 a BDSG.

[687] Zum Beispiel in den §§ 28 Abs. 1 S. 2; 28 Abs. 2; 28 Abs. 8 S. 1; 29 Abs. 1 S. 2 BDSG 2001.

der Richtlinie an[688]. Eine allgemein formulierte Zweckbindung wäre also wünschenswert gewesen[689].

Insgesamt gelingt es dem Gesetzgeber mit dem vorliegenden Gesetz zwar, die Richtlinienvorgaben zufriedenstellend umzusetzen[690]. Die Unübersichtlichkeit, Unverständlichkeit und Komplexität des neuen Gesetzestextes ist allerdings weit davon entfernt, das eigentliche Anliegen der Richtlinie zu realisieren, nämlich einen überzeugenden Ausgleich zwischen Datenschutz und freiem Datenverkehr in der EU zu schaffen.

C. Innovative Neuerungen, die über den Umsetzungsbedarf hinausgehen

Den Forderungen von vielen Praktikern und Interessengruppen und den Innovationen des TDDSG[691] und des LDSG S-H 2000[692] folgend, inkorporiert das BDSG 2001 neue Ideen in das allgemeine deutsche Datenschutzrecht.

I. Einführung der Grundsätze von Datenvermeidung und Datensparsamkeit (§ 3 a BDSG 2001)

§ 3 a BDSG 2001 übernimmt die bislang nur im TDDSG[693] enthaltene Vorgabe für die Gestaltung und Auswahl von Datenverarbeitungssystemen in das allgemeine Datenschutzrecht. Diese Systeme müssen

---

688 *Simitis*, NJW 1997, 281 (285).
689 Anderer Ansicht ist *Bull*, ZRP 1998, 310 (314), der es als angemessener betrachtet, von vornherein nur bestimmte Formen der Zweckentfremdung ausdrücklich zu verbieten, anstatt (wie bislang im öffentlichen Sektor praktiziert) ein generelles Prinzip mit zahllosen Ausnahmen vorzusehen.
690 Kritisch noch *Trute*, JZ 1998, 822 (831), zu einem der Vorentwürfe.
691 Der Grundsatz der Datenvermeidung und Datensparsamkeit ist in § 3 Abs. 4 TDDSG enthalten, ein Datenschutz-Audit dagegen nur in § 17 MD-StV.
692 Das LDSG S-H 2000 enthält in § 4 Abs. 1 und 2 sowohl die Grundsätze der Datenvermeidung und der Datensparsamkeit als auch ein Datenschutz-Audit; eine Regelung zur Videoüberwachung enthält § 20 LDSG S-H 2000. Das LDSG betrifft jedoch nur den öffentlichen Bereich.
693 Siehe § 3 Abs. 4 TDDSG.

das Ziel verfolgen, keine oder so wenig personenbezogene Daten zu verarbeiten wie möglich.

Das Prinzip der Datenvermeidung und der Datensparsamkeit ist eng verbunden mit der Zweckbindung, denn in dem einen Fall geht es um eine Reduzierung der zulässigen Verarbeitungen, im anderen um die Reduzierung der zulässigen Daten[694].

Konkretisiert wird der Grundsatz der Datenvermeidung in § 3 a S. 2 BDSG 2001, wonach insbesondere die Anonymisierung und Pseudonymisierung von Verarbeitungsvorgängen erreicht werden soll. Die Anonymisierung ist bereits in § 3 Abs. 7 BDSG 90[695] legal definiert. Unter Pseudonymisierung versteht man dementsprechend das Ersetzen des Namens und anderer Identifikationsmerkmale durch ein Kennzeichen zu dem Zweck, die Bestimmung des Betroffenen auszuschließen oder wesentlich zu erschweren[696]. Dies kann immer dann geschehen, wenn für einen konkreten Datenverarbeitungsvorgang die volle Identität des Betroffenen nicht benötigt wird[697].

In der Rechtsanwendungspraxis wird diese neue Vorschrift indessen die Beteiligten vor Probleme stellen: Die Unternehmen müssen (u. U. kostenintensive) Veränderungen an ihrer Soft- und Hardware vornehmen, und die Aufsichtsbehörden müssen in der Lage sein, die EDV-Systeme auf ihre anonymisierende und pseudonymisierende Wirkung hin zu untersuchen.

Doch andererseits hat die Praxis zum Beispiel mit dem Einsatz der wiederaufladbaren, elektronischen Geldbörse bereits bewiesen, daß das Prinzip zu datenschutzfreundlichen Ergebnissen führen kann[698]: Bei einem solchen Verfahren, das heute bereits in öffentlichen Verkehrsmitteln, Kantinen, Mensen und vergleichbaren Einrichtungen angewandt wird, kann der Benutzer ohne die Angabe persönlicher

---

[694] Im Gegensatz zu der Formulierung in § 4 Abs. 1 LDSG S-H 2000 wird hier aber schon direkt aus dem Wortlaut erkennbar, daß es um die Anordnung technischer Maßnahmen geht, um das Ziel der Datenvermeidung zu erreichen.

[695] Entspricht § 3 Abs. 6 BDSG 2001.

[696] Siehe § 3 Abs. 6 a BDSG 2001.

[697] So *Christians*, S. 10.

[698] Siehe dazu *Imhof*, CR 2000, 126 (131).

Informationen mittels eines Magnetstreifens Geld auf eine Karte „laden"[699]. Bei Verlust der Karte ist dann der entsprechende Gegenwert verloren; aber zu einer Gefährdung durch unautorisierte Verwendung von Bankdaten wie bei einer Kredit- oder EC-Karte kann es nicht kommen. Da die Geldkarte aber meist nur den Bargeldverkehr ersetzt und nicht die Geschäfte über Kredit- oder EC-Karte, kommt es bislang noch nicht zu dem gewünschten Effekt der Datenvermeidung. Da jedoch das BMI die neue Regelung nur als Programmsatz und Aufforderung zur Nutzung technischer Möglichkeiten versteht[700], wird die Wirtschaft sich dieser Meinung anschließen, um entsprechenden aufsichtsbehördlichen Anordnungen[701] zu widersprechen.

II. Erstes allgemeines Datenschutz-Audit für den nicht-öffentlichen Bereich

Dem ersten bundesweiten Datenschutz-Audit nach § 17 MD-StV und der ersten entsprechenden Regelung auf Landesebene[702] folgend, hat der Gesetzgeber, wenn auch nur im Grundsatz, in § 9 a BDSG 2001 ein Rechtsinstitut in das Gesetz aufgenommen, dessen Bedeutung und Einfluß gerade im Bereich des elektronischen Geschäftsverkehrs immens ist. Der Konzernbeauftragte für den Datenschutz im Daimler-Chrysler-Konzern, *Büllesbach*[703], weist den Bereichen Datenschutz und Datensicherheit eine Schlüsselfunktion in der weiteren Entwicklung des Electronic Commerce zu. Datenschutzkonzepte sind damit ein Bestandteil des Wettbewerbs: Die Einhaltung eines hohen Datenschutzniveaus werde zu Wettbewerbsvorteilen für ein Unter-

---

[699] Wird auch als Pre-Paid-Verfahren bezeichnet; siehe dazu *Unabhängiges Landeszentrum für Datenschutz*, S. 20.

[700] *Christians*, S. 10.

[701] Die zum Beispiel den Inhalt haben könnten, die benutzte Datenverarbeitungssoftware komplett auszutauschen, weil zu viele Vorgänge unnötig protokolliert werden und Daten stets mit der zugehörigen Person verknüpft sind.

[702] Nach § 4 Abs. 2 und § 43 Abs. 2 LDSG S-H 2000.

[703] *Büllesbach*, CR 2000, 11 (17).

nehmen führen[704]. Und die Einhaltung eines hohen Datenschutzniveaus wiederum kann durch ein geprüftes Gütesiegel, das von den
Datenschutzbeauftragten vergeben wird, nachgewiesen werden. *Roßnagel*[705] hat mit seinem Gutachten maßgeblich dazu beigetragen, daß
die (aufgrund des Eingriffs in die Berufsfreiheit und der Bedeutung
von Art. 12 Abs. 1 GG notwendige[706]) Rechtsgrundlage für ein
Datenschutz-Audit realistische Züge bekommen hat. Die Stärkung
der unternehmerischen Selbstverantwortung[707] als Ziel ist ebenso
wichtig wie die Nutzung der Idee „Datenschutz" zum Zwecke des
Wettbewerbs. Die Wirtschaft wird sich vollen Herzens nur dann
tatsächlich für eine Beschränkung ihrer Datenverarbeitungs- und
Datennutzungsmöglichkeiten einlassen, wenn sie daraus selbst Vorteile und damit Profit schlagen kann. Daß die Existenz von materiell
einwandfreien Datenschutzgesetzen allein noch keinen Erfolg bedeutet, hat man am Beispiel des TDDSG gesehen[708].

Die derzeit offensiv geführte Debatte über die Notwendigkeit eines
Auditierungsverfahrens[709], über verschiedene Arten des Audits, über
freiwilliges oder gesetzlich vorgeschriebenes Audit[710] und über die
Begrenzung dieses Verfahrens auf bestimmte Branchen der Industrie[711] (Dienstleistungen, E-Commerce), soll an dieser Stelle nicht
aufgegriffen werden. Meines Erachtens ist dieses Mittel jedoch in
dem Konglomerat aus Instrumentarien zur staatlichen Kontrolle da-
tenverarbeitender Stellen nur sinnvoll, wenn es einen realen Mehr-
wert gegenüber dem bislang existenten Kontrollsystem gibt. Die

---

[704] Kritisch zur Wechselwirkung von Datenschutz und Wettbewerb im Markt
Bull, CR 1997, 711 (712).

[705] *Roßnagel*, Datenschutzaudit – Konzept und Entwurf eines Gesetzes für ein
Datenschutzaudit, Rechtsgutachten für das Bundesministerium für Wirtschaft und Technologie.

[706] *Engel-Flechsig*, RDV 1997, 59 (66).

[707] *Engel-Flechsig*, RDV 1997, 59 (66).

[708] Siehe *Bäumler*, DuD 1000, 200 (202), *Gundermann*, in: Bäumler, E-Privacy,
S. 58 ff.

[709] *Drews/Kranz*, DuD 2000, 226 ff; *Roßnagel*, DuD 2000, 231 ff; *Königshofen*,
DuD 2000, 357 ff.

[710] *Königshofen*, DuD 2000, 357 ff; *Drews/Kranz*, DuD 2000, 226 ff.

[711] In diesem Sinne die Stellungnahme der GDD zum E-BDSG vom 25.05.2000,
online verfügbar unter <http://www.gdd.de>.

ordnungsrechtlich und ordnungspolitisch erstrebte Wirkung, nämlich die Einhaltung datenschutzrechtlicher Vorschriften zu gewährleisten, wird möglicherweise gar nicht erreicht. Die Vermeidung von Vollzugsdefiziten kann auch dadurch erreicht werden, daß man bestehende Kontrollinstrumentarien optimiert, also den betrieblichen Datenschutzbeauftragten und die Aufsichtsbehörde. Das schlichte „Draufsatteln" einer dritten Kontrolle, die für alle Beteiligten mit höheren Kosten verbunden sein wird, sollte deshalb vermieden werden. Äußerst sinnvoll ist dagegen die von der GDD[712] favorisierte Beschränkung eines Auditierungsverfahrens auf Branchen, die tatsächlich wettbewerbsmäßige Vorteile aus dem Erwerb eines entsprechenden Zertifikats ziehen können, also auf Anbieter von Multimedia-Dienstleistungen, Service-Rechenzentren und damit auf die Unternehmen, die am Electronic Commerce teilnehmen[713].

III. Videoüberwachung durch private Stellen

Die Regelung des § 6 b BDSG 2001 gilt sowohl für den öffentlichen als auch für den privaten Sektor. Danach ist die Beobachtung öffentlich zugänglicher Räume mit optisch-elektronischen Einrichtungen nur zulässig, wenn dies erforderlich ist zur

- Aufgabenerfüllung öffentlicher Stellen,

- zur Wahrnehmung des Hausrechts oder zur

- Wahrnehmung berechtigter Interessen für konkret festgelegte Zwecke,

und keine Anhaltspunkte bestehen, daß schutzwürdige Interessen der Betroffenen überwiegen, § 6 b Abs. 1 BDSG 2001. Geeignete Maßnahmen müssen den Umstand der Beobachtung für den Betroffenen erkennbar machen, also deutlich sichtbare Schilder, die auf eine Videoüberwachung hinweisen (§ 6 b Abs. 2 BDSG 2001). Die Rechtmäßigkeit der Beobachtung schließt noch nicht automatisch die

---

[712] Stellungnahme der *GDD* zum E-BDSG vom 25.05.2000.
[713] So im Ergebnis wohl auch *Engel-Flechsig*, RDV 1997, 59 (66 f) und *Drews / Kranz*, DuD 2000, 226 (230).

Zulässigkeit der Speicherung des Bildmaterials mit ein. Die Verarbeitung und Nutzung ist nach Abs. 3 nur zulässig, wenn dies zum Erreichen des verfolgten Zwecks erforderlich ist. Damit ist zwischen den in Abs. 1 und 3 genannten Tatbestandsmerkmalen jedoch kein wirklicher Unterschied erkennbar[714], so daß die unterschiedliche Regelung von Beobachtung und Verarbeitung oder Nutzung eher verwirrt als hilft. Außerdem widerspricht die anscheinend unterschiedliche Behandlung einzelner Verarbeitungsschritte dem einheitlichen Verarbeitungsbegriff der Richtlinie[715]. Nicht nachvollziehbar ist auch die Regelungslücke bezüglich der Nutzung der Bilddaten[716]: Gerade die eigentlich wichtige Prozedur des Auswertens des Bildmaterials ist nicht erfaßt.

Innovativ ist die Neuregelung insgesamt aber nur dann, wenn sich die Rechtslage überhaupt ändert. Bislang wurde die Videoüberwachung durch private Stellen mangels spezialgesetzlicher Rechtsgrundlage durch § 28 Abs. 1 Nr. 2 BDSG 90 geregelt[717]. Wenn man den Überwachungszweck „Aufgabenerfüllung" primär dem öffentlichen Sektor zuordnet, weil öffentliche Aufgaben (grundsätzlich) nur durch öffentliche Stellen wahrgenommen werden, bleiben noch zwei Anwendungsfälle für den Privatsektor, die jedoch schon nach altem Recht existierten. Jedenfalls ist die Wahrnehmung des Hausrechts als Wahrnehmung eigener Geschäftszwecke durchaus unter § 28 Abs. 1 Nr. 2 BDSG 90 subsumierbar[718]. Ein wirklicher Fortschritt für den Schutz des allgemeinen Persönlichkeitsrechts ist aber zum einen die Pflicht zur unverzüglichen Löschung der Bilddaten, wenn sie nicht mehr zur Erreichung des Zwecks beitragen können, und zum anderen die Durchführung einer Vorabkontrolle in Fällen einer Videoüberwachung.

---

[714] „Zur Wahrung des Hausrechts erforderlich" in Abs. 1 bzw. „zum Erreichen der Wahrung des Hausrechts erforderlich" in Abs. 3.

[715] Artikel 2 lit. b der Richtlinie.

[716] *Schild*, JurPC Web-Dok. 103/1999, Abs. 46; *ders.* JurPC Web-Dok. 2/2000, Abs. 59.

[717] Siehe dazu oben 1. Teil, B § 2 I 1.

[718] *Scholand*, DuD 2000, 202 (203).

Die Anwendung der Zweckbindung und der Vorabkontrolle auf die
Videoüberwachung ist letztlich eine direkte Folge aus der Umsetzung
der Richtlinie, was die Präsentation des § 6 b BDSG 2001 als eigene,
konstruktive Neuerung durch das BMI relativiert. Dennoch ist die
Rahmenregelung der Videoüberwachung zu begrüßen[719], zumal dadurch Rechtssicherheit geschaffen wird. Die Diskussionen zu diesem
Thema und die Verunsicherung in der Bevölkerung („Was ist eigentlich rechtlich zulässig?") werden zumindest abnehmen.

D. Vergleich des BDSG 2001 mit dem Entwurf von Bündnis 90/Die Grünen

I. Gesetzgebungstechnik

Auch wenn es dem BDSG 2001 gelingt, die Umsetzung der EG-Datenschutzrichtlinie zumindest formal zu erreichen (von den eben aufgezeigten Mängeln einmal abgesehen), so erscheint es doch für den
objektiven Betrachter geradezu absurd, daß äußerst vielverspre-
chende Gesetzesvorschläge wie der Entwurf von Bündnis 90/Die Grünen aus parteipolitischen Gründen nicht realisiert werden können.
Auch wenn der angeblich in diesem Entwurf enthaltene „ideologische
Ballast"[720] und die fehlende Möglichkeit, technische Lösungen durch
den Staat fördern zu können[721], negativ ins Gewicht fallen, so ist die
Umsetzungstechnik bezüglich des Richtlinieninhalts ideal: Der Entwurf haftet nicht streng am Wortlaut der Richtlinie, sondern versucht den Drahtseilakt, die hinter dem Wortlaut stehenden Anliegen
zu erkennen und diese auch noch behutsam in das bestehende

---

[719] So auch die Stellungnahme des *DVD e.V.* zum E-BDSG, Stand: 31.03.1999;
Jacob, DuD 2000, 5 (7); *Schild*, JurPC Web-Dok. 103/1999, Abs. 46.
[720] So *Runge*, DuD 1998, 589 (592).
[721] *Runge*, DuD 1998, 589 (592) meint, hier komme eine gewisse Technikangst
zum Ausdruck, zumal die Vorschrift zur Technikfolgenabschätzung erkennen
läßt, daß hier Vorbehalte gegen die technische Entwicklung bestehen. Diese
Bemerkung ist meines Erachtens haltlos und nicht sachdienlich, zumal diese
Technikfolgenabschätzung nichts anderes ist als die von der Richtlinie vorgeschriebene Vorabkontrolle.

System einzufügen. Dagegen ist das BDSG 2001 der Versuch, die Richtlinieninhalte über das BDSG 90 „überzustülpen". Für einen durchschnittlich gebildeten deutschen Verbraucher muß der Wortlaut des neuen Gesetzestextes geradezu absurd klingen. Auch die in Aussicht gestellte rasche „Neukonzeption" des BDSG hilft derzeit wenig.

II. Der Weg zu modernen Datenschutzkonzepten

Um nicht noch mehr Zeit zu verlieren, sollte der Entwurf von Bündnis 90/Die Grünen als Verhandlungsgrundlage für ein wirklich neues BDSG herangezogen werden. Der äußerst wichtige Aspekt einer Verschlankung des Normtextes durch kurze, knappe und verständliche Formulierungen wurde im B90-E berücksichtigt. Gleiches gilt für das LDSG S-H 2000, das ebenfalls als Vorlage dienen kann[722]. Bereichsspezifische Lösungen für den Privatsektor können dem LDSG S-H 2000 zwar nicht entnommen werden, aber das Regelungskonzept insgesamt hat bislang breite Zustimmung erhalten[723]. Warum sollte der Bundesgesetzgeber bei „Null" anfangen, wenn er auf empfehlenswerte Entwürfe und Gesetze zurückgreifen kann, die fast alle Aspekte, die derzeit bemängelt werden, zufriedenstellend lösen.

E. Das BDSG 2001: Sind die Erwartungen erfüllt? – Stellungnahme des Bundesrats

Das vom Bundeskabinett vorgelegte E-BDSG wurde im September 2000 dem Bundesrat zur Stellungnahme zugeleitet. Der Bundesrat hatte daraufhin am 29.09.2000 eine Stellungnahme[724] beschlossen,

---

[722] So auch die *DVD e. V.* in ihrer Stellungnahme zum BDSG-Entwurf, Stand: 31.03.1999.

[723] Stellungnahme der *DVD e. V.*, zum E-BDSG vom 31.03.1999.

[724] Stellungnahme des Bundesrates zum Entwurf eines Gesetzes zur Änderung des Bundesdatenschutzgesetzes und anderer Gesetze, 754. Sitzung vom 29. September 2000, gemäß Art. 76 Abs. 2 GG, online unter <http://www. datenschutz-berlin.de/recht/de/ggebung/bdsg_neu/bdsgstell.htm>, BR-Drs. 461/00. Die erste Lesung zur BDSG-Novelle hat im Deutschen Bundestag am 27.10. 2000 stattgefunden, Plenarprotokoll 14/128.

die eine Reihe von Änderungsvorschlägen enthielt bis hin zur Empfehlung, das Datenschutz-Audit ersatzlos aus dem Entwurf zu streichen[725]. Damit war genau das eingetreten, was die Konferenz der Datenschutzbeauftragten des Bundes und der Länder befürchtet hatte, nämlich die Ablehnung des Datenschutz-Audits durch den Bundesrat[726]. Letztlich ist das Audit doch akzeptiert und in § 9 a BDSG 2001 aufgenommen worden.

Daneben wurden Vorschläge gemacht, die die Rechte der Betroffenen weiter einschränken sollten, z. B. der bessere Schutz von Betriebs- und Geschäftsgeheimnissen in § 6 a und § 34 Abs. 4 E-BDSG.

Zu Recht kritisierte der Bundesrat die Formulierung in § 4 b Abs. 1 E-BDSG bezüglich der Definition der Fälle, in denen die dortige Regelung gilt: Es wird bezug genommen auf die Daten, die in den Anwendungsbereich von Art. 3 der Richtlinie fallen. Der Bundesrat stellte hierzu zutreffend fest:

„Die zuletzt genannte Unterscheidung ist für die tägliche Praxis sowohl in der Privatwirtschaft als auch in der Verwaltung äußerst problematisch, da bei jeder Datenübermittlung geprüft werden müßte, ob sie dem Anwendungsbereich der EG-Datenschutzrichtlinie unterfällt. In der täglichen Praxis müßte also die

---

[725] Ein Auditierungsverfahren sei für einen effektiven Datenschutz nicht notwendig und zudem kostenträchtig. Die formale Freiwilligkeit des Verfahrens für die Unternehmen in der Privatwirtschaft sei aus Wettbewerbsgründen in der Realität faktischer Zwang. Diese Art der dreifachen Kontrolle durch Aufsichtsbehörde, betrieblichen Datenschutzbeauftragten und Audit-Verfahren sei eine wesentliche Kostenbelastung für die deutsche Wirtschaft. Auf Unverständnis stößt das Audit vor allem deshalb, weil es die Funktion des betrieblichen Datenschutzbeauftragten schwäche, dessen Nennung in der Europäischen Richtlinie doch gerade ein Anliegen Deutschlands war. Jedenfalls ist es wohl von der Bundesregierung versäumt worden, in ausreichendem Maße deutlich zu machen, welcher sachliche Grund für die Einführung eines zusätzlichen Kontrollinstruments spricht. Jedenfalls geht der Bundesrat in seiner Stellungnahme auch nicht auf ein nach Branchen differenzierendes Audit-Verfahren ein, das nach letztem Stand der Diskussion auch von den entsprechenden Wirtschaftszweigen befürwortet wird, siehe *Drews/ Kranz*, DuD 2000, 226 (230).

[726] Entschließung zur Novellierung des BDSG, 60. Konferenz des Datenschutzbeauftragten des Bundes und der Länder vom 12. / 13. Oktober 2000.

*schwierige Frage des Anwendungsbereichs der EG-Datenschutz-
richtlinie beantwortet werden. Ein Bundesgesetz sollte aber in
sich aussagekräftig sein und sollte zu seiner Anwendung keinen
ständigen Rückgriff auf die Richtlinie benötigen; dies wäre mit
dem Gedanken der Normenklarheit nicht vereinbar.*"[727]

Diese Ansicht fand Berücksichtigung bei der Formulierung des jetzigen § 4 b BDSG 2001, in dem nun nicht mehr direkt auf den Anwendungsbereich der Richtlinie bezug genommen wird.

Ein vom Bundesrat nicht angesprochener Aspekt ist die fehlende
Kompetenzausstattung der Aufsichtsbehörden, vor allem im Hinblick
auf die internationale Kooperation von Datenschutzbehörden und die
Realisierung der EU-Kommissionsentscheidung zum Datenschutzniveau in den USA. Zu begrüßen ist dagegen ein Vorschlag zur
Konkretisierung des Schutzes vor Zusammenführung verschiedener
Datenbestände, um diese zu verknüpfen. Es scheint also ein Bewußtsein für die heutigen Gefahren der IuK-Technologie durchaus zu bestehen. Leider enthielt die Stellungnahme des Bundesrats keine Aussage zu der Frage, ob der Entwurf eine ausreichende Umsetzung der
EG-Datenschutzrichtlinie darstelle[728].

---

[727] Stellungnahme des Bundesrats vom 29.09.2000, Punkt 3.

[728] Der Bundesrat nimmt in seiner Stellungnahme lediglich zur Kenntnis, daß
der vorliegende Entwurf der Richtlinienumsetzung dient. Er erwähnt aber
auch, daß bei der Vorstellung des geänderten Richtlinienentwurfs durch die
EU-Kommission den Mitgliedsstaaten im Hinblick auf die Wahl der Metho-
den und Verfahren, mit denen die Anwendung der Richtliniengrundsätze
gewährleistet werden soll, viel Freiheit eingeräumt ist. Der Hinweis auf die
von der EG-Datenschutzrichtlinie eröffneten Gestaltungsspielräume des nationalen Gesetzgebers zeigt, daß die Bundesländer an einem am Wortlaut der
Richtlinie orientierten BDSG nicht interessiert sind.

Teil 6:

Ausblick

A. Die geplante zweite Stufe der BDSG-Änderung

Zum jetzigen Zeitpunkt ist ein zweistufiges Verfahren zur BDSG-Novellierung geplant: Stufe 1 beinhaltet die Umsetzung der EG-Datenschutzrichtlinie (durch das BDSG 2001), Stufe 2 hat das Ziel, eine völlige Neukonzeption des BDSG anzustreben, beruhend auf einer modernen Datenschutzgesetzgebung[729]. Diese Neukonzeption soll den Gesetzestext vereinfachen und ihn damit für den Bürger verständlicher und nachvollziehbarer machen.

I. Das „Modellprojekt eDemokratie"

Ein bemerkenswerter Aspekt des Gesetzgebungsverfahrens ist die Art der Evaluation, mit der sich der Bundesgesetzgeber auf die zweite Stufe der Novellierung vorbereitet: Das „Modellprojekt eDemokratie", das von zwei Bundestagsabgeordneten[730] geleitet wird, ist ein Weg zur Entwicklung und Realisierung einer „elektronischen Demokratie": Durch die Einrichtung einer Internet-Homepage[731], die als ein Forum für Ideen, Vorschläge, Kritik und Gespräche über die Entwicklung des Datenschutzrechts im Zeitalter der Informationstechnologie gedacht ist, versucht der Gesetzgeber, einen neuen Weg zur Evaluation der „Volksmeinung" zu beschreiten. Der legislative Prozeß soll für den Bürger transparenter werden und eine direkte Beteiligung ermöglichen. Auch wenn bislang nur die Regierungsparteien selbst und einige Akademiker ihre Ansichten auf der Homepage präsentieren, es wird sich spätestens bei der Verabschiedung des

---

729 Siehe dazu Kapitel 2.4 der Begründung des Bundesinnenministeriums vom 6. Juli 1999 zur geplanten BDSG-Novelle.
730 Jörg Tauss und Cem Özdemir. Siehe dazu auch ihren Beitrag in RDV 2000, 143 ff.
731 Siehe <http://www.modernes-datenrecht.de>.

überarbeiteten BDSG zeigen, ob dieses Projekt ein nützliches und sinnvolles Instrument im Gesetzgebungsverfahren geworden ist.

II.   Neugliederung und Neuaufbau des BDSG

Der von *Bäumler*[732] geprägte Begriff des „neuen Datenschutzes" findet sich inzwischen auch in der Stellungnahme der Bundestagsabgeordneten *Tauss* und *Özdemir* wieder[733]. Der klassische Datenschutz soll nach ihrer Aussage um die Instrumente eines Datenschutzes durch Technik und Aspekte der Selbstregulierung ergänzt werden[734]. Die rot-grüne Bundesregierung hat sich die „Entwicklung eines der Wissens- und Informationsgesellschaft angemessenen Datenschutzkonzepts als zentrales gesellschaftliches Reform- und Modernisierungsprojekt" vorgenommen[735]. Das neue Datenrecht soll modern, schlank und lesbar sein und den Anbietern von Dienstleistungen im Bereich des E-Commerce Wettbewerbsvorteile sichern, indem die Verbraucher stärkeres Vertrauen in den Schutz ihrer Daten haben. Drei Experten wurden vom BMI beauftragt, eine erste Gliederung („Paragraphenkette") für ein neues BDSG zu erarbeiten. Konkrete Vorschläge können hier noch nicht präsentiert werden[736].

Simitis[737] hat im Rahmen des „Modellprojekts eDemokratie" einen als Vier-Säulen-Modell bezeichneten Vorschlag in die Diskussion einge-

---

[732] *Bäumler*, Der neue Datenschutz, in: Bäumler, S. 1 ff.

[733] *Tauss/Özdemir*, RDV 2000, 143 (144); der Begriff findet sich im übrigen auch in der *Berliner Erklärung zur Modernisierung des Datenschutzrechts*, die von den Vorsitzenden der Bundestagsfraktionen von SPD und Bündnis 90/Die Grünen mitgetragen wird. Diese Erklärung ist online verfügbar unter <http://www.modernes-datenrecht.de>.

[734] *Tauss/Özdemir*, RDV 2000, 143 (144).

[735] *Tauss/Özdemir*, RDV 2000, 143 (145).

[736] Im Herbst 2001 wurde das Gutachten „Modernisierung des Datenschutzrechts" von Alexander Roßnagel, Andreas Pfitzmann und Hansjürgen Garstka vorgelegt, das im Auftrag des BMI erstellt wurde. Viele der hier angesprochenen Aspekte sind dort aufgegriffen worden. Das Gutachten ist unter <http://www.dud.de> oder direkt beim BMI erhältlich.

[737] *Simitis*, Auf dem Weg zu einem neuen Datenschutzkonzept: Die zweite Novellierungsstufe des BDSG, online verfügbar unter <http://www.modernes-datenrecht.de>.

bracht, dem zwar kein konkreter Normtext zugrunde liegt, der aber wegweisend für die Verhandlungen zur zweiten Novellierungsstufe sein kann. Tabellarisch ließen sich diese vier Säulen wie folgt skizzieren:

1. Formulierung kurzer, präziser, materieller Verarbeitungsgrundsätze

2. Förderung von Verhaltensvorschriften, die von den verarbeitenden Stellen im Hinblick auf die eigenen Aktivitäten präzisiert werden

3. Umfassende Implementierung von technologischen Konzepten, ohne jedoch spezifische technische Vorkehrungen exakt anzugeben und ohne sie im einzelnen zu beschreiben (erhöhte Flexibilität)

4. Überprüfung, Bereinigung und Vereinfachung aller bereichsspezifischen Normen.

Damit werden allerdings in den Punkten 2 und 4 nur Forderungen aus der Datenschutzrichtlinie wiedergegeben, denn Verhaltensregeln werden schon in Art. 27 erwähnt (siehe dazu § 38 a BDSG 2001); und die Überprüfung aller bereichsspezifischen Normen ist jedenfalls dann aufgrund der Richtlinie zwingend erforderlich, wenn der entsprechende Bereich durch Europarecht reguliert werden kann[738].

III. Nachteile einer solchen Zweiteilung des Gesetzgebungsprozesses

1. Rechtsunsicherheit

Der Wille der Bundesregierung, zunächst eine zügige Umsetzung der EG-Datenschutzrichtlinie durchzubringen, um anschließend das BDSG innerhalb von ein bis zwei Jahren erneut zu novellieren, ist angesichts des Vertragsverletzungsverfahrens, das im Februar 2000

---

[738] Siehe dazu die Ausnahmen vom Anwendungsbereich der Richtlinie in Art. 3 Abs. 2.

durch die EU-Kommission eingeleitet wurde, verständlich. Die Kosten, die in der privaten Wirtschaft (und auch der Verwaltung) aufgrund einer zweifachen Anpassung der Datenverarbeitungsprozesse und der internen Organisation entstehen, sind immens und wären durch rechtzeitiges Tätigwerden des Gesetzgebers unmittelbar nach Verabschiedung der Richtlinie 1995 vermeidbar gewesen. *Schild*[739] weist darauf hin, daß der Gesetzgeber dazu verpflichtet sei, die Kosten, die der Wirtschaft und der Verwaltung durch kurzfristige Novellierungen von Gesetzen entstehen, bei seinen Entscheidungen zu berücksichtigen[740]. Leider blieben diese Programmsätze in diesem Fall wirkungslos.

Die fehlende Akzeptanz und das daraus zwangsläufig resultierende Vollzugsdefizit entstehen aus der Verunsicherung der betroffenen Bürger und der datenverarbeitenden Unternehmen. Wer wird sich schon nach einem Gesetz richten, von dem die Bundesregierung selbst behauptet[741], es sei eigentlich schon wieder hinfällig und werde in naher Zukunft reformiert? Diese Rechtsunsicherheit schafft aber nicht nur Probleme bei der Anwendung der Vorschriften, sondern auch in verfassungsrechtlicher Hinsicht, denn der sich aus dem Rechtsstaatsprinzip ergebende Grundsatz der Bestimmtheit von Normen fordert vom Gesetzgeber den Erlaß von Normen, auf die sich der einzelne verlassen kann[742]. Dieser Forderung kommt der Gesetzgeber nicht nach, wenn er selbst offen konstatiert, das BDSG 2001 sei nur eine Übergangslösung.

---

[739] *Schild*, JurPC Web-Dok. 2/2000, Abs. 6.

[740] Schild verweist dabei auf Ziffer 10 der Prüffragen zur Notwendigkeit, Wirksamkeit und Verständlichkeit von Rechtssetzungsvorhaben des Bundes (§ 22 a GGO II).

[741] Siehe *Christiano*, S. 5.

[742] So auch der richtige Hinweis von *Schild*, DuD 1997, 720 (723), auf das Volkszählungsurteil, *BVerfGE* 65, 1 (44), in dem das *BVerfG* Rechtsvorschriften fordert, „die klar und für den Bürger erkennbar einen Eingriff in das Recht auf informationelle Selbstbestimmung regeln". Dieses verfassungsrechtliche Gebot, so *Schild*, habe der Gesetzgeber bei der Novellierung des BDSG verletzt.

2. Unnötige Verschiebung notwendiger Korrekturen

Die aufgezeigten Entwicklungen verschiedenster Art erfordern rasche Korrekturen und Ergänzungen durch den Gesetzgeber, und in vielen Punkten herrscht schon seit langem kein Diskussionsbedarf mehr. Doch auch bei optimistischer Betrachtung der momentanen Situation muß man leider feststellen, daß die Umsetzung der EG-Datenschutzrichtlinie in Deutschland nicht dazu genutzt werden konnte, die Gesamtregelung des BDSG auf den Prüfstand zu stellen. Ist man realistisch, so wird nach der erfolgten Umsetzung anstatt einer „Zweiten Stufe" schnell eine gewisse gesetzgeberische Passivität eintreten[743], zumal der Druck der Richtlinienumsetzung und das damit verbundene, politisch unerwünschte Vertragsverletzungsverfahren vor dem EuGH abgewendet werden konnte. Diese unnötige Verschiebung notwendiger Korrekturen ist fatal, vor allem weil eine vergleichbare Situation (die Pflicht zur Umsetzung europarechtlicher Vorgaben im Bereich Datenschutz) so schnell nicht wieder eintreten wird.

B. Ein Informationsgesetzbuch (IGB) als Schritt in die Zukunft?

Die Neuordnung des Datenschutzrechts kann alternativ auch eingebunden werden in eine Regelungsmaterie, in der Datenschutz nur ein Aspekt eines umfassenden Daten- und damit Informationsrechts ist[744]. Denn einerseits ist die Informations- und Kommunikationsgesellschaft ein Argument dafür, die dadurch entstehende „technische Bedrohung" durch verbesserten Datenschutz einzudämmen. Andererseits ist es dringend erforderlich, die Informationsfreiheit[745] und das Informationszugangsrecht dieser gesellschaftlichen Entwick-

---

743 Eben diese Einschätzung findet sich auch bei *Gola*, NJW 1999, 3753 (3761), der die „zweite Novellierungsstufe" als unrealistisch bezeichnet.
744 *Kloepfer*, Gutachten D, S. 85 ff.
745 Den Bezug zu Art. 5 Abs. 1 GG nennt in diesem Zusammenhang auch *Sutschet*, RDV 2000, 107 (109).

lung anzupassen. An dieser Stelle setzt eine berechtigte Kritik an der jetzigen Entwicklung des Datenschutzrechts ein: Wie soll sich eine moderne Gesellschaft zur Wissens- und Informationsgesellschaft entwickeln, wenn Gesetze zum Schutze von Daten so weitgehende Informationsverbote aussprechen?[746] Immerhin beschäftigen sich auch Landesdatenschutzbeauftragte mit dem Bereich des Informationszugangsrechts, was das enge Verhältnis von Datenschutz und Informationszugang erkennen läßt[747].

Jedenfalls ist die systematische Einordnung des Datenschutzrechts in eine Art „Straßenverkehrsordnung für Informationen" durchaus eine interessante Möglichkeit[748]. *Bizer* sieht zumindest die Integration der datenschutzrechtlich relevanten Normen aus BDSG, TKG, TDDSG und MD-StV in einem einheitlichen Regelwerk als zukunftsfähiges Ergebnis einer möglichen Reform an[749].

---

[746] *Sutschet*, RDV 2000, 107 (109), meint, der Gesetzgeber sei fälschlicherweise immer noch dem Glauben verhaftet, Heil und Segen des Datenschutzrechts liege in Informationsverboten. Meines Erachtens sind diese ein wenig radikal formulierten Denkansätze nichts anderes als der Hinweis auf die beiden äußerst konträren Leitprinzipien der EG-Datenschutzrichtlinie, also Schutz personenbezogener Daten einerseits und freier Datenverkehr andererseits. Weil Daten *per definitionem* Informationen sind, steht hinter dem Anliegen des freien Datenverkehrs auch die Intention, einen möglichst deregulierten Informationsfluß zu erreichen.

[747] So z. B. die Beiträge von *Bleyl*, Allgemeines Informationszugangsrecht und Recht auf informationelle Selbstbestimmung, DuD 1998, 32 ff. und *Sokol*, Datenschutz versus Informationszugang?, DuD 1997, 380 ff. Einen vergleichbaren Akzent setzt auch die *Berliner Erklärung zur Modernisierung des Datenschutzrechts*, in der SPD und Bündnis 90/Die Grünen fordern, den Landesdatenschutzbeauftragten den Bereich der Akteneinsicht zu übertragen. Dieser Vorschlag geht in die Richtung einer Bündelung von Kompetenzen für den Umgang mit Informationen bei den Datenschutzbeauftragten.

[748] Ausführlicher dazu *Kloepfer*, Gutachten D, S. 86, der auf die bereits zu Beginn der Achtziger Jahre geführte Debatte zum Konzept einer Datenverkehrsordnung hinweist. Für die Erstellung eines Datenverkehrsrechts auch *Hobert*, S. 214.

[749] *Bizer*, DuD 2000, 2.

Teil 7:

Zusammenfassung und Ergebnis

Das BDSG 90 bedurfte insbesondere im privaten Bereich einer Anpassung an die EG-Datenschutzrichtlinie, trotz des bereits in Deutschland existenten hohen Datenschutzniveaus. Als problematisch erwies sich hierbei der Umstand, daß das existierende BDSG 90 bereits ein ausdifferenziertes Normengefüge enthält. Die durch die Novelle erreichte Internationalisierung des Datenschutzes aufgrund der Gleichstellung von nationalem und europäischem Datenverkehr ist eines der wichtigsten Reformanliegen gewesen. Neben den Richtlinienvorgaben hat der Bundesgesetzgeber auch einige innovative Vorschriften in das BDSG 2001 inkorporiert, die heute durch die Fortentwicklung moderner Informationstechnologien ein essentieller Bestandteil eines Datenschutzkonzepts sein müssen, so zum Beispiel den Grundsatz der Datenvermeidung. Defizitär ist weiterhin das in der Rechtsanwendungspraxis kaum handhabbare System sich überschneidender und gegeneinander schwer abgrenzbarer Datenschutznormen[750] und die Tatsache, daß viele andere, bundesgesetzlich geregelte Datenschutzvorschriften weiterhin nicht der EG-Datenschutzrichtlinie entsprechen. Eine solche Anpassung ist auch in näherer Zukunft nicht absehbar.

Das hohe Gefährdungspotential für personenbezogene Daten insbesondere im privaten Sektor ist durch die Richtlinienumsetzung reduziert worden, das Schutzgefälle zwischen öffentlichem und nichtöffentlichem Bereich wurde ebenfalls verringert[751].

Die EU-Kommission hat im Frühjahr 2000 eine Studie in Auftrag gegeben, mit deren Hilfe die richtige und effektive Umsetzung der

---

[750] Verwiesen sei hier auf die Frage des Verhältnisses von TDDSG und BDSG im Bereich des Internet.

[751] Obwohl sich beispielsweise an den von *Hoffmann-Riem*, AöR 1998, 513 (524), genannten Umständen wenig geändert hat. So ist die generalklauselartig formulierte, materielle Regelung in den §§ 27 ff. BDSG 90 weitgehend erhalten geblieben.

EG-Datenschutzrichtlinie in den Mitgliedsstaaten der Europäischen Union untersucht werden soll[752]. Es bleibt daher abzuwarten, zu welchen Ergebnissen die Studie bezüglich des novellierten BDSG 2001 kommt.

---

[752] Nach Informationen der Generaldirektion Binnenmarkt der EU-Kommission (Anfrage bei der Unit „Free Flow of Information and Data Protection", DG Internal Market, European Commission, Brussels) ist der Auftrag für die Anfertigung dieser Studie zwar vor einigen Monaten auf der Web-Site der EU-Kommission ausgeschrieben worden; der Auftrag ist allerdings durch die EU-Kommission noch nicht vergeben worden.

Literaturverzeichnis

Arlt, Ute:

Künftige Rechtsstellung der Kontrollstellen für den Datenschutz, in: Bäumler (Hrsg.), Der neue Datenschutz, S. 271 – 282.

Arlt, Ute / Piendl, Robert:

Zukünftige Organisation und Rechtsstellung der Datenschutzkontrolle in Deutschland – Anforderungen an die Umsetzung der EG-Datenschutzrichtlinie, CR 1998, 713 – 719.

Auernhammer, Herbert:

Kommentar zum Bundesdatenschutzgesetz, 3. Auflage, Köln/Berlin u.a. 1993.

Bachmeier, Roland:

EG-Datenschutzrichtlinie – Rechtliche Konsequenzen für die Datenschutzpraxis, RDV 1995, 49 – 52.

Bäumler, Helmut:

Datenschutz in der Informationsgesellschaft von morgen, Vortrag bei der Jahreskonferenz der „Regional Information Society Initiative" der Europäischen Union am 24.11.1997, online verfügbar unter http://www.datenschutzzentrum.de.

Bäumler, Helmut (Hrsg.):

Der neue Datenschutz – Datenschutz in der Informationsgesellschaft von morgen, Neuwied/Kriftel/Berlin 1998 (zit.: *Bearb.*, in: Bäumler).

Bäumler, Helmut / von Mutius, Albert (Hrsg.):

Datenschutzgesetze der dritten Generation; Texte und Materialien zur Modernisierung des Datenschutzrechts, Neuwied/Kriftel, Berlin 1999 (zit.: *Bearb.*, in: Bäumler/von Mutius).

Bäumler, Helmut:

„Der neue Datenschutz", RDV 1999, 5 – 8.

Bäumler, Helmut:

Der neue Datenschutz, in: Bäumler (Hrsg.), Der neue Datenschutz, S. 1 – 10.

Bäumler, Helmut:

Das TDDSG aus Sicht eines Datenschutzbeauftragten, DuD 1999, 258 – 262.

Bäumler, Helmut:
Modernisierung des Datenschutzes in Schleswig-Holstein, DuD 2000, 20 – 22.

Bäumler, Helmut:
Der neue Datenschutz in der Realität, DuD 2000, 257 – 261.

Bäumler, Helmut:
Neue Informationsverarbeitungsgesetze in Schleswig-Holstein, NJW 2000, 1982 – 1986.

Bäumler, Helmut (Hrsg.):
E-Privacy – Datenschutz im Internet, Braunschweig / Wiesbaden 2000 (zit: *Bearb.*, in: Bäumler, E-Privacy).

Bainbridge, David:
EC Data Protection Directive, London/Dublin/Edinburgh 1996.

Billig, Hildegard:
Verarbeitung und Nutzung von personenbezogenen Daten für Zwecke der Werbung, Kundenberatung und Marktforschung, NJW 1998, 1286 – 1288.

Bizer, Johann:
BDSG – quo vadis?, DuD 1998, 349.

Bizer, Johann:
Technik oder Recht – Neue Steuerungsinstrumente im Datenschutz, in: Sokol (Hrsg.), 20 Jahre Datenschutz – Individualismus oder Gemeinschaftssinn, S. 115 – 129.

Bizer, Johann:
TK-Daten im Data Warehouse, DuD 1998, 570 – 575.

Bizer, Johann:
Reform überfällig, DuD 2000, 2.

Bizer, Johann:
Ziele und Elemente der Datenschutzmodernisierung, Schriftliche Fassung einer Stellungnahme auf dem Workshop „Moderner Datenschutz" der Bundestagsfraktionen SPD und Bündnis 90/Die Grünen, Berlin, 16. Juni 2000, online verfügbar unter http://www.modernes-datenrecht.de.

Bleyl, Dietmar:
Allgemeines Informationszugangsrecht und Recht auf informationelle Selbstbestimmung, DuD 1998, 32 – 35.

Bothe, Michael / Kilian, Wolfgang:
Rechtsfragen grenzüberschreitender Datenflüsse, Köln 1992.

Brönneke, Tobias / Bobrowski, Michael:
Datenschutz als Kernanliegen des Verbraucherschutzes im E-Commerce, in: Bäumler, E-Privacy, S. 141 – 152.

Brühann, Ulf:
EU-Datenschutzrichtlinie – Umsetzung in einem vernetzten Europa, DuD 1996, 66 – 72.

Brühann, Ulf / Zerdick, Thomas:
Umsetzung der EG-Datenschutzrichtlinie, CR 1996, 429 – 436.

Büllesbach, Alfred:
Das neue Bundesdatenschutzgesetz, NJW 1991, 2593 – 2600.

Büllesbach, Alfred:
Das TDDSG aus Sicht der Wirtschaft, DuD 1999, 263 – 265.

Büllesbach, Alfred:
Datenschutz bei Data Warehouses und Data Mining, CR 2000, 11 – 17.

Büllesbach, Alfred (Hrsg.):
Datenverkehr ohne Datenschutz? Eine globale Herausforderung, Köln 1999.

Bull, Hans Peter:
Zeit für einen grundlegenden Wandel des Datenschutzes? – Der Schutz der informationellen Selbstbestimmung in der multimedialen Ära, CR 1997, 711 – 712.

Bull, Hans Peter:
Neue Konzepte, neue Instrumente? – Zur Datenschutz-Diskussion des Bremer Juristentages, ZRP 1998, 310 – 314.

Bull, Hans Peter:
Aus aktuellem Anlaß: Bemerkungen über Stil und Technik der Datenschutzgesetzgebung, RDV 1999, 148 – 153.

Bundesministerium des Innern:
Begründung des Bundesministeriums des Innern zum BDSG-Entwurf vom 6.7.1999.

Carlin, Fiona M.:

The Data Protection Directive: the introduction of common privacy standards, European Law Review 21 (1996), 65 – 70.

Christians, Daniel:

Die Novellierung des Bundesdatenschutzgesetzes – Statusbericht (zum Kabinettsbeschluß BDSG-Novelle vom 14. Juni 2000), abgedruckt in RDV 8/2000.

Classen, Claus Dieter:

Zur Bedeutung von EWG-Richtlinien für Privatpersonen, EuZW 1993, 83 – 87.

Däubler, Wolfgang:

Arbeitnehmerdatenschutz – ein Problem der EG?, in: Tinnefeld/Phillips/ Heil (Hrsg.), Informationsgesellschaft und Rechtskultur in Europa: Informationelle und politische Teilhabe in der Europäischen Union, Baden-Baden 1995, S. 110 – 124.

Dammann, Ulrich / Simitis, Spiros:

Kommentar zur EG-Datenschutzrichtlinie, Baden-Baden 1997 (zit: *Bearb.*, in: Dammann/Simitis).

Datenschutzgruppe nach Art. 29 EG-Datenschutzrichtlinie:

Erste Leitlinien für die Übermittlung personenbezogener Daten in Drittländer – Mögliche Ansätze für eine Bewertung der Angemessenheit (XV D/5020/97-DE endg. = WP 4), Brüssel, 26.07.1997, online verfügbar unter http://www.europa.eu.int/comm/internal_market/de/media/dataprot/index. htm.

Datenschutzgruppe nach Art. 29 EG-Datenschutzrichtlinie:

Stellungnahme 1/2000 zu bestimmten Aspekten des elektronischen Geschäftsverkehrs, vorgelegt von der Internet-Task Force, Brüssel, 3. Februar 2000 (5007/00/DE/endg. = WP 28), online verfügbar unter http://www.europa.eu.int/comm/internal_market/de/media/dataprot/index. htm.

Datenschutzgruppe nach Art. 29 EG-Datenschutzrichtlinie:

Stellungnahme 4/2000 über das Datenschutzniveau, das die Grundsätze des sicheren Hafens bieten, Brüssel, 16. Mai 2000 (CA07/434/00/DE = WP 32), online verfügbar unter http://www.europa.eu.int/comm/internal_market/de/media/dataprot/index. htm.

Degenhart, Christoph:

Staatsrecht I – Staatsorganisationsrecht, 15. Auflage, Heidelberg 1999.

Deutsche Vereinigung für Datenschutz:

Stellungnahme der Deutschen Vereinigung für Datenschutz e. V. zum Entwurf des Bundesministeriums des Innern (BMI) zur Novellierung des Bundesdatenschutzgesetzes (BDSG), Stand 31.03.1999, online verfügbar unter http://www.aktiv.org/DVD.

Dippoldsmann, Peter:

EG-Datenschutz – Zwiedenken auf europäisch, Zum Gebrauch des Datenschutzes als Instrument zu seiner Vereitelung, KJ 1994, 369 – 380.

Draf, Oliver:

Die Regelung der Übermittlung personenbezogener Daten in Drittländer nach Art. 25, 26 der EG-Datenschutzrichtlinie, Diss. Marburg 1999.

Dressel, Christian Oliver:

Die gemeinschaftsrechtliche Harmonisierung des europäischen Datenschutzrechts, Diss. Bayreuth 1994.

Drews, Hans-Ludwig / Kranz, Hans Jürgen:

Datenschutzaudit, Anmerkungen zum Rechtsgutachten von Alexander Roßnagel vom Mai 1999, DuD 2000, 226 – 230.

Eberspächer, Jörg:

Die Telekommunikationsnetze wachsen – wächst auch die Sicherheit?, in: Tinnefeld/Phillips/Heil (Hrsg.), Informationsgesellschaft und Rechtskultur in Europa: Informationelle und politische Teilhabe in der Europäischen Union, Baden-Baden 1995, S. 148 – 158.

Ehmann, Eugen:

Prinzipien des deutschen Datenschutzrechts – unter Berücksichtigung der Datenschutz-Richtlinie der EG vom 24.10.1995 – (2.Teil), RDV 1999, 12 – 23.

Ehmann, Eugen / Helfrich, Markus:

EG-Datenschutzrichtlinie, Kurzkommentar, Köln 1999 (zit.: Ehmann/Helfrich).

Ellger, Reinhard:

Der Datenschutz im grenzüberschreitenden Datenverkehr: eine rechtsvergleichende und kollisionsrechtliche Untersuchung, Baden-Baden 1990.

Engel-Flechsig, Stefan:

Die datenschutzrechtlichen Vorschriften im neuen Informations- und Kommunikationsdienste-Gesetz, RDV 1997, 59 – 67.

Ermer, Dieter J.:
Systemdatenschutz und Chipkarte, CR 2000, 126 – 131.

Garstka, Hansjürgen:
Datenschutzkontrolle: Das Berliner Modell, DuD 2000, 289 – 291.

Geis, Ivo:
Internet und Datenschutzrecht, NJW 1997, 288 – 293.

Gesellschaft für Datenschutz und Datensicherheit e. V.:
Stellungnahme der GDD zu dem vom Bundeskabinett am 14.06.2000 verabschiedeten Entwurf zur Novellierung des Bundesdatenschutzgesetzes, online verfügbar unter http://www.gdd.de.

Gola, Peter:
Die Entwicklung des Datenschutzrechts in den Jahren 1997/1998, NJW 1998, 3750 – 3757.

Gola, Peter:
Die Entwicklung des Datenschutzrechts im Jahre 1998/99, NJW 1999, 3753 – 3761.

Gola, Peter / Schomerus, Rudolf:
Kommentar zum Bundesdatenschutzgesetz (BDSG), 6. Auflage, München 1997.

Gola, Peter / Schomerus, Rudolf:
Die Organisation der staatlichen Datenschutzkontrolle der Privatwirtschaft, ZRP 2000, 183 – 185.

Gounalakis, Georgios / Mand, Elmar:
Die neue EG-Datenschutzrichtlinie – Grundlagen einer Umsetzung in nationales Recht (I), CR 1997, 431 – 438.

Gounalakis, Georgios / Mand, Elmar:
Die neue EG-Datenschutzrichtlinie – Grundlagen einer Umsetzung in nationales Recht (II), CR 1997, 497 – 504.

Grabitz, Eberhard / Hilf, Meinhard:
Das Recht der Europäischen Union, Band 2. Sekundärrecht, Stand: 16. Ergänzungslieferung, Juli 2000.

Gundermann, Lukas:
Das Teledienstedatenschutzgesetz – ein virtuelles Gesetz?, in: Helmut Bäumler (Hrsg.), E-Privacy – Datenschutz im Internet, S. 58 – 68.

Haslach, Christian:
Unmittelbare Anwendung der EG-Datenschutzrichtlinie, DuD 1998, 693 – 699.

Haslach, Christian:
Unabhängige Datenschutzkontrolle nach Art. 28 EG-Datenschutzrichtlinie – Zum Anpassungsbedarf des nationalen Datenschutzrechts, DuD 1999, 466 – 470.

Hassemer, Winfried:
Zeit zum Umdenken, DuD 1995, 448 – 449.

Heil, Helmut:
Die Artikel-29-Datenschutzgruppe, DuD 1999, 471 – 472.

Heil, Helmut:
Buchbesprechung zu Ehmann/Helfrich, Kommentar zur EG-Datenschutzrichtlinie, Köln 1999, CR 1999, 796.

Hellermann, Johannes / Wieland, Joachim:
Die Unabhängigkeit der Datenschutzkontrolle im nicht-öffentlichen Bereich, DuD 2000, 284 – 288.

Herdegen, Matthias:
Europarecht, 2. Auflage, München 1999.

Hesse, Konrad:
Grundzüge des Verfassungsrechts der Bundesrepublik Deutschland, 20. Auflage, Heidelberg 1995.

Hobert, Guido:
Datenschutz und Datensicherheit im Internet: Interdependenz und Korrelation von rechtlichen Grundlagen und technischen Möglichkeiten, Frankfurt am Main u. a. 1998, Diss. Marburg 1998.

Hoeren, Thomas / Lütkemeier, Sven:
Unlauterer Wettbewerb durch Datenschutzverstöße, in: Bettina Sokol, Neue Instrumente im Datenschutz, Düsseldorf 1999, S. 107 – 123.

Hoffmann-Riem, Wolfgang:
Informationelle Selbstbestimmung in der Informationsgesellschaft – Auf dem Wege zu einem neuen Konzept des Datenschutzes -, AöR Band 123 (1998), 513 – 540.

Imhof, Ralf:

One-to-One-Marketing im Internet – Das TDDSG als Marketingshindernis, CR 2000, 110 – 116.

Isensee, Josef / Kirchhof, Paul:

Handbuch des Staatsrechts der Bundesrepublik Deutschland, Band VI, Freiheitsrechte, Heidelberg 1989 (zit.: *Bearb.*, in: HdbStR VI).

Jacob, Joachim:

Die EG-Datenschutz-Richtlinie aus der Sicht des BfD, RDV 1993, 11 – 18.

Jacob, Joachim:

Datenschutzrechtliche Entwicklungen im „Informationellen Großraum" Europa, in: Tinnefeld/Phillips/Heil (Hrsg.), Informationsgesellschaft und Rechtskultur in Europa: Informationelle und politische Teilhabe in der Europäischen Union, Baden-Baden 1995, S. 93 – 97.

Jacob, Joachim:

„Ist die Novellierung des BDSG gescheitert?" - Perspektiven im Hinblick auf den globalen Datenverkehr, RDV 1999, 1 – 5.

Jacob, Joachim:

Datenübermittlung in Drittländer nach der EU-Richtlinie, in: Büllesbach, Datenverkehr ohne Datenschutz? – Eine globale Herausforderung, Köln 1999, S. 25 – 34.

Jacob, Joachim:

Perspektiven des neuen Datenschutzrechts – Zur Zukunft des Bundesdatenschutzgesetzes, DuD 2000, 5 – 11.

Jarass, Hans:

Das allgemeine Persönlichkeitsrecht im Grundgesetz, NJW 1989, 857 – 862.

Jarass, Hans / Pieroth, Bodo:

Kommentar zum Grundgesetz für die Bundesrepublik Deutschland, 5. Auflage, München 2000.

Jaspers, Andreas:

EU Datenschutzrichtlinie – Umsetzungsbedarf strittig, RDV 1996, 18 – 19.

Kilian, Wolfgang:

Europäisches Datenschutzrecht – Persönlichkeitsrecht und Binnenmarkt, in: Tinnefeld/Phillips/Heil (Hrsg.), Informationsgesellschaft und Rechtskultur in Europa: Informationelle und politische Teilhabe in der Europäischen Union, Baden-Baden 1995, S. 98 – 109.

Kilian, Wolfgang:

Europäisches Wirtschaftsrecht, EG-Wirtschaftsrecht und Bezüge zum deutschen Recht, München 1996.

Kilian, Wolfgang (Hrsg.):

EC Data Protection Directive – Interpretation / Application / Transposition - Beiträge zur juristischen Informatik, Band 22, Darmstadt 1997.

Kilian, Wolfgang:

Introduction into the EC Data Protection Directive, in: Kilian (Hrsg.), EC Data Protection Directive – Interpretation / Application / Transposition, Beiträge zur juristischen Informatik, Band 22, Darmstadt 1997, S. 1 – 5.

Kloepfer, Michael:

Geben moderne Technologien und die europäische Integration Anlaß, Notwendigkeit und Grenzen des Schutzes personenbezogener Informationen neu zu bestimmen?, Gutachten D für den 62. Deutschen Juristentag, München 1998.

Klug, Christoph:

Persönlichkeitsschutz beim Datentransfer in die USA – Die Safe-Harbor-Lösung, RDV 2000, 212 – 216.

Köhntopp, Marit / Köhntopp, Kristian:

Datenspuren im Internet, CR 2000, 248 – 257.

Königshofen, Thomas:

Die Umsetzung von TKG und TDSV durch Netzbetreiber, Service-Provider und Telekommunikationsanbieter, RDV 1997, 97 – 108.

Königshofen, Thomas:

Chancen und Risiken eines gesetzlich geregelten Datenschutzaudits – Der Versuch einer Versachlichung der Diskussion, DuD 2000, 357 – 360.

Kopp, Ferdinand:

Das EG-Richtlinienvorhaben zum Datenschutz, RDV 1993, 1 – 10.

Kopp, Ferdinand:

Tendenzen der Harmonisierung des Datenschutzrechts in Europa, DuD 1995, 204 – 212.

Korff, Douwe:

Study on the Protection of the rights and interests of legal persons with regard to the processing of personal data relating to such persons, herausgegeben von der Kommission der Europäischen Gemeinschaften, Luxemburg 2000.

Kranz, Hans Jürgen:

Neue Aufgaben für den betrieblichen Datenschutzbeauftragten – Compliance Institution in der globalen Informationsgesellschaft, DuD 1999, 463 – 465.

Laicher, Eberhard:

EU-Richtlinie zum Datenschutz und BDSG - Gedanken zur Novellierung des BDSG, DuD 1996, 409 – 412.

Landesbeauftragter für den Datenschutz Schleswig-Holstein:

Stellungnahme zum Entwurf (Stand 06.07.1999) zur Novellierung des BDSG vom 2. August 1999, online verfügbar unter der Adresse http://www.datenschutzzentrum.de.

Lenz, Carl Otto:

EG-Vertrag, Kommentar zu dem Vertrag zur Gründung der Europäischen Gemeinschaften, in der durch den Amsterdamer Vertrag geänderten Fassung, 2. Auflage, Köln 1999.

Lepper, Ulrich / Wilde, Christian Peter:

Unabhängigkeit der Datenschutzkontrolle – Zur Rechtslage im Bereich der Privatwirtschaft, CR 1997, 703 – 707.

Leutheusser-Schnarrenberger, Sabine:

Informationsgesellschaft und Rechtskultur in Europa, in: Tinnefeld/Phillips/Heil (Hrsg.), Informationsgesellschaft und Rechtskultur in Europa: Informationelle und politische Teilhabe in der Europäischen Union, Baden-Baden 1995, S. 11 – 13.

Lutterbeck, Bernd:

20 Jahre Dauerkonflikt: Die Novellierung des Bundesdatenschutzgesetzes DuD 1998, 129 – 138.

Masons-Studie:

Handbook on Cost Effective Compliance with Directive 95/46/EC, Studie, von der EU-Kommission in Auftrag gegeben, online verfügbar unter http://www.europa.eu.int/comm/internal_market/media/dataprot.

Maurer, Hartmut:

Allgemeines Verwaltungsrecht, 12. Auflage, München 1999.

Möller, Frank:

Data Warehouse als Warnsignal an die Datenschutzbeauftragten, DuD 1998, 555 – 560.

Möncke, Ulrich:

Data Warehouses – eine Herausforderung für den Datenschutz?, DuD 1998, 561 – 569.

Mutius, Albert von:

Zu den Formerfordernissen automatisierter Verwaltungsentscheidungen, VerwArch 67 (1976), 116 – 124.

Mutius, Albert von:

Grundrechtsfähigkeit, Jura 1983, 30 – 42.

Mutius, Albert von:

„Ungeschriebene" Gesetzgebungskompetenzen des Bundes, Jura 1986, 498 – 500.

Mutius, Albert von:

Unbestimmter Rechtsbegriff und Ermessen im Verwaltungsrecht, Jura 1987, 92 – 101.

Mutius, Albert von:

Neuorganisation des staatlichen Datenschutzes in Schleswig-Holstein, in: Bäumler/von Mutius (Hrsg.), Datenschutzgesetze der dritten Generation, Neuwied/Kriftel/Berlin 1999, S. 92 – 115.

Nitsch, Peter:

Datenschutz und Informationsgesellschaft, ZRP 1995, 361 – 365.

Oberste Aufsichtsbehörden der deutschen Länder für den Datenschutz:

Gemeinsame Stellungnahme der Obersten Aufsichtsbehörden der deutschen Länder für den Datenschutz im nicht-öffentlichen Bereich vom 08.02.1993. Zum geänderten Vorschlag der Kommission der Europäischen Gemeinschaften vom 15.10.1992 für eine Richtlinie des Rates zum Schutz natürlicher Personen bei der Verarbeitung personenbezogener Daten und zum freien Datenverkehr, DuD 1993, 227 – 232.

Oppermann, Thomas:

Europarecht, 2. Auflage, München 1999.

Palandt:

Kurzkommentar zum Bürgerlichen Gesetzbuch, 60. Auflage, München 2001.

Palm, Franz:

Die Übermittlung personenbezogener Daten in das Ausland, CR 1998, 65 – 74.

Pearce, Graham / Platten, Nicholas:

Achieving Personal Data Protection in the European Union, Journal of Common Market Studies, Vol. 36, 529 – 547.

Pieroth, Bodo / Schlink, Bernhard:

Grundrechte, Staatsrecht II, 15. Auflage, Heidelberg 1999.

Pfitzmann, Andreas:

Datenschutz durch Technik, in: Bäumler/von Mutius (Hrsg.), Datenschutzgesetze der dritten Generation, Neuwied/Kriftel/Berlin 1999, S. 18 – 27.

Platten, Nick:

Background to and History of the Directive, in: Bainbridge, EC Data Protection Directive (Chapter 2), London/Dublin/Edinburgh 1996.

Riemann, Thomas:

Künftige Regelungen des grenzüberschreitenden Datenverkehrs, CR 1997, 762 – 766.

Roßnagel, Alexander:

Datenschutzaudit – Konzept und Entwurf eines Gesetzes für ein Datenschutzaudit, Rechtsgutachten für das Bundesministerium für Wirtschaft und Technologie, Kassel 1999.

Roßnagel, Alexander:

Recht der Multimedia-Dienste, Kommentar zum IuKDG und zum MDStV, Stand: 1. Januar 2000 (zit: *Bearb.*, in: Roßnagel).

Roßnagel, Alexander:

Audits stärken Datenschutzbeauftragte – Replik zum Beitrag „Datenschutzaudit" von Drews und Kranz, DuD 2000, 231 – 232.

Runge, Gerd:

Auf der Suche nach einem neuen BDSG, DuD 1998, 589 – 592.

Schaffland, Hans-Jürgen / Wiltfang, Noeme:

Bundesdatenschutzgesetz (BDSG), Ergänzbarer Kommentar nebst einschlägiger Rechtsvorschriften, Loseblattsammlung, Stand: Lieferung August 2000.

Schild, Hans-Hermann:

Die EG-Datenschutz-Richtlinie, EuZW 1996, 549 – 555.

Schild, Hans-Hermann:

Zur Novellierung des BDSG – Ein Problemanriß offener Fragen, DuD 1997, 720 – 723.

Schild, Hans-Hermann:

Stellungnahme zum Referentenentwurf eines Gesetzes zur Änderung des Bundesdatenschutzgesetzes und anderer Gesetze, online verfügbar als JurPC Web-Dok. 38/1998 unter http://www.jurpc.de.

Schild, Hans-Hermann:

Kurzstellungnahme zum Referentenentwurf des BDSG, Stand 11. März 1999, online verfügbar als JurPC Web-Dok. 103/1999 unter http://www.jurpc.de.

Schild, Hans-Hermann:

Stellungnahme zu dem Referentenentwurf eines Gesetzes zur Änderung des Bundesdatenschutzgesetzes (BDSG) und anderer Gesetze (Stand: 6. Juli 1999), online verfügbar als JurPC Web-Dok. 2/2000 unter <http://www.jurpc.de>.

Schoch, Friedrich:

Öffentlich-rechtliche Rahmenbedingungen einer Informationsordnung VVDStRL 57 (1998), S. 158 – 215.

Scholand, Markus:

Videoüberwachung und Datenschutz – Nur ein Thema am Rande?, DuD 2000, 202 – 203.

Schyguda, Georg:

Nutzende und Datenschutz im Electronic Commerce – Empirische Befunde und exemplarische Lösungsansätze der IuK-Industrie – in: Bettina Sokol, Neue Instrumente im Datenschutz, Düsseldorf 1999, S. 74 – 87.

Simitis, Spiros:

Datenschutz: Voraussetzung oder Ende der Kommunikation?, in: Europäisches Rechtsdenken in Geschichte und Gegenwart, Festschrift für Helmut Coing zum 70. Geburtstag, Band II, München 1982, 495 – 520.

Simitis, Spiros:

Privatisierung und Datenschutz, DuD 1995, 648 – 652.

Simitis, Spiros:

Vom Markt zur Polis: Die EU-Richtlinie zum Datenschutz, in: Tinnefeld/ Phillips/Heil (Hrsg.), Informationsgesellschaft und Rechtskultur in Europa: Informationelle und politische Teilhabe in der Europäischen Union, Baden-Baden 1995, S. 51 – 70.

Simitis, Spiros:

Die EU-Datenschutzrichtlinie – Stillstand oder Anreiz?, NJW 1997, 281 – 288.

Simitis, Spiros:

Datenschutz – Rückschritt oder Neubeginn?, NJW 1998, 2473 – 2479.

Simitis, Spiros:

Der Transfer von Daten in Drittländer – ein Streit ohne Ende?, CR 2000, 472 – 481.

Simitis, Spiros:

Auf dem Weg zu einem neuen Datenschutzkonzept: Die zweite Stufe des BDSG, online verfügbar unter http://www.modernes-datenrecht.de.

Simitis, Spiros / Dammann, U. / Geiger, H.-J. / Mallmann, O. / Walz, S.:

Kommentar zum Bundesdatenschutzgesetz (Loseblatt), 4. Auflage, Baden-Baden 1992, (zit.: *Bearb.*, in: S/D/G/M/W).

Simitis, Spiros / Dammann, Ulrich / Mallmann, Otto / Reh, Hans-Jürgen:

Kommentar zum Bundesdatenschutzgesetz, Baden-Baden 1981 (zit.: *Bearb.*, in: S/D/M/R).

Sokol, Bettina:

Datenschutz versus Informationszugang?, DuD 1997, 380 – 382.

Sokol, Bettina (Hrsg.):

20 Jahre Datenschutz – Individualismus oder Gemeinschaftssinn?, Die Landesbeauftragte für den Datenschutz Nordrhein-Westfalen, Düsseldorf 1998.

Sokol, Bettina (Hrsg.):

Neue Instrumente im Datenschutz, Die Landesbeauftragte für den Datenschutz Nordrhein-Westfalen, Düsseldorf 1999.

Stellungnahme des Bundesrates:

Zum Entwurf eines Gesetzes zur Änderung des Bundesdatenschutzgesetzes und anderer Gesetze, vom 29.09.2000, BR-Drucks.

Sutschet, Holger;

Über Informationsverbote zur Wissensgesellschaft?! – Kritische Stellungnahme zum Reformentwurf des Bundesdatenschutzgesetzes vom 6.7.1999, RDV 2000, 107 – 115.

Tauss, Jörg / Özdemir, Cem:
Umfassende Modernisierung des Datenschutzrechts in zwei Stufen, RDV 2000, 143 – 146.

Tinnefeld, Marie-Therese / Ehmann, Eugen:
Einführung in das Datenschutzrecht, 3. Auflage, München/Wien 1998.

Tinnefeld, Marie-Therese / Phillips, L. / Heil, S. (Hrsg.):
Informationsgesellschaft und Rechtskultur in Europa: Informationelle und politische Teilhabe in der Europäischen Union, Baden-Baden 1995.

Trute, Hans-Heinrich:
Der Schutz personenbezogener Informationen in der Informationsgesellschaft, JZ 1998, 822 – 831.

Trute, Hans-Heinrich:
Öffentlich-rechtliche Rahmenbedingungen einer Informationsordnung, VVDStRL 57 (1998), 216 – 273.

Unabhängiges Landeszentrum für Datenschutz Schleswig-Holstein:
Tipps und Hinweise zur Anwendung des neuen Landesdatenschutzgesetzes, 1. Auflage, Kiel 2000.

Walz, Stefan:
Datenschutz - Herausforderung durch neue Technik und Europarecht, DuD 1998, 150 – 154.

Walz, Stefan:
Quo vadis Datenschutz? – Neues von den Demoskopen, DuD 1998, 554.

Weber, Martina:
EG-Datenschutzrichtlinie – Konsequenzen für die deutsche Datenschutzgesetzgebung, CR 1995, 297 – 303.

Wedler, Willy:
Berichte der Datenschutzaufsichtsbehörden für die Privatwirtschaft, CR 1992, 685 – 690.

Wedler, Willy:
Quo vadis Datenschutzaufsicht? – Neue Aufgaben der Datenschutzaufsichtsbehörden nach einer Novellierung des Bundesdatenschutzgesetzes (BDSG), RDV 1999, 251 – 256.

Weichert, Thilo:
Der Entwurf eines Datenschutzgesetzes von Bündnis 90/Die Grünen, RDV 1999, 65 – 69.

Weichert, Thilo:
Anforderungen an das Datenschutzrecht für das Jahr 2000, DuD 1997, 716 – 719.

Wind, Irene:
Die Kontrolle des Datenschutzes im nicht-öffentlichen Bereich: eine Untersuchung über die Tätigkeit der Datenschutz-Aufsichtsbehörden, Diss. Baden- Baden 1994.

Wind, Irene / Siegert, Michael:
Datenschutzrichtlinie der EG – mögliche Auswirkungen auf das BDSG, RDV 1992, 118 – 121.

Wolff, Dietmar:
Direktwerbung und Datenschutz, RDV 1999, 9 – 12.

Wronka, Georg:
Auswirkungen der EU-Datenschutzrichtlinie auf die Werbung – Eine praxisbezogene Zusammenfassung, RDV 1995, 197 – 202.

Wuermeling, Ulrich:
Zahlreiche Änderungen im BDSG zu erwarten, DSB 12/1995, 1 – 4.

Wuermeling, Ulrich:
Datenschutz für die Europäische Informationsgesellschaft, NJW-CoR 1995, 111 – 114.

Anhang:

Umsetzung der EG-Datenschutzrichtlinie im nicht-öffentlichen Bereich des BDSG

(Stand: 23. Mai 2001)

Richtlinien-Artikel	§§ im BDSG 2001
1 Abs. 1	——
1 Abs. 2	3 Abs. 8 S. 2 und 3
2 lit. a	——
2 lit. b	4 Abs. 1; 5; 7 Abs. 1 S. 1; 9 S. 1; 11; 28 Abs. 1 S. 1; 29 Abs. 1; 30 Abs. 1
2 lit. c	3 Abs. 2
2 lit. d	3 Abs. 7
2 lit. e	——
2 lit. f	3 Abs. 8 S. 2 und 3
2 lit. g	3 Abs. 8
2 lit. h	4 a Abs. 1 S. 1
3 Abs. 1	3 Abs. 2; 27 Abs. 1
3 Abs. 2, 2. Spiegelstrich	1 Abs. 2 Nr. 3; 27 Abs. 1
4 Abs. 1 lit. a	1 Abs. 5 S. 1 und 2
4 Abs. 1 lit. b	——
4 Abs. 1 lit. c	1 Abs. 5 S. 2
4 Abs. 2	1 Abs. 5 S. 3
5	——
6 Abs. 1 lit. b	28 Abs. 1 S. 2; 28 Abs. 2; 28 Abs. 3 S. 1 Nr. 3; 28 Abs. 8 S. 1; 29 Abs. 1
7	28 Abs. 1 S. 1
8 Abs. 1	3 Abs. 9; 28 Abs. 6 bis 9; 29 Abs. 5; 35 Abs. 2 S. 2 Nr. 2
8 Abs. 2 lit. a	4 a Abs. 3
8 Abs. 2 lit. b	——

23 Abs. 2	7 Abs. 1 S. 2
24	——
25 Abs. 1	4 b Abs. 1 und 2
25 Abs. 2	4 b Abs. 3
25 Abs. 3	4 c Abs. 3
26 Abs. 1	4 c Abs. 1
26 Abs. 3	4 c Abs. 3
27	38 a
28 Abs. 1	——
28 Abs. 2	——
28 Abs. 3, 3. Spiegelstrich	44 Abs. 2
28 Abs. 4 S. 1	38 Abs. 1 S. 7
28 Abs. 5	38 Abs. 1 S. 6
28 Abs. 6 S. 1 und 2	38 Abs. 1 S. 1 und 4

Schriften zum internationalen und zum öffentlichen Recht

Herausgegeben von Gilbert Gornig

Dieter Dörr / Stephanie Schiedermair

Rundfunk und Datenschutz

Die Stellung des Datenschutzbeauftragen des Norddeutschen Rundfunks.
Eine Untersuchung unter besonderer Berücksichtigung der verfassungsrechtlichen und europarechtlichen Vorgaben

Frankfurt/M., Berlin, Bern, Bruxelles, New York, Oxford, Wien, 2002. 96 S.
Studien zum deutschen und europäischen Medienrecht.
Herausgegeben von Dieter Dörr. Bd. 13
ISBN 3-631-50376-8 · br. € 16.40*

Die Untersuchung analysiert die Stellung des Datenschutzbeauftragten beim öffentlich-rechtlichen Rundfunk. Ausgehend von der verfassungsrechtlichen Bedeutung der Rundfunkfreiheit einerseits und des Datenschutzes andererseits werden die verfassungsrechtlichen Vorgaben für die Stellung des Rundfunk-datenschutzbeauftragten aufgezeigt. Besondere Bedeutung erlangt hierbei der Schutz der Rundfunkfreiheit durch Verfahren. Im zweiten Teil werden die Vorgaben des europäischen Primärrechts und insbesondere auch der EG-Daten-schutzrichtlinie dargestellt. Dabei werden zum einen die Auswirkungen der europarechtlichen Pflicht zur Einrichtung einer unabhängigen Kontrollstelle beschrieben. Zum anderen wird die Möglichkeit der Mitgliedstaaten zur Aufrechterhaltung eines Medienprivilegs erörtert.

Frankfurt/M · Berlin · Bern · Bruxelles · New York · Oxford · Wien
Auslieferung: Verlag Peter Lang AG
Moosstr. 1, CH-2542 Pieterlen
Telefax 00 41 (0) 32 / 376 17 27

*inklusive der in Deutschland gültigen Mehrwertsteuer
Preisänderungen vorbehalten

Homepage http://www.peterlang.de

Peter Lang · Europäischer Verlag der Wissenschaften